# L'obsolescence de l'ordre économique de Bretton Woods

Blaise Sary Ngoy

# L'obsolescence de l'ordre économique de Bretton Woods

*Fin de la Pax Americana*

L'Harmattan

5-7, rue de l'Ecole-Polytechnique, 75005 Paris
http://www.editions-harmattan.fr
ISBN : 978-2-343-20315-7
EAN : 9782343203157

# Avant-propos

Depuis des années, je consacre ma carrière de Professeur à enseigner l'économie internationale dans plusieurs universités. Nombreux sont mes étudiants qui ont partagé et continuent à le faire, avec moi, les connaissances sur *la gestion financière internationale, les questions spéciales de l'économie internationale, les théories de l'échange, les mouvements des capitaux et firmes multinationales, les questions monétaires et bancaires, les organisations internationales de coopération au développement,* etc. Je n'ai cessé de dépenser mon énergie pour contribuer à leur formation et fournir à la société les qualifications nécessaires à l'accomplissement des rêves de tout un chacun. Il n'existe aucune économie fermée. Tous les actes posés en matière de gestion tiennent compte des paramètres internes et externes. Dans ce même cadre, j'enseigne également durant des années, *les politiques économiques, les théories du développement, le management des projets, le management des organisations.*

Je tiens à remercier les autorités académiques qui m'ont accordé leur confiance dans toutes les Universités qui m'accueillent. Je cite : Université Pédagogique Nationale, Université de Kindu et Université catholique du Congo, Université Kongo. Je félicite par la même occasion tous ces étudiants qui, par leur participation, ont enrichi les débats, de par leur intérêt porté aux branches de l'économie internationale. Et je ne peux pas manquer de dire merci à ma famille qui accepte encore et toujours mes absences prolongées, lors de mes divers déplacements.

Le livre que j'offre au public aujourd'hui est le résultat des réflexions conçues durant le temps que j'ai consacré à la formation des cadres et des décideurs. Il s'ajoute aux autres ouvrages que j'ai aussi publiés chez Harmattan. Qu'est-ce qui me motive ? Ni la recherche de promotion, ni avantage pécuniaire, ni un prix (les fondations qui octroient les prix ignorent les publications scientifiques des Africains ; les livres sont des niches qui ne sont pas souvent découvertes par ceux qui passent à côté. Leurs prix, mêmes bas, n'attirent pas les lecteurs ! En Afrique, très peu de lecteurs les feuillettent. Notre motivation est de contribuer au débat du jour, à savoir : « où vont les relations économiques internationales » ? Question que l'on se pose depuis que ces relations tissent leur toile et donnent lieu à ce qui est appelé aujourd'hui : la globalisation économique et financière. Fallait-il laisser la place aux chercheurs occidentaux ou asiatiques ? Fallait-il que l'écho nous parvienne de l'Amérique latine, continent qui a enfanté les théories de la dépendance (Centre/Périphérie ? Ils nous ont appris beaucoup, ces auteurs de l'époque. Mais, ils nous renvoient la balle : Africains, réfléchissez aussi, produisez aussi, créez aussi. Ne restez pas imitateurs des toutes les idées nées ailleurs. Inventez la déconnexion, expliquez la marginalisation, proposez des pistes de sortie. Samir Amin l'a imaginée. Mais, il n'a pas été compris. La globalisation a envahi l'espace de la pensée. La déconnexion s'éloigne de plus en plus. Les économies étroitement connectées sont en même temps hétérogènes. Cette connexion ne rend pas tout le monde heureux. L'ouverture est compétitive. Les firmes qui la créent trépassent parfois, par défaut de productivité, lorsque leurs présences sur les marchés sont contestées.

Nous sommes habitués à nous référer aux auteurs occidentaux vivant loin de nous. Nous nous contentons de contempler leurs profils. Certes, ils écrivent, font des projections économétriques, avancent des théories et reçoivent des prix sur des thèmes africains. Ils ont cette chance de disposer suffisamment de ressources mises à leur portée. Ils vivent de la recherche et y consacrent le meilleur de leur temps. Ce n'est pas le cas pour les auteurs africains. Non. J'ai voulu jeter les bases d'un débat dans les cercles académiques, mais aussi dans le monde des décideurs et des entrepreneurs avisés qui ont besoin d'un minimum du savoir pour réussir. Dans ce livre, ils vont découvrir notre contribution aux questions spéciales de l'économie internationale. Il s'agit des failles de l'ordre économique de Bretton Woods ; ils vont y découvrir la menace qui plane sur la Pax Americana. Ils vont y découvrir la montée des économies émergentes et en particulier de la Chine. Ils vont également se rendre compte du parcours raté de l'Afrique dans sa course vers le rattrapage de ce qui est appelé le développement. Afin, ils vont réfléchir, avec moi, sur les pièges du nouveau partenariat entre la Chine et le continent africain.

Une recherche scientifique peut se greffer sur une autre. Mon souhait est de voir les autres auteurs enrichir davantage ce débat. Il ne s'agit pas d'un manuel théorique, mais bien d'une discussion thématique. Les manuels contiennent des connaissances classiques développées, enrichies et complétées par différents auteurs, au cours du temps. Ils abordent les théories et les pratiques. Il n'existe pas un manuel sur les causes du sous-développement, encore moins sur l'évaluation du parcours des rapports économiques entre les États. J'esquisse parfois un sourire lorsque j'ouvre certaines notes enseignées par des collègues et qui portent sur les questions spéciales de l'économie internationales, sans les aborder ; car j'y découvre autre chose : les théories de l'échange, l'analyse de la balance des paiements, les mouvements des capitaux, etc. Allez-y comprendre ! En ouvrant les pages de ce livre, on y découvre les prises des positions, la remise en cause de certaines connaissances véhiculées et les projections sur l'état de l'économie internationale, mais aussi, les propositions.

Pr Blaise Sary Ngoy

# Sommaire

# Introduction

La rédaction de cet ouvrage a eu lieu en même temps que le Covid-19 éclatait dans le monde, causant une crise sanitaire. Son édition coïncide avec la crise économique qui en résulte. Plusieurs scénarios peuvent en découler. Des entreprises à l'arrêt et les autres à bord de faillite, l'emploi suspendu ou perdu, la croissance au ralenti, les contrats d'affaires interrompus, les charges fixes pesant sur la trésorerie, les marchés financiers agités et volatiles. Les prévisions budgétaires revues à la baisse. Les recettes fiscales complètement revues à la baisse, les échanges mondiaux presque à l'arrêt. Les pactes de stabilités dans certains regroupements économiques non pris en considération, etc. Ce constat soulève des questions sur les discussions soulevées dans cette étude (obsolescence de l'ordre économique de Bretton Woods et l'annonce de plusieurs bouleversements dus à la globalisation. Or, notre étude est appuyée par des données tirées de la documentation d'avant la crise. Peut-on imaginer que celle-ci (la crise) va toucher profondément les rapports économiques entre les États ? Les compteurs seront-ils remis à zéro ? Le contenu de notre étude peut-il être affecté ? Loin d'être pessimiste, nous pensons que les dispositions prises par différents États, notamment en ce qui concerne la relance des économies, le soutien à l'emploi, la redynamisation des échanges, etc., ces différentes précautions vont rendre la crise passagère. Ce qui suggère que la crise sanitaire entrainera une crise économique, certes, mais de courte durée[1]. Sur ce, nous pouvons espérer que nos analyses, nos projections et nos conclusions gardent leurs pertinences. Après cette mise en point, passons à l'essentiel de notre introduction.

Nous affirmons que la caractéristique économique principale de la fin de la Seconde Guerre mondiale fut l'absence d'un système permettant aux États de coordonner leurs politiques afin d'éviter les crises qui ont emporté le Gold exchange standard (crise de 1929). Les représentants des 44 nations ont décidé d'y mettre fin (du 1er au 22 juillet 1944) en se dotant d'un nouveau système monétaire et d'un nouveau cadre institutionnel de régulation de leurs rapports. Ils ont également mis en place une caisse commune en vue de conduire les programmes et projets de reconstruction et de développement des économies touchées par cette grande guerre. L'ordre dit de Bretton Woods, né dans le New Hampshire (Hôtel Mount Washington) a eu pour but d'assurer des flux financiers aux pays touchés par la guerre, de réguler les marchés financiers à l'échelle internationale, les stabiliser, soutenir l'équilibre des balances des paiements et accroitre les opportunités du commerce, dans l'optique de libre-échange. Il a été (ordre) qualifié d'hégémonique parce que défendu et pris largement en charge par les États-Unis, seule puissance de l'époque, ayant les capacités de faire bénéficier de leur providence, tous les autres membres nécessiteux de l'époque.

Ainsi, l'initiateur de Bretton Woods (États-Unis), devait, non seulement coordonner le fonctionnement des institutions, mais aussi, et surtout, appliquer sa providence par l'ouverture non réciproque

[1] L'économie chinoise a repris, les États-Unis mettent à la disposition plus de 2000 milliards de dollars pour la reprise, la France, l'Allemagne disposent également de milliers de dollars (euros) pour soutenir leurs économies, la BCE a également plus de 1000 milliards pour le soutien à l'économie de l'Union.

des marchés et par l'injection des milliards de dollars dans la reconstruction de l'Europe et du reste du monde. En 1949, Truman, alors élu Président des États-Unis, lança l'initiative de l'aide au développement comme devoir des pays riches envers les pauvres, lors de son discours d'investiture. Le lendemain de son initiative, plusieurs pays occidentaux (France, Grand Bretagne) ont inscrit dans leurs agendas la question de l'aide au développement. Les vagues de la décolonisation étaient déjà en vue à l'époque. Derrière cette initiative apparemment humanitaire (aide au développement), il y avait la crainte de laisser tomber un certain nombre de nouveaux États dans l'escarcelle communiste, à l'heure où la guerre froide marquait ses débuts avec comme conséquences : l'expansion des zones d'influence réciproque entre les deux systèmes idéologiques et économiques : laissez-faire (Occident) et planification étatique URSS).

Depuis plusieurs décennies, l'ordre de Bretton Woods a fait son bon chemin ; mais il est aujourd'hui en crise (ne pas confondre avec la crise sanitaire de Covid-19). C'est l'objet de notre étude. Cette crise ne date pas d'hier, elle dure depuis, au moment où il (ordre) a atteint ses ±30 ans. Il en totalise 75 aujourd'hui ; l'âge de la vieillesse ? Il n'était pas initié pour une vieillir ; les mécanismes de sa révision n'ont pas été imaginés à l'époque. C'est ce qui laisse penser que les initiateurs l'ont conçu en le considérant comme intemporel. Ils n'avaient pas compris très vite que les échecs accumulés dans son fonctionnement pouvaient les amener à la situation de 1929 (fin de Gold Exchange standard). Les États-Unis, pays instigateur, semblent aujourd'hui à bout de souffle. Leur politique économique vis-à-vis des partenaires met à découvert les tendances du déclin. C'est ce que nous démontrons dans cet ouvrage conçu en 5 chapitres.

Le premier présente la déliquescence de l'hégémonie américaine (fin de la providence hégémonique). Elle date d'avant TRUMP. Ce déclin est renforcé par la globalisation (règles des 4D)[2] du marché financier, les excès de l'ouverture et les limites des institutions à assumer leurs missions classiques (sur le plan financier, commercial industriel, etc.). Le second est consacré à la naissance de l'ordre, ses fondements théoriques qui le soutiennent et son évolution jusqu'à la fin des trente glorieuses. La dérèglementation, le décloisonnement, la désintermédiation et la dématérialisation ne permettent plus la régulation classique des marchés ; ils se désarticulent, au contraire. Les crises qui accompagnent cette dérégulation font perdre à l'ordre de Bretton Woods, son fondement. Les marchés financiers sont survoltés, les instances de régulation ne suivent plus leurs évolutions (bulles spéculatives, produits dérivés parfois toxiques), l'épargne se polarise dans le triangle de la prospérité ; par contre, les pays à déficit de financement en sont privés. Sur le plan des avantages commerciaux, les déficits chroniques enregistrés par certains pays mettent également à nue les théories de la spécialisation. Le troisième chapitre examine les perspectives de la Pax China. Ce nouvel ordre, issu de la montée de la Chine, comme première puissance économique de demain, si l'on peut déjà l'imaginer, sera un ordre non hégémonique dont la puissance segmentée sera disputée au niveau sectoriel, au sein de la triade[3]. Mais la résilience américaine demeure, elle est manifeste. La Pax China ne va donc pas créer un autre ordre ; bien au contraire, il va s'enraciner au sein de l'ancien désordre. Celui-ci va

---

2 Bourguinat Henri, Les vertiges de la finance internationale, Économica, *2008*,

3 Ces prévisions sont notées avant que l'économie mondiale ne soit frappée par les effets de Covid-19. Toutefois, la batterie des mesures prises par différents pays développés pour soutenir la reprise laisse croire que la récession tant crainte n'aura pas un impact durable.

l'accompagner. Le rôle des institutions amoindri sera assuré à travers des dialogues ad hoc, souvent informels, moins contraignants, tant au niveau régional qu'au niveau global. Le multilatéralisme économique va céder ainsi sa place au plurilatéralisme. Le FMI, l'OMC, la MB et biens d'autres institutions nées le lendemain de la Seconde Guerre mondiale assisteront impuissants et d'une manière routinière aux multiples dialogues, sans assumer leurs rôles classiques de stabilisation et de relance des économies. De plus en plus, ces institutions se limiteront à fournir des conseils, de la même manière que le font d'autres, notamment l'OCDE. Et les variations à cycles (longs et courts) de croissance et de récession ne cesseront pas de marquer les décennies. Et l'Afrique dans tout ceci ? Le quatrième chapitre porte sur les pièges qui condamnent, à ce jour, ce continent à demeurer en marge, vacillant dans les décombres de Bretton Woods. Les promesses de l'aide à son développement n'ont pas produit les effets escomptés. L'assistance massive durant des années l'a rendu plus pauvre et très endetté. Le retour des profits aux créanciers en est une des conséquences. Les causes de ses trappes à pauvreté sont aussi bien endogènes qu'exogènes.

Les exemples de ces trappes à pauvreté sont examinés à travers plusieurs variables explicatives : la sécheresse énergétique, le faible niveau de la consommation intérieure, la difficile montée de la classe moyenne, la dépendance financière, l'absence de l'esprit d'entrepreneuriat, le caractère extraverti des économies,etc. Le dernier chapitre est une analyse des perspectives qu'offre le nouveau partenariat dit *Win-Win*, selon le slogan chinois. Il s'agit de passer en revue et réexaminer un des aspects consacrés déjà dans notre livre « *La problématique de l'émergence des économies africaines* » publié chez Harmattan en 2016. À l'époque, nous affirmions que la Chine ne pratique pas le capitalisme à visage humain. Ses relations avec l'Afrique ressemblent bien à celles des pays occidentaux. La gratuité en économie libérale est une illusion.

Le continent demeure une source d'approvisionnement en matières premières ; il est inséré dans l'ancienne division internationale du travail. La Chine suit les traces de la colonisation des ressources ; celle-ci n'est pas imposée, comme jadis, mais subie actuellement. Son partenariat est une autre trappe qui encercle les pays dans un engrenage de pauvreté, tout en donnant l'impression d'avoir choisi la nouvelle voie de la coopération. Les exportations chinoises à bas prix tuent les industries locales africaines: agriculture, textile, habillement, chaussure, sidérurgie, etc. Ses prêts contre troc surendettent aussi le continent. Les investissements sont sélectifs et correspondent aux besoins de son industrie : accès aux matières premières, aux bois, à des terres agricoles, etc. L'impact de cette coopération est très peu significatif, comme le démontrent les études menées par Diaby Fodé Siré en 2014, dans sa thèse de doctorat. C'est logique. Les États ne se font pas des cadeaux. Ils cherchent, chacun, le profit. Il n'y a que les dirigeants africains qui ne le comprennent pas. Le développement assisté n'existe pas. En définitive, notre ouvrage est consacré aux causes de la déliquescence de l'ordre de Bretton Woods. Les verrouillages conçus lors de sa naissance, à savoir : mode de vote, importance des souscriptions, nomination des animateurs, modes de fonctionnement, etc., ne permettent pas des réformes, malgré les tentatives. Les rencontres dans le cadre de G20 n'autorisent non plus de réguler les marchés continuellement en crises ; celles-ci se succèdent en dépit des politiques économiques conventionnelles appliquées (politique budgétaire, fiscale et monétaire).

# Chapitre 1

## De la stabilité hégémonique à la coercition unilatérale : fin de la Pax Americana

La Pax Americana marque la période de la puissance des

États-Unis. L'ordre né sous l'inspiration de ce sous-continent a été justifié comme gage de stabilité portée par une nation capable de gérer le poids de leadership. Mais, depuis la fin des trente glorieuses, la puissance hégémonique n'est plus à même de supporter ce poids, sans contrepartie. Dès lors, la coercition est devenue une arme de contrainte pour forcer les autres États à se soumettre. Elle est devenue un instrument de punition à l'égard des États « suiveurs », mais aussi des États appelés « voyous »4 qui, pourtant, sont aujourd'hui « émancipés » et capables de contester la hiérarchie économique, militaire, idéologique et politique (unipolaire) détenue jadis par les États-Unis. La crainte de l'impuissance est ainsi jugée comme justification de recours à cette politique de bâton (coercition) contre les partenaires devenus concurrents. Les États-Unis cherchent à les soumettre, en vain.

---

[4] L'expression est de Georges BUSH. Elle désigne les États qui menacent l'ordre international, disposent des armes de destruction massive et sont capables d'y recourir. Elle désigne également tous les États émancipés et qui s'opposent à l'unipolarité américaine

## 1. Comprendre le sens de : "America First", "To make America graet again"

Le slogan de la campagne électorale de TRUMP (premier mandat) et qui constitue le socle de sa gouvernance économique, le lendemain de son élection, à la tête des États-Unis est : « America first ». L'Amérique d'abord. Derrière le "d'abord", il y a sans doute le "reste après." Mais qu'est-ce le reste après ? Et pourquoi le "reste" intéresse les États-Unis ? Le reste est constitué par l'ensemble des pays de la planète. Il a toujours intéressé tous les chefs d'État américains qui se sont succédé. Le reste est entendu ici comme étant l'hinterland ; le Centre est constitué par l'Amérique elle-même. Le reste est l'ensemble des pays du monde. Les limites géopolitiques, dans l'entendement de cette grande puissance, vont au-delà des frontières tracées. L'espace utile, pour n'est pas dire vital s'étend partout où les intérêts manifestes sont réels ou attendus. Ainsi, toute idée de défense de ces intérêts suggère la protection des zones terrestres, maritimes et aériennes, en limitant la souveraineté des autres États qui peuvent contester les droits américains de disposer du sol et du sous-sol partout dans le monde, avec ou sans autorisation d'appliquer de droit. C'est la destinée manifeste qui confirme cette existence de l'Empire politique, militaire, financière et industrielle, sans le nommer expressément, ce depuis la doctrine de Monroe et le Big Sitck de Roosevelt ; politiques conçues lors de la conquête des colonies espagnoles dans l'Amérique latine, les Caraïbes et le Pacifique.

Les leçons de civilisation universelle, de messianisme politique et religieux, de droit de l'homme, de sécurité collective, de gouvernance, de paix, de l'aide au développement, de coopération et de lutte contre la pauvreté, sont les armes qui ont guidé tout le long, cette vision depuis des décennies. Mais, derrière ces valeurs, il se cache bien sûr la géopolitique (des États Unis) globale, ce, depuis que ce sous-continent s'est hissé au-dessus des autres en termes de puissance bien avant 1945. America first n'est donc pas synonyme de l'isolationnisme parfait. Avant TRUMP, la charité était-elle réellement tournée vers ce reste du monde, privilégiant « les intérêts des autres » ? Le slogan veut dire : la charité américaine envers les autres est bien ordonnée. Il signifie que les États-Unis s'occupent traditionnellement de "tout le reste du monde." Cependant, cette charité bien ordonnée commence avant tout par soi-même. Si la terre et les arbres sont malades, on commence par traiter les maux dont souffre la terre. Les arbres y trouveront finalement leurs comptes. Telle est l'idée qui dort dans le fin fond de la pensée américaine.

Notons que dès la naissance de cette nation, les Américains croient à une vision messianique de leur politique étrangère ; cette mission devenue un devoir moral est leur véhicule de la civilisation qu'ils qualifient d'universelle, à travers le reste du monde (Woodrow Wilson, 1840). C'est pourquoi la compréhension de ce messianisme permet aux observateurs de définir la politique étrangère des États-Unis comme un mélange des pratiques de coopération (providentielle), de soumission imposée aux autres, de punition à l'égard des indociles, de cadeau aux obéissants, de coup de gueule aux têtus, de protectionnisme et de libéralisme également. La mise en oeuvre de ce mélange des pratiques s'inscrit tantôt dans l'arsenal des accords entre États, tantôt dans la logique propre des États-Unis, lorsqu'ils jugent nécessaire d'ignorer les règles convenues ensemble avec les autres États. Ils s'en dérobent sans remords. C'est ça qui caractérise l'exception de leur politique étrangère.

## 2. Les tendances du déclin

Depuis plus de 30 ans, c'est-à-dire, bien avant la gouvernance de TRUMP, les signes du déclin laissaient apercevoir les failles du poids de la providence, assumant de moins en moins les charges de la stabilité et perdant le souffle de la puissance économique. La dette américaine de l'ordre de 10025 milliards de dollars en 2008 s'élève à 20000 millirads en 2017, soit plus de 75 % du PIB. Ce n'est rien dit-on ! Mais, elle ne cesse de grimper. Et ce pays est connu comme celui qui ne paie pas ses dettes (intérieure et extérieure). Par ailleurs, la chute du multilatéralisme était déjà annoncée par nombreux auteurs[5], notamment Guillaume Devin, dans *Les États-Unis et l'avenir du multilatéralisme*[6].Nous pouvons situer le début de cette chute au cours des années 70, lorsque le dollar encaisse les premiers coups de sa dévaluation liée à la charge très lourde de la guerre froide en Asie et en Europe (OTAN). Barthélemy Gourmont cite également quelques faits majeurs de la perte de cette hégémonie : la fin des rapports de force avec Moscou ; le soutien sans faille à Israël, mais un soutien contesté ; le désengagement des zones conflictuelles au Moyen-Orient, la réinterprétation des implications au sein de l'OTAN, la remise en cause de la stratégie du pivot vers l'Asie, le désengagement des dossiers sécuritaires épineux en Corée du Nord et le climato-scepticisme[7]. La question du déclin de cette puissance intéresse également nombreux auteurs. On peut se référer aux travaux d'Éric

---

[5] Compte rendu de l'intervention de Bertrand Badie lors de la soirée du CAREP Paris du 5 novembre 2019

[6] Guillaume Devin, Les États-Unis et l'avenir du multilatéralisme, in Cultures

[7] Barthélemy Guimont, Les États-Unis ne sont plus une superpuissance, in IRIS, octobre 2016

Monnet (2019), Richard Haass, David KLion (2019), François Alençon (2017), Hari Seldon, Samuel Huntington, Alexandra De Hoop Scheffer, Arnaud Balvay. Les uns caractérisent cette impuissance d'abdication, les autres la jugent comme la fin de l'empire, la décomposition du système, ou encore, la crise d'adaptation.

Mais, leurs analyses, de nature géopolitique, épinglent à peine l'effondrement du socle économique qui a régenté durant des années, les investissements, les marchés financiers, les échanges, les chocs exogènes, les déséquilibres des balances des paiements, l'inflation importée, la dérégulation des marchés de change. Ces aspects caractérisent notre apport. À ce sujet, notre analyse se distancie quelque peu de leurs. Mais, avant d'entrer dans le vif du sujet, nous admettons que les États-Unis ont régenté la gouvernance mondiale (militaire, culturelle, industrielle et commerciale) sans réchinier, cachant la démesure de poids assumé. Ils ont, depuis 1945, entretenu des accords militaires, économiques et politiques avec une multitude d'États, soit au niveau multilatéral, soit régional ou bilatéral, affirmant leur suprématie globale. Les traits de ces années glorieuses sont, notamment : le rattrapage technologique réalisé par les États « suiveurs », le progrès industriel rependu partout, les mutations et progrès sociaux dus la redistribution des richesses, l'exode rural des paysans dû à l'urbanisation rapide, l'émergence de la production industrielle de masse et la généralisation de la production organisée dans plusieurs pays occidentaux, bénéficiaires du Plan Marshall. Le graphique ci-dessous donne une indication comparée de la croissance de cette période des trente glorieuses par rapport aux années des crises

Graphique n° 1. **Taux de croissance annuel du PIB (1950-2010) et taux de croissance annuel moyen pour trois périodes, dont les Trente Glorieuses.**

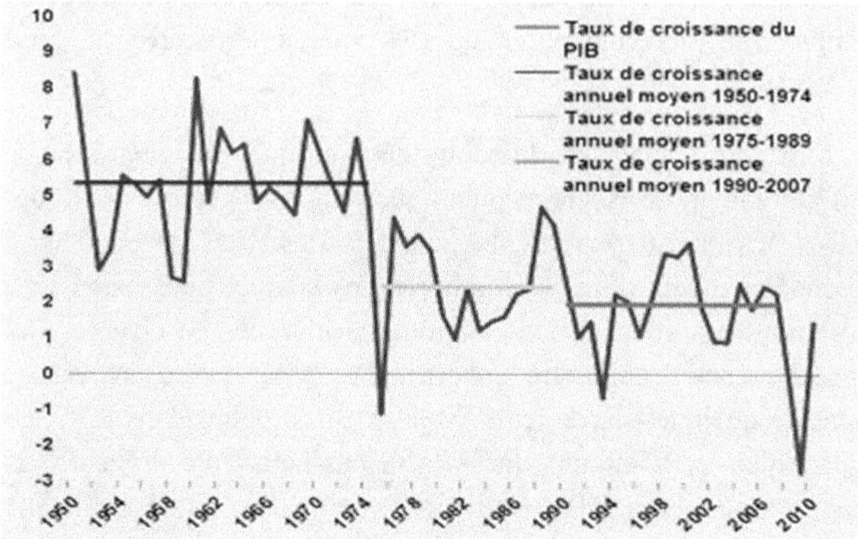


Source : Wikipédia

À ce jour (2020), on peut encore noter la prééminence militaire américaine marquée par les dépenses représentant 40 % des dépenses mondiales, soit environ 2,2 % du PIB mondial. En 2016, ils ont engagé 622 milliards de dollars, suivis par l'Union européenne avec 219 milliards de dollars, talonnée par la Chine avec 191,8 milliards. Tandis que la Russie, en dépit de ses succès militaires en Syrie, elle fait exception et réduit son budget pour la première fois depuis la fin des années 1990 en passant de 51,8 à 48,4 milliards. Ainsi, depuis le 11 septembre 2001, les États-Unis ont dépensé plus de 9 350 milliards de dollars pour leur sécurité[8].

[8] Emelie Defresne, www.medias-presse.info/classement-des-plus-gros-budgets-militaires-dans-le-monde-les-usa-loin-en-tete-avec-40-du-budget-militaire-de-la-planete

Les déboires en Irak, en Iran, au Vietnam, en Corée du Nord, en Afghanistan, dans l'ex-Yougoslavie, etc., n'ont pas empêché d'entretenir leur capacité offensive et préventive.

Mais, du point de vie économique, TRUMP (grand investisseur dans l'immobilier) a vite compris que la puissance américaine devient désuète. Dès lors, l'attitude vis-à-vis des partenaires traditionnels, alors jugés « suiveurs » de l'ordre, devait changer réellement. La priorité de redressement de la puissance décrue explique le comportement. La phobie de l'impuissance l'habite. Mais, d'où viennent les menaces ? Voilà la question essentielle. Sont-elles réelles ? C'est la seconde question. Nous affirmons qu'elles sont réelles et elles résultent de la montée des autres puissances, jadis, petites ou moyennes et qui modifient l'évolution des marchés. Pour comprendre l'essoufflement de leur traditionnelle bienveillance ainsi que les inquiétudes, il est utile de voir comment l'ordre global de l'après-Seconde Guerre s'est construit, comment il a évolué et quel est son état des lieux aujourd'hui. Il est aussi utile d'examiner ce qu'est « le reste du monde » et quelle est sa conduite par rapport aux intérêts américains.

### 2.1. L'état des relations économiques aujourd'hui

Notre réflexion s'inscrit dans le cadre d'un thème général portant sur « Où vont les relations internationales aujourd'hui », thème proposé lors d'une journée scientifique organisée au mois de juin 2019, par le Département des Relations Internationales, Université Pédagogique Nationale (Kinshasa). Ce débat sur l'état des relations internationales, en ce début du 21e siècle, revient à poser la question de savoir comment se présentent aujourd'hui les relations internationales, qui en sont les acteurs principaux, quelle est la tendance des rapports économiques (équilibrés ou déséquilibrés), comment elles se polarisent ? Bipolarité ? Multipolarité ? Unipolarité ? Tripolarité ou apolarité ? Quelle la place des États ? Qu'est-ce l'intérêt national aujourd'hui ? Quelle est la signification de la souveraineté ? Est-elle encore collective ? Limité ? Comment analyser l'influence des groupes informels (altermondialistes) ainsi que la montée des djihadistes, des pirates et autres narcotrafiquants ?

Marie-Claude Smouts a, il y a quelques années, consacré une étude à ce sujet. En 2013, Bertrand Badie a publié à son tour un ouvrage sur l'impuissance de la puissance, essai sur les nouvelles relations internationales aux éditions CNRS. Tandis qu'en 2017, Philippe Moreau Defarges a publié une intéressante étude sur le thème. De l'unipolarité entre 1990 et 2000, le monde traverse la période d'apolarité aujourd'hui, selon l'auteur. Chez les Anglo-saxons, il y a sans doute d'autres auteurs que nous n'évoquons pas ici. Notons que les relations internationales englobent : l'économie, la politique, la culture, le droit, le social, l'environnement, etc. Certains domaines nouveaux tels : le droit humanitaire, l'égalité du genre, la non-discrimination raciale, l'éducation pour tous, le sport, font aussi partie des fondements des relations internationales. Notre propos n'aborde pas tous ces thèmes, il se limite aux relations économiques[9]. Pour y répondre, nous avons choisi d'examiner l'évolution du système conçu dès la fin de la Seconde Guerre mondiale. Nous affirmons qu'à chaque période correspond une tendance de l'économie internationale. Celle-ci (économie) est naturellement dynamique. Ces périodes sont soit longues, soit courtes. Notre réflexion porte sur le cycle actuel, conçu depuis la

[9] Ce thème s'inscrit aussi dans le cadre des cours de questions spéciales de l'économie internationale, de gestion financière internationale et de problèmes monétaires internationaux que nous enseignons dans trois établissements : l'Université de Kindu (Maniema), l'Université catholique du Congo et l'Université Pédagogique Nationale.

fin de la seconde guerre mondiale et qui connait des perturbations depuis la fin des trente glorieuses. On ne peut, cependant pas passer à l'examen d'un tel contenu sans dire un mot sur ce que l'on qualifie de relations économiques internationales.

### 2.1.1. Les relations économiques : de quoi s'agit-il ?

Il existe de milliers d'ouvrages sur le sujet. Diane Ethier les définit comme « les échanges commerciaux et les mouvements de capitaux impliquant des paiements monétaires entre les personnes privées et morales de la communauté internationale : particuliers, entreprises, gouvernements, ONG et OI »[10]. C'est une définition parmi tant d'autres.

Disons que les relations économiques concernent des rapports entre les États (sujets principaux du droit international), les entreprises, les individus (migrants, consommateurs, exportateurs des biens et des services), les organisations gouvernementales ou non gouvernementales (sujets principaux et dérivés). Les domaines ou champs d'actions de ces relations sont divers : commerce, finance, intégration, développement, aide au développement, coopération, investissements, transports et communication, protection de l'environnement, l'humanitaire, etc. Les acteurs (privés et publics) visent l'optimisation de leurs avantages. Aucun d'eux ne peut s'engager dans les relations dont il serait perdant. Les rapports commerciaux et financiers se traduisent par l'échange des biens et de services et l'entretien des flux et reflux financiers à travers divers mouvements des capitaux : transferts unilatéraux des revenus des facteurs, dons, prêts, investissements directs et de portefeuille, entretien des marchés des actions et des obligations,

---

[10] Introduction aux Relations Internationales, Presse universitaire de Montréal, 2010

des flux financiers interbancaires, des marchés de devises, et des autres crédits commerciaux, à court ou à long terme. Elles concernent également toutes les politiques d'intégration économique entretenues tant au niveau régional, sous-régional qu'au niveau multilatéral.

Mais, une telle définition présente des limites. Allons plus loin. Ces flux concernent l'échange des biens et des services (produits). Or, les produits sont au départ transformés avant d'être échangés. Si dans le temps la production a été souvent examinée sous son angle territorial restreint, remarquons qu'elle est devenue globale dès lors que le processus de l'internationalisation a atteint son apogée (production en réseaux). Les firmes géantes en sont des acteurs, elles conditionnent les habitudes des consommateurs et l'ouverture des frontières. Bien qu'ayant chacune une nationalité, elles (leurs filiales) n'ont plus des territoires propres. Elles sont de plus en plus maîtres des espaces par leurs conquêtes ; elles ne les colonisent pas dans le sens du terme, mais agissent en toute liberté, parfois, au-delà des règles convenues avec les États souverains qui accordent cette liberté d'occupation.

Ces États attirés par les richesses d'ailleurs captent les investissements étrangers, ouvrent les frontières et permettent de déterritorialiser les activités des firmes géantes, accordent un espace aussi large que possible en aliénant la souveraineté. Les autres agents économiques : personnes physiques et personnes morales, organisations gouvernementales et les lobbys (associations) y participent pleinement. Ils produisent les idées ; ils influencent les réseaux de production en chaine, ils échangent, consomment les produits et les services, ils épargnent et animent les marchés financiers. Nous pouvons ainsi définir les relations économiques internationales comme étant l'ensemble des liens qui, de la production aux échanges et à la consommation, tissent des rapports dans toute la chaine entre de différents acteurs internationaux : États, firmes, personnes physiques, organisations gouvernementales et sociétés civiles. Quelles sont les tendances de ces relations contemporaines ? Tel est la question qui nous intéresse. Pour y répondre, nous avons choisi l'approche de stabilité hégémonique en tant que voie méthodologique[11]. Les spécialistes des relations internationalistes sont habitués, sans doute, à recourir aux approches classiques, notamment : l'idéalisme, le nationalisme, le réalisme, la dépendance, la coopération, la théorie du régime, ou l'analyse systémique. Ici, nous examinons les relations sous l'angle des théories économiques, à savoir : le mercantilisme, le libéralisme, le keynésianisme, etc.

### 2.1.2. La stabilité hégémonique : fondement de l'ordre de Bretton Woods

L'approche de stabilité hégémonique est l'oeuvre de Charles Kindelberger.[12] En 1973, période qui marque la fin des trente glorieuses, l'auteur réfléchit sur les causes des crises économiques de grande ampleur affectant l'économique internationale. Voulait-il interpréter les origines de la fin du système de change fixe et des tentatives de création du système monétaire européen ? C'est aussi au cours de cette période que furent notées les premières crises financières (Asie) de l'époque. Charles, qualifié d'historien des relations économiques, était probablement inspiré par les signes du temps de l'époque. Dans son analyse, il parcourt l'histoire de l'émergence des grandes puissances (économique, militaire, culturelle et politique): Grèce, Espagne, Pays-Bas, Grande-

[11] Il existe d'autres fondements des Relations économiques internationales. On peut se référer aux diverses théories : le mercantilisme, le libéralisme classique, le keynésianisme, le néo-libéralisme.

[12]Kindleberger, Charles, The World in Dépression, « 1929-1939″

Bretagne, États-Unis et conclut qu'il existe les causes de la stabilité des économies ainsi que celles de leurs déclins, causes ayant des contagions à travers le reste du monde. Notons que ces explications ne sont pas nouvelles, cependant. Le mercantilisme, le libéralisme classique, le keynésianisme, le néolibéralisme, le néokeynésianisme et le marxisme les expliquent aussi d'une manière ou d'une autre. Mais, la théorie de stabilité hégémonique a, néanmoins eu les limites de ne pas pendre en compte le contenu intrinsèque du capitalisme. Le rôle des institutions comme cadre des stabilisations des économies était fort exagéré.

Pour les mercantilistes, « l'État a le devoir de supporter le développement de l'industrie et du commerce afin d'assurer l'augmentation de sa puissance économique, principal support de son pouvoir militaire et politique. Pour ce faire, il est tenu de favoriser la croissance des manufactures par des subventions, des privilèges, des concessions, de monopoles et le maintien des salaires à un bas niveau ; il est tenu également d'encourager la conquête de colonies qui constituent un marché captif pour l'approvisionnement en matières premières et l'écoulement du surplus de la production manufacturière ; construire une marine marchande puissante afin de favoriser les échanges entre la métropole et ses colonies, d'une part, et barrer la route aux nations rivales, d'autre part. En résumé, le fondement de la richesse d'une nation est la constitution d'un surplus commercial grâce au développement, sous l'égide de l'État, d'une industrie manufacturière exportatrice à l'abri de la concurrence ».[13]

Tandis que chez les libéraux, tous les agents sont des êtres rationnels qui cherchent naturellement à satisfaire leurs besoins, à

[13] Hugon, Économie politique internationale et mondialisation (Paris : Economica, 1997), 9.

accroître leur bien-être au moindre coût possible. C'est de ce désir que naissent les lois du marché, lieu où les producteurs vendent les biens et les services au prix le plus avantageux pour eux, et où les acheteurs cherchent à se procurer les biens qui répondent à leurs besoins au meilleur prix possible, lieu où s'offre l'emploi, lieu également où la monnaie constitue le produit vendu et acheté. Lorsque le marché est laissé à lui-même, guidé uniquement par la rationalité des vendeurs et des acheteurs, l'offre et la demande tendent ainsi à s'équilibrer sur le long terme et les prix des biens coïncident avec les attentes des uns et des autres ».[14] Ces théories expliquent, à travers les âges, la nature des relations économiques internationales[15].

Charles Kindelberger fut inspiré par la grande dépression de l'année 1929 et ses effets sur l'économie mondiale[16]. C'était la période de fin de la Pax Britannica. L'auteur n'a pas abordé l'ordre des économies socialistes planifiées qui, aujourd'hui, a disparu dès le début des années 90, laissant libre cours à l'ordre libéral imaginé à Bretton Woods, le lendemain de la Seconde Guerre mondiale. L'avantage de son analyse est d'avoir réfléchi sur la macroéconomie internationale en mettent en exergue, non seulement le rôle de l'État et le marché national, mais le rôle des États dans des marchés intégrés, régulés par des règles (ordre) édictées ensemble et mises en œuvre par des institutions supranationales mondiales et régionales. Il peut être reconnu (Kindelberger) comme précurseur qui au cours des années 70 imaginait déjà l'homogénéisation des économies et la globalisation,

[14] Gilpin, The Political Economy of International Relations

[15] Michel Beaud et Gilles Dostaler, La pensée économique depuis Keynes (Paris : le Seuil, 1993), 31-69.

[16] C'est aussi la période durant laquelle le déclin de l'économie britannique s'amorce.

tant que la stabilité issue de la coopération sous la conduite d'un leader était observée.

Rappelons que chez lui (Kindelberger), les failles des marchés financiers étaient à l'origine de la crise qui a eu les contagions et qui a perturbé le système financier. Ce constat est à la base de sa théorie de régime (approche institutionnelle développée aussi par Lance Davis et Douglass North).[17] Donc, des règles fixées par les institutions, en accord avec les États, sont des fondements de la stabilité des marchés, sous l'impulsion d'une puissance hégémonique. Ce qui veut dire qu'avec la fin de mercantilisme, l'ordre libéral inspiré par les théories de l'avantage comparatif, de dotation factorielle abondante, de l'innovation technologique et de libre concurrence s'est imposé à travers diverses rencontres ayant donné lieu à des règles de conduite observables par des acteurs (État et Firmes) sous le contrôle hiérarchique d'un État leader, un État puissant surveillant. Ainsi, les marchés internationaux se sont développés d'une manière stable, par la bienveillance des États donneurs d'ordre, en ouvrant leurs portes aux exportations en faveur des « suiveurs » et prévoyant également des sanctions et la coercition au cas où un acteur malveillant serait la source de l'instabilité. Telle était le fondement de l'ordre de l'époque conçu par Keynes et White, les deux artisans de Bretton Woods. Selon Kindelberger, le leader, plus puissant supporte le poids du bénévolat au profit des États suiveurs : puissances moyennes et petits États. Il accorde des facilités, admet de perdre certains avantages par sacrifice et vise la maturité des rapports économiques en faveur des « suiveurs », en vue de bénéficier des opportunités

[17] Pour Plus de détails, lire Clause Menard, « L'approche néo-institutionnelle : des concepts, une méthode, des résultats », in Cahiers d'économie Politique / Papers in Political Economy 2003/1 (n° 44), pages 103 à 118

nouvelles à son tour. Le leader prend ainsi les charges, il guide les suiveurs et met à leur disposition les facilités matérielles, financières et technologiques.

Robert Khoene, l'auteur de la realpolitik, reprenant la réflexion à son tour, il a l'étendue au niveau des relations politiques. Son analyse s'inspire de la conduite réelle des États. Contrairement aux autres théories tel l'idéalisme, Khoene apporte une contribution et explique comment la souveraineté des États est limitée ; comment la coercition est juste ; comment la récompense se justifie aussi dans les rapports de force, d'adhésion ou de soumission que les États : grande puissance, puissance moyenne ou petite, entretiennent entre eux, au delà de l'égalité des États, exprimée par les principes du droit international public[18].

Kindelberger soutenait que la stabilité du commerce mondial, des investissements, des finances, du bien-être, issue de l'usage des biens publics internationaux, est due au respect des règles qui régentent l'ordre établi par le biais de l'État leader, au profit des suiveurs d'abord, et en suite, à son profit propre. Le leader est jugé porteur des valeurs sur lesquelles se tisse l'ordre, sous son impulsion. Il en établit les contours institutionnels et les accompagne dans la pratique. Il n'est pas le seul à imposer cet ordre. Bien au contraire, c'est le résultat d'un consensus dont la mise en oeuvre vaut un coût : investissements massifs en faveur des États à déficit de financement, ouverture des marchés sans réciprocité, octroi des avantages douaniers et non-douaniers, prêts à court ou à long terme sans ou avec faible intérêt, diffusion technologique à une large échelle, construction des ouvrages (infrastructures), contrôle de stabilité des prix et de taux de change,

---

[18] Khoene Robert et J. Nye ; Power and interdépendance, 1977, New York, Ed. Wesley

tout ceci, au profit de la stabilité économique générale favorable d'abord aux suiveurs, ensuite, au leader.

Les crises qui déstabilisent l'ordre viendraient, dans ce cas, de la négation des règles convenues. Ce sont les États suiveurs qui, faute d'observer ces règles, tentent le retour au protectionnisme et à l'instabilité des règles. Cette thèse loue les vertus du libéralisme. Elle invite les États à les adopter, car, ces vertus sont présentées comme moteur du progrès ; ils fondent les racines du développement industriel, par le biais des profits issus de la consommation des biens publics internationaux. Ce libéralisme assisté par la main visible s'avère être la voie indiquée pour tous les pays suiveurs. L'exaltation des avantages comparatifs et de nouvelles théories du commerce international se cache derrière la théorie. Ceux qui pensent qu'il existe une autre voie de coopération désintéressée qui conduirait au gain réciproque se trompent, d'après cette théorie. Car, entre les États, seuls les intérêts justifient la nature de leurs relations. Voilà le résumé de cette pensée née le lendemain de la Seconde Guerre mondiale.

L'État puissant, disposant des atouts : PIB élevé, réserves en devise, investissements directs et indirects à l'étranger, implantation des multinationales à travers le monde et effets multiplicateurs, forte capacité d'innovation technologique, niveau très élevé des dépenses consacrées à la recherche scientifique, nombre important des brevets d'invention, niveau de consommation intérieure élevé, etc., il ouvre son marché aux « suiveurs », accepte la discrimination positive et momentanée à son dépend, favorise le mouvement des capitaux au profit des suiveurs. À la longue, lorsque les suiveurs intègrent les bonnes habitudes et développent leurs marchés et que leurs économies émergent, les gains réciproques qui en découlent élargissent l'espace économique et permettent le jeu de la concurrence parfaite, profitable à tous, y compris au leader. Le libéralisme devient alors le credo dans les relations économiques internationales. L'instabilité, selon Kindelberger, ne tire pas ses sources du comportement de l'État donneur d'ordre, mais des suiveurs qui, à force de fausser le jeu de la concurrence, donne le libre jeu aux sources des crises des marchés. Mais où peut-on situer les limites de la théorie de Kindelberger ? C'est dans le contenu intrinsèque du capitalisme.

### 2.3. Le contenu intrinsèque du capitalisme

Mais, la stabilité hégémonique était-elle réellement un gage de réussite de l'ordre libéral global ? Si oui, pourquoi les cycles des crises sont devenus inhérents à la croissance économique, depuis la fin des années glorieuses ? En effet, il est prouvé aujourd'hui que la stabilité due au bénévolat hégémonique n'est pas un gage de succès. Le capitalisme a sa logique. Il se reproduit, s'autodétruit, s'accélère, ralentit selon l'usage des facteurs qui le créent. Il a un contenu intrinsèque : l'auto-entretien et l'autodestruction. C'est ce que nous allons examiner ci-dessous.

La logique du capitalisme est intrinsèque. Les règles institutionnelles ainsi que l'intervention providentielle d'un leader ne peuvent guider le cycle normal des marchés. Jean Pière Llabrés, dans son analyse sur le vice caché du capitalisme affirme que celui-ci (le vice) se traduit par la répartition d'une manière inéquitable des richesses[19]. Ets-ce un vice ou sa nature ? Les auteurs de gauche diront oui, c'est un vice. Ceux de droite (économie libérale) diront non. Ce n'est pas un vice, mais une évidence. Les inéqualités

[19] Jean Pierre Llabrés, Le Vice du capitalisme intrinsèque irrésolu d'avant et d'après Karl Marx à nos jours, in Overblog, 26 juin 2019

sont innées. Mais, à sa thèse, s'ajoute une autre, celle de renouvellement du cycle du capitalisme lorsqu'il arrive au bout et que son rendement devient décroissant. Il s'autodétruit. Cette autodestruction est marquée par des cycles de croissance, par la stabilité, par la récession et par la dépression. Kindelberger a cru, à son temps, que les crises proviennent du comportement irrationnel des États « suiveurs ». Il a cru que la providence du leader était sans limites. C'est elle qui permet de générer les biens publics internationaux d'où on peut tirer les gains réciproques. Ce qui est inexact. Le comportement du marché (laissez faire, laissez aller) libre de toute mainmise n'avait pas retenu son attention[20]. Pour lui, les institutions ont des vertus ; elles règlent le comportement des agents économiques. La théorie des coûts des transactions développée (Olivier Williamson) n'était pas prise en compte dans son temps. Il est pourtant prouvé que les règles institutionnelles (rédime) peuvent être la source de l'ordre et de stabilité, mais, les coûts des transactions peuvent également impacter négativement le fonctionnement des organisations (économie du marché) ; les agents obligés d'appliquer ces règles ne sont pas absolument rationnels. Leur déraison peut nuire au le laissez-faire, laisser-aller. Ces coûts ayant un prix, ils peuvent rendre les règles inapplicables. Par ailleurs, les institutions forment, à la longue, un système qui s'entretient. Les acteurs (agents du système) agissent parfois, pour conserver leur système. Ils ne peuvent pas scier les branches de l'arbre sur lesquelles ils sont assis[21]. Pour Kindelberger, les coûts

---

[20] Certains auteurs l'associent aux historiens de l'économie internationale. Son analyse était fondée sur une observation des faits passés : les crises qui ont marqué le temps. Les crises futures étaient dès lors envisagées en servant de la théorie de régime.

[21] Yves Tavernier, Critiquer les institutions financières internationales, in Économie politique 2001/2 n° 10

des transactions sont naturellement pris en charge par le leadership hégémonique qui en supporte le poids ; oui, mais jusqu'à quand ?

Notons que l'économie enregistre des périodes de prospérité et des dépressions, même au-delà de toute politique économique (monétaire, fiscale, budgétaire, industrielle) viable. Les crises sont jumelles à la stabilité[22]. Toute la pensée économique dite classique est née à partir de cette évidence. Il n'existe aucune stabilité due à l'effort de l'homme, sans qu'il s'en suive l'instabilité. C'est la loi de la destruction créatrice. Dès lors, la surproduction, l'excès de la demande, la baisse de celle-ci, l'endettement, les tendances de l'investissement, celles de l'échange international, du niveau des prix, celui de l'épargne, le déséquilibre budgétaire, les incertitudes du marché de l'emploi, du marché monétaire, du système financier, la nature de l'accumulation du capital, la baisse tendancielle du profit, la trappe à liquidité, etc., constitue les sources des cycles économiques (crises et reprises) localisées, régionales ou systémiques[23].

---

[22] Le capitalisme développe ses propres contradictions. Il ne disparait pas. Il est dynamique.

[23] Robert Boyer, La crise de la macroéconomie, une conséquence de la méconnaissance des institutions ? Macroéconomie : développements récents

Volume 68, numéro 1-2, mars-juin 1992

# Chapitre 2

## L'obsolescence de l'ordre économique de Bretton Woods

Revenons à notre analyse principale. Nous affirmons que la prospérité économique née lendemain des accords de Bretton Woods s'est arrêtée depuis ! À présent, nous vivons une période où la correction des imperfections constatées depuis le début des 70 impose un autre système, après 75 ans[24]. La montée des nouveaux États dits émergents bouleverse l'ordre ancien et incite à de nouvelles imaginations pour définir ce nouvel ordre. Les monétaristes classiques attribuent tout désajustement des marchés par les immixtions étatiques, responsables des perturbations des marchés. Les keynésiens rejettent l'idée de l'équilibre automatique des marchés, dictée par la seule loi de l'offre et de la demande. Ils admettent l'imperfection et recommandent l'intervention de l'État dans des situations où les marchés deviennent rigides ; l'offre ne correspond plus à la demande, la surproduction entraine les replis ayant un impact sur l'emploi et les niveaux des revenus. Par contre, les monétaristes estiment que ce sont les ingérences publiques qui dérégulent la stabilité des marchés et les désorientent par des chocs provoqués : choc dû au prix qui varient, choc dû à la détérioration

[24] Les pays en développement avaient, à l'époque, exigé, sans succès, le Nouvel Ordre Economique International (NOEI)

des taux de change, choc dû à la manipulation des taux d'intérêt, choc dû aussi aux surchauffes des marchés boursiers, etc., mais, ces théories ne tiennent pas. Elles sont insuffisantes à expliquer les crises qui marquent l'économie internationale, depuis la fin des années glorieuses. Pouquoi ?

### 1. À l'origine, étaient : la relance des économies, l'assurance de la stabilité et la promotion de libre échange

Faut-il rappeler que le lendemain de la Seconde Guerre mondiale, l'absence d'un ordre dans les rapports entre les États était inquiétante. La puissance économique britannique qui menait la barque s'est affaiblie entre les deux guerres. Bien sûr, elle a duré pendant des décennies (1776 à 1936). L'industrie s'est essoufflée entrainant ses effets collatéraux. Les prix étaient devenus rigides, ne correspondant pas à l'équilibre de l'offre et de la demande. Ils ont cessé de véhiculer les orientations des marchés. L'emploi se perdait, le commerce était affecté par la guerre et la chute de la demande intérieure ainsi que l'effondrement de gold exchange. Le contrôle des routes maritimes et des colonies s'est arrêté avec la naissance des nouveaux États. C'était la fin de l'empire économique qui a succédé à la période de la Pax Romana.[25] Seule l'économie américaine s'est hissée au sommet durant la période. Ainsi, la nécessité de dessiner un nouvel ordre dans les rapports étatiques s'est imposée avec but de redynamiser les rapports. Les négociations ont lieu dès le début des années 40, nous l'avons

[25] Wikipédia estime que La Pax Britannica était déjà très affaiblie à l'issue de la guerre de Crimée (1856), ne résiste pas à l'industrialisation de l'Allemagne, à la guerre franco-prussienne (1870), et à l'émergence des États-Unis et du Japon sur la scène internationale.

souligné dès le début de cette étude. Il s'agissait de redémarrer le commerce mondial, relancer la reconstruction des infrastructures, permettre les investissements internationaux et assurer la paix durable. Ceci explique la mise en place du régime libéral par la création des Institutions de Bretton Woods (L'ONU, FMI, BIRD, OMC) et l'ONU.

White, le représentant américain en était le père. Le dollar fut choisi comme devise de référence dans le nouveau système monétaire (chute de la livre sterling). Le FMI a reçu mission de stabiliser les finances publiques ; il a également eu le rôle de venir en aide aux États en difficultés (déséquilibre des balances des paiements). Le GATT, né quelques années après, fut chargé des négociations pour la réduction des barrières douanières. Tandis que la BIRD était chargée de reconstruction et du développement économique. L'OMC, née en 1995 à Marrakech est une suite logique des négociations tenues dans le cadre du GATT, au cours de la 6e phase des cycles des négociations et qui ont abouti à des innovations, notamment, la réglementation des secteurs jadis négligés : les investissements liés au commerce, l'échange des services, la régulation du commerce des produits agricoles, la création de l'organe permanent le règlement des différends sont des nouveautés.

Ainsi, l'OMC est une nouveauté qui réunit 164 membres aujourd'hui, elle a le devoir d'étendre les préférences généralisées à tous. Le protectionnisme non justifié est prohibé. L'organe permanent chargé de trancher les litiges dispose de compétences contraignantes applicables, jusqu'aux sanctions, contre les membres contrevenant aux principes de libre échange. Elle vient rejoindre les anciennes institutions et élargit l'influence de l'ordre de Bretton Woods à des matières jadis laissées à l'appréciation de chacun des membres.

Sur le plan régional, les États-Unis ont également contribué à la création des regroupements d'intégration à travers plusieursorganisations économiques, notamment l'actuelle OCDE. Ils ont encouragé la naissance du Marché commun (Union européenne), avec l'aide du plan Marshall dont les 10 milliards de dollars ont permis le redressement des économies européennes touchées par la guerre. En matière de sécurité, l'ONU s'est dotée d'un Conseil dont le rôle fut d'assurer la paix dans le monde, à chaque occasion que celle-ci serait menacée. Le Conseil dans son rôle mixte est chargé de dialogue, en cas de menace contre la paix, mais aussi de coercition en cas de nécessité, lorsque le recours à la force s'avère nécessaire pour préserver la paix mondiale. Outre le Conseil de sécurité, l'OTAN fut conçue comme un instrument de sécurité, une réponse à la menace du bloc soviétique. Cette architecture totale a été organisée comme un garde-fou contre toute crise (économique, sociale ou militaire). L'ordre va dès lors imposer une discipline dont les règles furent convenues dans les différents Accords et Traités restreignant une part de la souveraineté de chaque membre, en admettant le principe de hiérarchie du droit international par rapport au droit interne de chaque membre. Ces institutions et leurs règles de fonctionnement ont été saluées comme étant des biens publics internationaux régis par les principes de non-exclusion et de consommation simultanée. Les États souverains et égaux en droit et en politique se sont assigné un objectif commun : le progrès et le développement de tous, dans un élan de discipline concerté.

## 2. Mais, l'approche de la stabilité n'est pas immuable

Testée dans les relations entre l'Union européenne et les États ACP(Afrique, Caraïbe, et Pacifique), à travers la Convention de Lomé (association privilégiée), elle ne s'est pas vérifiée durant nos recherches doctorales sous la direction de Professeur Thomas Tharakhan (Université d'Anvers)[26]. Nous sommes arrivés à constater qu'il existe des facteurs (macroéconomiques et microéconomiques) internes et externes qui influencent l'évolution des économies des États « suiveurs ». La stabilité hégémonique n'est pas un fait absolu qui intériorise la hiérarchie dans le comportement des États rationnels. Elle peut produire des effets pour une période. Le leadership n'est pas providentiel, ni rationnel à tout prix. Le donneur d'ordre peut être une source des crises lorsque l'évolution des faits renverse la hiérarchie. Par ailleurs, il est attesté que derrière les avantages en faveur des suiveurs, il se cache généralement un altruisme de l'État hégémonique dans le commerce, les finances et les investissements. L'Union européenne, tout en associant les États ACP à son marché intégré, d'une manière privilégiée (les non membres des ACP n'étaient pas des associés privilégiés), a aussi négocié un ensemble des avantages tirés de ces relations. Il s'agit, notamment de : l'observation stricte du respect de la règle de l'origine, l'octroi des prêts avec capitalisation des intérêts, des restrictions quantitatives et qualitatives des exportations des certains produits tropicaux et homologues, de l'implantation des usines clé à la main, de la formation des cartels des matières premières, de l'imposition de la réciprocité dans certains accords commerciaux, etc. Ce qui suggère que l'hégémonie collective négociée par l'ensemble des États

[26] Blaise Sary Ngoy, Évaluation de la coopération entre l'Union européenne et les États ACP. Test de l'approche de la stabilité hégémonique de Kindleberger, Université d'Anvers, 1994

membres de l'Union européenne a constitué des pièges dans lesquels les États bénéficiaires se sont enfermés. Par contre, les autres partenaires non associés à ces accords se sont avérés partenaires essentiels de l'Union, notamment par l'accroissement important des parts de leurs exportations ainsi que de flux et reflux financiers réciproques[27].

## 3. Les caractéristiques du désordre actuel

Aujourd'hui, la série des sanctions que les États-Unis (TRUMP) infligent à leurs partenaires remettent en cause le fondement de l'ordre établi, qu'il soit politique, économique ou politique, et prouve à suffisance les limites de l'hégémonie. Kindelberger n'avait pas donné une suite à la question de savoir, comment réagit le donneur des leçons, dès lors que l'ordre s'épuise. Il a légitimé la soumission et les sanctions unilatérales. Sa thèse a eu des limites dans ce sens qu'elle n'a pas envisagé les effets pervers de bénévolat à long terme. Le leader peut-il maintenir sa position hégémonique ? Jusqu'à quand ? Kindelberger a aussi ignoré les forces imprévisibles du marché, elles peuvent, dans un environnement où l'information est asymétrique, échapper aux prévisions. La main invisible a son importance, en dépit du rôle institutionnel prépondérant de l'État dans la régulation des marchés. Pourtant, dans ses recherches sur le néo-institutionnalisme, Williamson identifie trois facteurs qui autorisent de relativiser la théorie de régime. Il s'agit : a) de la rationalité limitée dans le comportement des agents économiques du fait qu'ils

[27] L'ordre atteint son cycle lorsque le leader perd de plus en plus son hégémonie et son bénévolat. Le laissez-faire, laissez aller s'avère nuisible à ses propres intérêts. Son monopole devient contestable sur plusieurs plans.

n'ont pas à leur disposition toutes les informations et toutes les capacités de les traiter), b) de l'opportunisme des parties contractantes qui ont tendance à profiter de leur position et des informations dont ils disposent, au détriment des autres), c) de la spécificité des actifs : certains investissements, une fois effectués, ne peuvent être réalloués à d'autres utilisations, ils sont difficilement redéployables. De ce fait, il n'est pas aisé de croire à la réussite des contrats et accords conclus en vue de réglementer le comportement des agents économiques impliqués dans les relations économiques internationales, à long terme.

La thèse de Kindelberger a eu également des limites dans les explications des sources des crises, en s'imaginant qu'elles sont l'émanation des « seuls » États suiveurs. Il a cru, à son temps que la puissance est indéfinie, que les suiveurs ne peuvent acquérir le statut d'autonomie, qu'ils ne peuvent disposer des facteurs permettant d'assimiler les avantages et renverser par la suite, la hiérarchie. Paul Kennedy[28] a pourtant eu le mérite de prévenir le déclin naturel des grandes puissances. Celles-ci naissent, grandissent, selon un cycle, elles déclinent et meurent après avoir atteint le point culminant de leur suprématie. La puissance (économique, militaire, politique ou culturelle) est donc relative. Elle n'est pas intemporelle. Quelle que soit la durée, elle finit par décliner.

À ce sujet, la guéguerre commerciale entre les États-Unis et le reste des Nations permet d'imaginer l'hypothèse du déclin de la puissance américaine, menacée aussi bien sur le plan économique que militaire. TRUMP est appelé à appliquer en ce temps

---

[28]Paul Kennedy, Naissance et déclin des grandes puissances, Transformations économiques et conflits militaires entre 1500 et 2000, Éditions Payot, 1989, 730 pages

l'hégémonie mixte : douce et coercitive à la fois ; c'est-à-dire, défendre avant tout les intérêts américains et ensuite, ceux de l'ordre libéral.[29] Sa coercition contre le Canada, l'Union européenne, le Japon, la Chine, le Mexique, et même les petits États, à l'instar du Rwanda dans le cadre de l'Agoa, etc., marque la fin de l'histoire. Ses sanctions contre l'Iran, la Corée du Nord, la Russie et sa sortie unilatérale des accords sur la limitation des armes nucléaires sont aussi les signes de la fin de l'histoire ! Son inquiétude est basée sur le déficit des échanges commerciaux vis-à-vis de ses partenaires. Ce déficit vis-à-vis du Canada, du Mexique, de la Chine, de l'Union européenne, etc., laisse penser que le pays perd sa place dans l'ordre établi, dont le suivi est assuré par différentes institutions nées le lendemain de la Seconde Guerre mondiale, à savoir : le Conseil de sécurité, le Fonds monétaire international, la Banque Mondiale, l'Organisation mondiale du commerce, et bien d'autres accords commerciaux régionaux[30]. La sortie des États-Unis dans différents accords commerciaux et le recours au protectionnisme (hausses des tarifs dounouiers) sont des manifestations de repli au moment où les autres États observent, mutatis mutandis, le respect de l'ordre établi.

### 3.1. Le constat d'ensemble

Ainsi, l'ordre est devenu progressivement le désordre. L'acceptation de ce désordre justifie le retour au protectionnisme défensif avec but de reconstruire l'économie américaine, selon TRUMP. Cet appel dévoile une chose. On ne peut reconstruire que ce qui se détruit. En effet, l'ordre sous le leadership américain a évolué durant des années, en dépit des failles, tant du point de vue

[29]Wikimonde, Théorie de la stabilité hégémonique.
[30]G7/G8, G10, G12, G20, G15, G22,Brics, OCS, OTAN, OTSC, ANZUS, APEC, ASEAN, UNASUR

sécuritaire (différentes guerres régionales) que du point de vue politique et économique. L'Amérique a conduit des guerres dans le monde : Corée, Indonésie, Pakistan, Irak, Afghanistan, Lybie, Syrie, Angola. Ex-Yougoslavie. Les unes sont ouvertes, avec les troupes sur le terrain, les autres invisibles (idéologique) avec des agents secrets et des dirigeants soumis au chantage. L'Amérique a participé à l'élaboration de diverses organisations gouvernementales chargées de réguler les échanges commerciaux et la finance internationale. Elle a initié plusieurs Banques régionales de développement en Asie, en Afrique et en Amérique latine. Alors que le FMI avait le rôle d'encourager le e-commerce international et la stabilisation des finances des États, les crises financières se sont aussi succédé et se sont parfois aggravées, affectant les deux sphères de l'économie (réelle et virtuelle). Il s'agit, entre autres, des crises apparues au cours des années 70 et qui se sont propagées surtout à dater des années 90/2000[31]. L'abandon inulatéral du système de change fixe par Nixon n'a pas permis de les freiner. Bien au contraire, depuis cette date, le système monétaire conçu à Bretton Woods a échoué[32]. Le nouveau système hybride, né en Jamaïque en 1976 (choix libre de taux de change) trébuche et accompagne les séquences des crises et de quasi-stabilité qui apparaissent d'une manière cyclique.

---

[31] Jacques Mistral, « Les aspects internationaux de la crise », in Théories de la crise et politiques économiques, Seuil, Paris, 1986

[32] Jacques SAPIR, L'économie politique internationale de la crise et la question du « nouveau Bretton Woods » : Leçons pour des temps de crise, communication faite à un séminaire organisé par les autorités vénézuéliennes les
8 et 9 novembre 2008 à Caracas.

De même, l'instabilité du commerce international mesurée par les déséquilibres des balances commerciales, dans divers pays, a mis à nue les théories de l'avantage comparatif et de la concurrence loyale. Le Win-Loos prédomine dans les rapports entre les États ! La détérioration des termes de l'échange, l'endettement international, la fuite des capitaux, les faillites industrielles, le chômage atteignant plus de 10 % de la population active ; dans les pays développés et plus de 50 % dans les pays en développement, la délocalisation des investissements volatiles, les déficits budgétaires chroniques, les failles des regroupements économiques et les crises de change, sans oublier la folie des marchés spéculatifs, sont autant des manifestations du désordre né lendemain des : « trente glorieuses ».

Avec la création l'OMC, les secteurs jadis protégés sont soumis à la concurrence. Il s'agit de l'agriculture, des textiles et des services. Les négociations en vue de compenser la faiblesse des États pauvres n'aboutissent pas. Outre l'octroi des subsides aux industries protégées, les autres pratiques déloyales mettent à nue la généralisation des préférences. Les pays à économies fragiles sont les plus affectés. La nature mitigée des négociations agricoles démontre combien l'ouverture de ce secteur tue l'agriculture dans des pays pauvres, ne disposant pas de moyens techniques pour des exploitations intensives. Les coûts de production étant supérieurs, les importations alimentaires renforcent, dans ces pays, la sous-production et entrainent l'insécurité alimentaire. Les subventions agricoles octroyées par les pays occidentaux constituent un réel obstacle à la libre concurrence et tuent le secteur.

Le G77, né au cours des années 70, suite à la détérioration des termes de l'échange et au sous-développement persistant de plus de 2/3 des pays du monde, réclama un nouvel ordre économique international (NOEI) sans jamais l'obtenir. Il s'agissait d'une révolte des altermondialistes qui dénonçaient les désavantages de la mondialisation dominée par la « pensée unique » libérale. Le Tiers-Monde, regroupement des pays pauvres s'est disloqué, donnant lieu à trois catégories des pays : les émergents, essentiellement de l'Asie du Sud-Est, le pays en stagnation (Amérique Latine) et les pays les moins avancés (PMA) dont 34 sont africains. Ils ont une caractéristique commune : l'extraversion et la mono-exportation (des minerais ou des produits agricoles de rente). On les appelle : le Quart Monde. Ils ont un faible taux de croissance, un niveau de sous emploi élevé, une industrialisation primaire fondée sur les mines et les cultures de rente, une participation aux échanges oscillant entre 2 et 3 % du commerce mondial.

C'est ce qui explique leur auto-entretien dans l'ancienne division internationale du travail et leur marginalisation dans le processus de globalisation économique. Victimes ou incapables d'innover et de transformer leurs industries, ils assistent impuissants à la détérioration des termes de l'échange. Les secteurs porteurs du commerce mondial les échappent : ordinateurs, semi-conducteurs, logiciels, biotechnologies, acier, automobile, l'électroménager, agroalimentaire, textiles, jouets, robots, instruments de mesure, transport, machines industrielles, etc. Cet état de fait explique les déficits chroniques de leurs balances des paiements, déficit dû à leur faible participation aux échanges et leur dépendance en importation pour couvrir, par endettement, la demande intérieure.

Les théoriciens de la dépendance attribuent cette marginalisation à la seule volonté des pays riches, volonté d'exploiter à outrance les ressources des pays pauvres et de les tenir à distance du centre, c'est-à-dire, à la périphérie. Loin de là, la marginalisation de ces pays du Quart-Monde (Afrique noire surtout) trouve aussi ses facteurs essentiels dans les modes de gouvernance interne. La non-exploitation des opportunités offertes par l'ouverture des marchés dans nombreux pays de la périphérie ne peut donc être attribuée à la seule volonté des pays riches. Cette théorie de dépendance, née en Amérique latine,[33] ayant pour origine le Marxisme, dans son volet de l'explication du sous-développement, durant la période de stagnation des économies de cette partie du globe, est aujourd'hui remise en cause par l'émergence des NPI, notamment le Brésil, l'Argentine, le Mexique, le Chili, L'Arabie Saoudite, l'Iran, la Turquie, les Tigres asiatiques, etc.

Nombreux auteurs (tiers-mondistes) ont fait de la théorie leur dada, y compris les universitaires. En Afrique, Samir Amin, auteur de la déconnexion en est un exemple. Ont-ils raison ? Pas tout à fait. L'indépendance économique ne se décrète pas, elle est constatée dès lors que les conditions internes sont requises. La dépendance est subie, certes, mais elle fonde ses racines dans la gestion interne et hasardeuse de la chose publique. Elle est la résultante de l'inadéquation entre le recours à l'intelligence, la valorisation de l'entrepreneuriat et les politiques publiques en matière de développement. On développe d'abord les facteurs internes (endogènes), ensuite, on participe à l'économie monde. Si les bases internes d'une économie n'existent pas, alors, on s'insère, bien volontiers, dans les rapports de dépendance, en subissant les contraintes. Crier à l'exploitation c'est inviter les autres à être les tuteurs et leur tendre la main pour être insérés dans les rapports fondés pourtant sur le principe de : « que le meilleur gagne ».

[33] Raul Prebisch, La politique commerciale dans les pays *sous-développés* (Paris : Banque mondiale, 1968).

N'étant pas meilleur, on ne gagne pas. Parce qu'on ne peut pas compter une seule économie qui soit autarcique, il est évident que l'interdépendance des petites économies ouvertes laisse apparaitre leurs fissures internes ayant des répercussions que l'on appelle communément : exploitation.

L'époque du mercantilisme est révolue. Les petites économies n'ont pas une corde à la gorge. S'il y en a, les dirigeants en sont les premiers responsables. Aujourd'hui, ce sont les nouvelles politiques commerciales et industrielles de chaque pays qui situent, chacun, dans les rangs, soit de la périphérie, soit du centre. Les règles érigées pour sécuriser les relations économiques se sont avérées impuissantes. L'ouverture des marchés a également averti les États sur les limites de la réglementation de la concurrence dans un contexte de compétitivité menée par les firmes géantes qui échappent à la territorialité, à laquelle elles sont restées soumises durant des années. La puissance hégémonique s'est essoufflée. Elle est devenue impuissante, pour paraphraser Bertrand Badie. Déjà en 2008, Philip S. Golub[34] a annoncé cette fin de la Pax Americana. La double légitimité (contrôle des politiques internationales et prédominance économique) était déjà entamée, non seulement depuis les défaites militaires (Coré du Nord, Indonésie, Afghanistan, Iran), mais aussi à partir de la fin du système de change fixe centré sur le rôle du dollar. Selon Golub, l'ordre de demain sera polycentrique, dans lequel, les puissances émergences seront autonomes.

Dans les pages qui suivent, nous affirmons que le désordre va persister. Le polycentrisme n'aura pas lieu ; à la place, on aura une puissance diffuse, segmentée en trois pôles. Par ailleurs, la

---

[34] Philip S. Golub, La Fin de la Pax Americana ? In Revue Internationale et Stratégique, 2008/4 n° 72

régulation institutionnelle, comme celle de l'époque de l'ordre de Bretton Woods, va laisser place à des réunions informelles dont les recommandations n'auront pas un caractère contraignant. Suivons les caractéristiques.

### 3.2. Le constat sectoriel

#### 3.2.1 Sur le plan financier : dérèglementation, décloisonnement, déconnexion, dématérialisation

Le libéralisme financier triomphe depuis la fin du mûr de Berlin, et même avançant cette date avec la règle des « 4D »[35]. Les marchés jadis limités au niveau de chaque nation se sont intégrés, notamment dès le début de la naissance des euromarchés et de recyclage des pétrodollars. Londres, New York, Tokyo, Francfort, Paris, Pékin, etc., ces places sont devenues des cités ardentes (grands centres des négoces) où se brassent des milliards des dollars et autres devises) qui échappent facilement aux autorités de régulation. Il n'en existe pas à l'échelle planétaire. Quelques membres de G7 ont imaginé une taxe (Tax Tobin), mais en vain. La taille de la finance par rapport à l'économie réelle continue à augmenter. Le poids par rapport au PIB mondial de l'ensemble : encours d'obligations et capitalisation boursière est passé de 300 % en 1986 à 420 % en 2007 et à 475 % en 2017[36]. Ceci est le signe du passage de l'internationalisation à la globalisation de l'économie. On a cru qu'avec les crises des années 70/80 et qui ont conduit à la dérèglementation, le décloisonnement, la désintermédiation et la dématérialisation financières, on arriverait à la meilleure allocation des ressources (surtout en faveur des pays dépourvus de l'épargne)

[35] Décloisonnement, désintermédiation, dérèglementation et dématérialisation

[36] Patrick Artus, La globalisation financière continue et déstabilise l'économie mondiale, in Journal de l'Opinion, mars 201

ainsi qu'à la régulation prudentielle des mouvements de capitaux (Bale I et Bale II et III)[37].

Oui, le marché s'est élargi, mais son fonctionnement au quotidien est devenu un casse-tête pour les Banques Centrales qui ont perdent le pouvoir réel de règlementation à court et à long terme. Le stock mondial d'IDE rapporté au PIB a ainsi été multiplié par 6 entre 1980 et 2016[38]. Eatwell fait voir que l'échec des institutions financières est de produire aujourd'hui « des normes non contraignantes fonctionnant sur la base de la reconnaissance mutuelle et du consensus pour produire un *soft law* ; droit composé d'un ensemble de codes, de recueils de « bonnes pratiques », de « lignes directrices » dont la mise en œuvre est de la responsabilité de chacune des institutions responsables au niveau national, sans que leur non-respect ne puisse faire l'objet de sanctions de nature juridique, que ce soit par l'organisme international ou par des tribunaux »[39].

[37]Bâle III dispose que les banques doivent : a) disposer de fonds propres de meilleure qualité et en plus grande quantité pour assurer leur résistance ; b) constituer un « coussin de sécurité » de fonds propres en période de croissance pour mieux surmonter les crises ; c) observer des ratios de liquidité (actif court terme / passif court terme) garantissant qu'elles sont les mesures d'assumer leurs engagements de trésorerie ; d) respecter des normes

[38] Isabelle Bensidoun, Jézabel Couppey oubeyran, Sébastien Jean, Globalisation financière : repli de l'ouverture financière après la crise ? in Ressources en Sciences économiques et sociales, 2018

[39] Banque et Stratégie, n° 295, les institutions financières internationales se réinventent

**Graphique n° 2 : Évolution du taux mondial d'ouverture financière (1978-2016)**

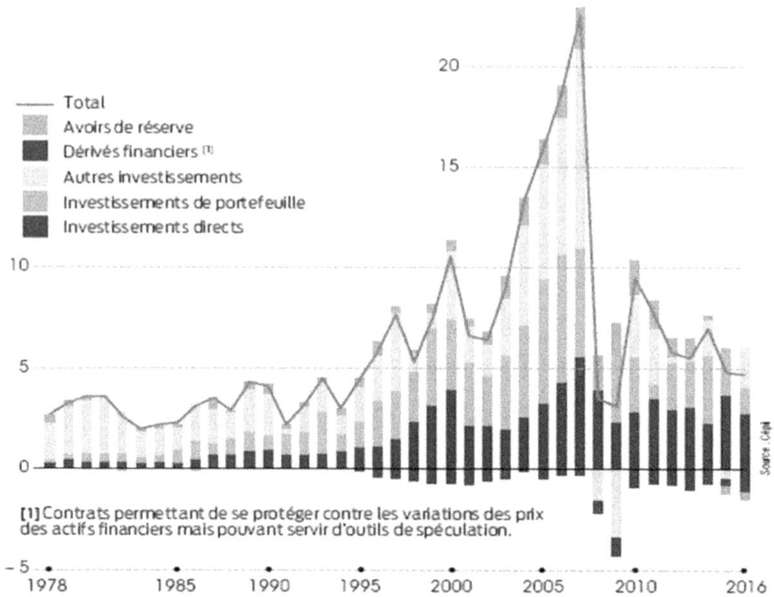


* **Taux d'ouverture financière mondial** : somme des sorties et des entrées de capitaux divisée par 2, en % du PIB mondial.

Source : Alternatives économiques

Quelles sont les raisons de ce casse-tête ? Six explications sont possibles.

### 3.2.1.1. La polarisation des marchés dans trois zones de croissance

La dispersion des flux s'opérant dans la triade est constituée par trois pôles : l'Amérique du Nord, l'Asie du Sud-Est et l'Europe de l'Ouest[40]. Nous disons trois pôles. Mais, dedans on y trouve également des hétérogénéités. Ces pôles apprivoisent plus de 90 % des flux financiers (portefeuille), mais aussi l'essentiel des échanges commerciaux et des investissements directs étrangers. Selon Jaques Adda, cette triade s'est formée en 4 phases : la première se situe entre 1980 et 1990 et se distingue par 82.5 % des entrées d'IDI et 93.1 % des sorties d'IDI. La seconde phase se situe entre 2008 et 2010. Il s'agit de 41.7 % des entrées d'IDI dans les « pays en développement » (Afrique, Amérique latine, Asie), qui sont également à l'origine de 20.6 % des sorties d'IDI. Mais, l'Afrique ne totalise en fait que 3 % des IDE aujourd'hui. La triade est la source de provenance de 75.5 % des flux. La quatrième phase, celle de l'émergence des pays asiatique (les tigres et la Chine) se distingue par 31.9 % des entrées d'IDI sur ce continent[41]. En fait, il s'agit ici des phases de la globalisation des marchés financiers. La formation de la Triade exclut les zones inutiles : Afrique, Amérique Latine et les économies en transition de l'Europe de l'Est.

---

40 L'Europe de l'Est est encore en phase de transition vers le libéralisme, après des années de l'économie planifiée

41 Jeremy Daniele La mondialisation, un phénomène polarisé ? In Ge polémique, octobre 2018

Figure n° 1 Le triangle de croissance économique soutenue

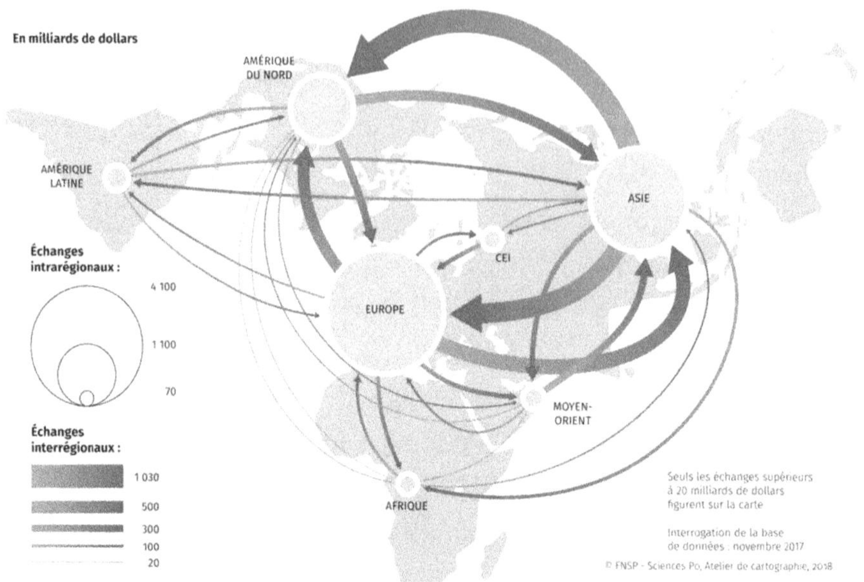


Source : Espace mondial, Atlas, septembre 2018

Cette formation du triangle permet de reproduire le surplus financier dans les trois régions bénéficiaires ; en même temps elle est la source de contagion des crises et des inégaltés d'accès aux excédents. Les nouveaux marchés de l'Asie du Sud Est et de l'Amérique latine encore fragiles au début des années 80/90 ont enregistré des crises successives jumelles (monétaire et financière)[42]. Les interventions des Banques Centrales : vente des réserves, restriction des dépenses budgétaires, contrôle de change, politique des taux d'intérêt, ciblage de l'inflation, le choix de régime de change, la création monétaire, etc., n'ont pas réussi à

[42] Il s'agit des crises du Système Monétaire Européen ; à partir de 1994-1995, la crise mexicaine de 1994-1995 et la crise des monnaies asiatiques de 1997 ; la crise argentine de 2001-2002

stabiliser ces crises, les facteurs de déclenchement étant multiples, localisés ou régionaux. Les attaques des marchés liés à la perte de confiance et à la panique ne peuvent être maitrisées par les arrangements institutionnels et non contraignants convenus entre les États. Les limites des institutions de régulation conduisent à des solutions non concertées. La fragilité des systèmes financiers déclenche alors des faillites qui se propagent et contaminent le reste du monde jusqu'à des crises systémiques, comme ce fut le cas de la crise de surprimes qui a pris naissance aux États-Unis entre 2007/2008.

En dépit des mesures prudentielles contre des risques, les prévisions peuvent s'avérer trompeuses. Dès lors les interventions des Banques deviennent hasardeuses, laissant des failles se rependre à travers les marchés globalisés. Entre 2000 et 2018, on a ainsi compté ±14 crises localisées ou systémiques[43].

Le FMI, chargé depuis sa création, de stabiliser les finances publiques, s'est trouvé désarmé, incapable d'agir, tant au niveau macroéconomique qu'au niveau microéconomique, en dépit d'augmentation de ses capacités d'intervention décidée face à la sécheresse de ses réserves (augmentation des cotisations de l'ordre de 25 mille milliards de dollars). Le comportement des entreprises financières, acteurs privés agissant sur le marché ainsi que celui des ménages devenus aussi très actifs, échappent également à toute logique d'anticipation et de prudence imaginée par les experts. Les Banques, elles-mêmes, à leur tour, par crainte, arrivent à recourir à des solutions isolées (replis justifiés par le sauve-qui-peut), comme ce fut le cas durant les deux crises systémiques de 2001 (Attentat du 11 septembre) et de 2008(crise des subprimes).

---

[43] Liste des crises monétaires et financières, in Wikipedia.org le 7 octobre 2019

Romain Faquet attribue cette impuissance à une série des causes : « des innovations financières mal calibrées, une boucle rétroactive entre accélération de la distribution de crédit et bulle d'actifs, des inégalités économiques élevées et enfin des conflits d'intérêts propices au laisser-faire. »[44]Il s'agit, d'après l'auteur de l'autonomisation de la sphère financière, de plus en plus éloignée de l'économie réelle et brassant des milliards d'argent (diverses devises étrangères), de maquillage des bilans des banques (utilisé comme technique de sauvetage des faillites), des inégalités entre les agents économiques conduisant à la contamination des déséquilibres macroéconomiques, mais, aussi, dit-il, de conflits d'intérêts sur les marches.

Les rapports de la BRI sont inquiétants à ce propos. Car, les marchés continuent à s'affoler et les risques de nouvelles bulles spéculatives n'arrêtent pas les créanciers à s'engager dans l'inconnu. En effet, en 2017, le rapport indique que : « l'encours de crédit en dollar envers les entités non bancaires des économies de marché émergentes (EME), à 3400 milliards de dollars, affichait une croissance intégralement attribuable à la progression des émissions de titres de créance. Les ratios crédit/PIB sont restés bien supérieurs à leurs niveaux tendanciels dans un certain nombre de juridictions, dont le Canada, la Chine et Hong Kong. Dans la plupart des cas, ces écarts crédit-PIB importants ont coïncidé avec des écarts de prix immobiliers supérieurs aux seuils critiques »[45]. Par ailleurs, au cours de la même période, la BRI signale que le stock de titres de créances internationaux a crû de 4,1 % en glissement annuel au deuxième trimestre 2017, sous l'effet d'une augmentation des émissions nettes du secteur non bancaire. La

[44] Romain Faquet, Les causes communes des crises financières, in BSI, décembre 2017.

[45] Principales tendances des flux financiers mondiaux, Rapport de BRI, 2017

croissance du crédit libellé en euro à destination du secteur non financier hors de la zone euro s'est redressée, tirée par une hausse de 12,3 % des prêts bancaires sur l'année se terminant fin mars 2017.

Après 2017, d'autres analystes expriment aussi la même crainte des effets de l'expansion des crédits. L'autonomie des flux de capitaux représente un montant des transactions financières 50 fois plus important que la valeur portant sur le commerce, ce qui explique que les flux de capitaux sont autonomes, c'est à dire, sans être une contrepartie réelle. Dès lors, en dépit de cette polarisation, c'est aussi dans ce triangle que naissent les crises ayant leur contagion du fait de l'intensification des échanges et de l'ouverture des marchés nationaux plus ou moins exposés aux chocs externes. En effet, le taux d'investissement en Asie est transmis par la mobilité accrue des capitaux occidentaux. Les crises qui ont touché la zone ont entrainé momentanément le retrait des capitaux pour une courte durée. À présent on assiste au retour des investissements. Dans l'autre sens, le déficit commercial américain est financé par l'expansion des capitaux internationaux sur les marchés et par l'effet accumulé du stock du capital. Les crises bancaires sont parfois ajustées par les politiques monétaires non conventionnelles, allant jusqu'à des taux d'intérêt négatifs et à la valorisation des bilans négatifs[46]. Si les signes de prospérité y persistent, et que les crises sont maîtrisables à court terme, c'est à cause d'un niveau élevé de résilience atteint par ces économies. Ainsi, les déséquilibres couplés avec les accalmies y sont observés sur de courtes périodes.

[46] Lors de la crise systémique due à la faillite de Lehman Brothers, la BCE a appliqué le refinancement des banques de second rang par des montants records de la monnaie centrale, elle a pris en pension des titres toxiques, elle a racheté les dettes souveraines.

Et l'Afrique dans ce paysage désordonné ? Nous allons y revenir en détail dans notre quatrième chapitre ; mais avant tout, notons que durant plus de 20 ans le continent dans son ensemble enregistre ± 3 % des investissements directs étrangers. Ces 3 % sont polarisés au sein des pays producteurs du pétrole et des minerais. Les autres secteurs non porteurs n'attirent presque pas les investisseurs. Le secteur minier, certes, attire les investisseurs, mais, l'évolution en dents de scie des prix n'autorise pas aux exportateurs de tirer profit, sans retomber dans la situation de précarité.[47]D'autres producteurs apparaissent sur le marché : Russie, États-Unis et Canada. Et depuis bientôt ±10 ans, les prix des matières premières (pétrole brut et des autres minerais) enregistrent une baisse de plus de la moitié de leurs niveaux des années 90/2000. Cette baisse cause un manque à gagner important, surtout pour les pays dont les exportations représentent un poids important dans la structure du PIB.

#### 3.2.1.2. La concentration de l'épargne et le non-transfert vers des pays à déficit de financement

Le raisonnement classique suppose que « trop d'épargne tue l'épargne ». L'épargne investie appelle l'épargne supplémentaire. Les dépenses non indispensables à des temps moroses sont à l'abri ; mais la baisse de la demande qui s'en suit déprime l'activité, et donc l'emploi et les revenus, de sorte que le montant de l'épargne agrégée et, avec elle, de l'investissement baisse au lieu d'augmenter, précise Jacques Adda[48]. Il faut donc savoir placer à

---

[47] Il y a certes des firmes spécialisées dans le secteur. Bien qu'assurant l'approvisionnement industriel, les mines ne constituent plus l'essentiel des rapports de force sur les marchés.

[48] Jacques ADDA, L'économie mondiale souffre-t-elle d'un excès d'épargne ? in Alternatives économiques, hors-série n° 100, février 2014

temps son épargne de manière à en tirer profit. C'est le cas aujourd'hui. Les épargnants craignent les mauvais jours. Ils épargnent et privent aux pays déficitaires d'y accéder. Du moins, les places fortes attirent généralement leurs capitaux. Par ailleurs, l'économie de l'endettement cède de plus en plus la place à celle de l'autofinancement, à l'exception des crédits à la consommation observés en Occident. L'aide privée et même publique (prêt) au développement se réduit davantage depuis le constat de l'absence de l'effet de levier. Le degré de vulnérabilité des anciens bénéficiaires, les conditions des prêts et l'accumulation des arriérés des dettes demeurent la contrainte qui pousse les investisseurs à rationaliser leurs placements. Dans ce cas, les économies faibles, marquées par un important déficit de financement, en occurrence celles des pays dits « pauvres et très endettés », évoluent en marge de déploiement de l'épargne sur le marché mondial, en dépit de l'annulation de la majeure partie de leurs dettes (publique). En 2004, lors du Forum tenu à Paris, sur l'évaluation de l'aide au développement, il a été souligné que nombreux bénéficiaires n'ont pas la capacité d'absorption de cette aide. Certes, cette assertion doit être relativisée. La question de la qualité de l'aide et de son efficacité doit être dissociée de celle du volume. Les investisseurs privés ou privés choisissent les marchés de l'aide au développement en fonction de leur productivité (gain attendu).

Ces épargnes sont ainsi connectées à l'économie prospère où elles s'accumulent et se reproduisent. Là où l'offre et la demande des biens et des services sont dynamiques, il s'en suit un marché financier intense : transfert des fonds, multiplication des portefeuilles d'investissements, crédits commerciaux, crédits à la consommation, échange des titres interbancaires, mobilisation de l'épargne privée, formation des marchés boursiers, aide au développement, etc. L'information qui circule sur ces flux et reflux se forme à travers l'espace globalisé et permet aux investisseurs de multiplier la participation (actions et obligations) sur les marchés secondaires et tertiaires. En d'autres mots, la marginalisation des pays pauvres est le fait de leur incapacité interne à attirer les mouvements des capitaux d'une part, et de l'autre, du fait qu'ils ont toujours cru que l'aide au développement est une obligation morale qui s'impose dans le chef des créanciers. Une grande illusion d'avoir toujours la main tendue et qui caractérise une soumission irrationnelle des dirigeants à la supposée bonne foi des pays créanciers!

Cette incapacité se traduit par : la sécheresse des devises, le déficit structurel commercial, la faible mobilisation de l'épargne nationale (inexistante), les effets de lever des crédits nuls par rapport au PIB, obstacles administratifs à la libéralisation des capitaux, contrôle de change, faible pouvoir d'achat (revenu par tête en dessous du seuil de la pauvreté). Tant que les capacités internes d'absorption de l'investissement privé sont absentes, les aides publiques bilatérales ou multilatérales ne peuvent générer les conditions permissives. Concrètement, les spécialistes de la libéralisation des mouvements des capitaux défendent plusieurs avantages, à savoir : a) le lissage de la consommation (emprunter lorsque les revenus sont faibles, rembourser lorsqu'ils sont élevés),b) emprunter à l'étranger pour atténuer les fluctuations du cycle économique, éviter aux ménages et aux entreprises de limiter leur consommation et leurs investissements et accroitre davantage la demande intérieure, lorsque la production et le revenu intérieurs ont chuté. c) diversifier les risques liés aux perturbations qui menacent uniquement leur propre pays en empruntant à l'étranger. d) se prémunir contre les coûts et les chocs de productivité, en investissant dans des filiales réparties dans plusieurs pays. e) permettre aux investisseurs d'obtenir des taux de rendement, corrigés du risque, plus élevé. f) encourager l'épargne et l'investissement propices à l'accélération de la croissance, grâce aux taux de rendement positifs.

Mais, l'emprunt à l'étranger suppose un coût de l'endettement qui peut à la longue limiter le niveau de la consommation future ; on n'est pas rassuré de niveau des revenus de demain, niveau qui serait lié aux effets levier de l'emprunt. Les risques sur le marché monétaire interne se transmettent aujourd'hui (effet de contagion) vers les autres marchés externes. En investissant dans des filiales réparties à travers le reste du monde, il n'est pas certain de rapatrier les profits tirés. Cet investissement direct étranger peut aussi être confronté aux chocs exogènes dans les pays hôtes. La recherche des taux de rendement positif à tout prix, accélère la spéculation et la volatilité des flux financiers.

#### 3.2.1.3. Des crises financières à répétition

Depuis le début des années 70, fin des trente glorieuses, les crises se sont manifestées aussi bien en Europe que dans le reste du monde, entrainant l'illiquidité et l'insolvabilité des marchés exposés. On peut se rappeler des crises dites de première génération en Asie, de la crise de la zone euro qui a touché l'Irlande, la Grèce, le Portugal, l'Espagne, mais aussi de la crise de surprimes (hypothécaires) qui, partie des États-Unis, elle a affecté l'économie globale[49]. Les causes sont multiples : contagion due aux taux d'intérêt suivis sur les autres places financières, l'inflation, la manipulation des prix des produits dérivés, déprime des marchés des produits de base, surendettement, faillites des entreprises et des

[49] Depuis 1971, on compte plus de 30 crises financières apparues à travers différents pays, in.wikipedia.org/wiki/Liste_des_crises_monétaires_et_financières#1971-aujourd'hui

banques exposées, impact des taux de change, bilans négatifs des firmes, spéculation et placements risqués (actions et obligations), etc.

Les politiques économiques classiques, notamment la restriction des dépenses, le contrôle de change, la baisse ou la hausse des taux d'intérêt, le ciblage de l'inflation, l'achat des titres toxiques, le sauvetage des bilans négatifs, etc., n'ont pas réussi à éviter ces crises, comme les monétaristes, à l'époque le prédisaient. La dernière crise systémique est celle de subprimes.[50] Elle est comparée à celles de 1929 à cause d'hyperinflation, du chômage et des faillites qu'elle a entrainés dans l'ensemble de l'économie mondiale. En Europe, les Banques ont eu recours à la politique monétaire non conventionnelle et à l'application des politiques prudentielles recommandées par le Conseil de surveillance financière. Ni l'OCDE, ni le FMI, encore moins la Banque Mondiale, ces institutions traditionnelles n'ont vu les crises venir ; elles n'ont pas, non plus, suggéré des remèdes. Le réveil de leur responsabilité s'est avéré tardif (cas de la crise grecque)

[50] Les autres crises sont : Crise mexicaine de 1984, Crise asiatique (des années 1990), Crise monétaire européenne de 1993, Bulle Internet des années 2000, Crise argentine de 2001, Crise des subprimes de 2007-2008, Crise de la dette grecque en 2010. Fernando Alcoforado estime que l'endettement qui a provoqué la crise de surprime n'est pas évité. D'ici quelques années, il est possible qu'une autre crise mondiale s'annonce à partir de la guerre commerciale et de surchauffe des marchés financiers.

Graphique n° Enchènement des tensions financières et déclenchement des crises selon Sapir(2008)

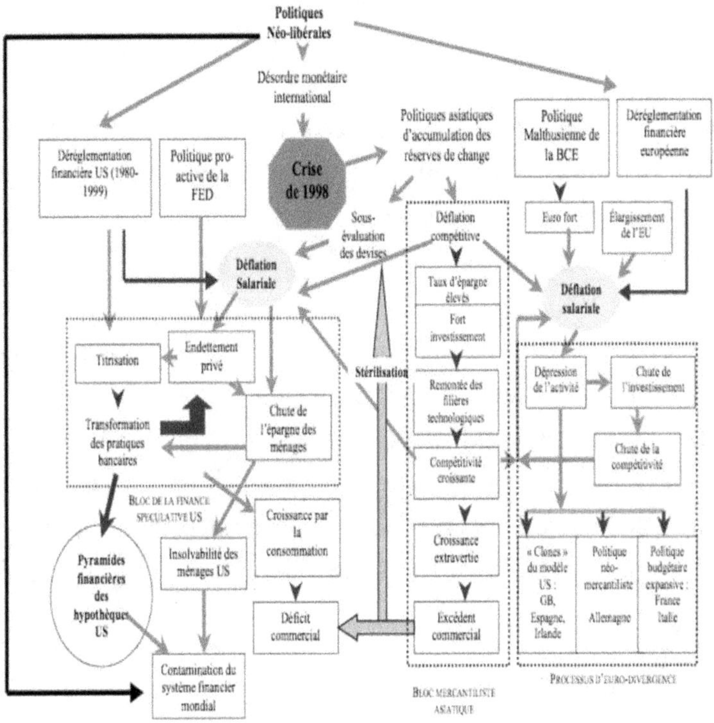


Source : Sapir, 2008

### 3.2.1.4. L'inefficacité des politiques économiques conjoncturelles traditionnelles

Plusieurs instruments des politiques économiques conjoncturelles, à savoir : le contrôle des déficits budgétaires, le contrôle des taux d'intérêt, le ciblage de l'inflation, le taux des réserves obligatoires, le protectionnisme défensif, l'encouragement des exportations (avec possibilité de substitutions), les exonérations fiscales, etc., n'arrivent plus, à tout point de vue, à rétablir les équilibres des fondamentaux macroéconomiques. Depuis le constat de l'échec de la régulation inspirée par les institutions financières internationales l'heure est à l'application à des politiques économiques non conventionnelles : le rachat des titres toxiques, l'octroi des crédits à des taux négatifs, le maquillage des bilans des banques commerciales pour redorer la confiance, l'abandon des politiques de rigueur (budgétaire et monétaire)[51] . Ces pratiques traduisent les failles des politiques classiques. Ce qui signifie que les interventions classiques des États et des Banques centrales apparaissent fragilisées. Les politiques non conditionnelles sont appliquées pour relancer les économies, sauver l'emploi, soutenir le social. La peur des crédits et des déficits n'habite plus personne. Le sauvetage des entreprises en faillite passe parfois par leur rachat par le pouvoir public. Ce sont le néokéynesianisme et le néolibéralisme qui sont à l'ordre du jour.

Une part importante des flux financiers est entretenue hors circuit officiels. Ceci est le fait de la désintermédiation et de la corrélation des marchés avec les nouvelles technologies de l'information et de communication. Un collectif des auteurs (Jézabel Couppey-Soubeyran, Fabien Tripier Anne Châteauneuf-Malclès) souligne le fait qu'à la longue, « des taux faibles visent à stimuler des investissements, mais ils peuvent dans le même temps favoriser la formation de bulles spéculatives à cause de faiblesse du

[51]Il s'agit de : a) « Quantitative easing » (QE) (achats fermes de titres dans le but d'augmenter la taille du bilan de la banque centrale), b) « qualitative easing » modifie la composition du bilan de la banque centrale, par des achats de titres dégradés en échange de titres de meilleure qualité, dans le but d'assainir les marchés de titres) c) et « forward guidance » (guidage des anticipations)

coût de la dette. Cela pose également la question de la rentabilité des banques et des assurances, qui ont plus de difficultés à dégager une marge d'intérêts dans ce contexte de taux bas et de courbe de taux aplatie (faible écart entre taux longs et taux courts) »[52]. Depuis 2017, les signaux d'une nouvelle bulle spéculative inquiètent les observateurs. Les banques accordent trop de crédits, les ménages et les entreprises s'endettent, les précautions ne sont pas encore au rendez-vous. Les marchés côtoient la folie. Donc, les leçons de la crise de 2008 ne sont pas maîtrisées.

### 3.2.1.5. La prolifération des paradis fiscaux 53

Alors que la déréglementation produit les effets négatifs, la fuite des capitaux vers les paradis en constitue aussi un autre cas. Elle (fuite) prend plusieurs formes : les impôts inexistants ou très faibles, l'absence de transparence dans la gestion des comptes, une législation empêchant l'échange des informations et la tolérance envers les sociétés-écrans. Il en découle la perte évaluée à des milliards des dollars, tant dans des pays pauvres que dans des pays riches[54]. L'étude de *Tax Justice Network* évalue cette perte entre 21 000 et 32 000 milliards de dollars cachés dans les paradis. Ce

---

[52]Jézabel Couppey-Soubeyran, Fabien Tripier et Anne Châteauneuf-Malclès, après une décennie de mesures non conventionnelles, quel bilan et quelles perspectives pour la politique monétaire ? in Ressources en sciences économiques et sociales, Lyon, septembre 2019

[53] Ces lieux sont nommés paradis parce, le secret bancaire y est strictement appliqué, les taxes sur les revenus, les bénéfices ou les patrimoines, sont faibles ou nulles, particulièrement pour les non-résidents, les conditions d'installation de sociétés et d'ouverture de comptes sont peu contraignantes, la coopération judiciaire et fiscale avec les autres États est faible ou inexistante.

[54] L'Union européenne évalue la fuite dans ses États membres à ±1000 milliards en 2016

qui représente entre 30 % et 45 % du PIB mondial[55]. Le contrôle de la fuite n'est pas maîtrisable, en dépit de la surveillance prudentielle convenue entre les États.[56] Au niveau international, les États tentent l'harominisation fiscale, la dénonciation des paradis et la remise en cause des secrets bancaires. Mais, une telle gymnastique souffre ses limites. Les paradis existent. Les multinationales s'échappent au contrôle et logent leurs avoirs à l'abri. Les banques obéissent de temps en temps à la transparence. Elles ouvrent les portes aux secrets bancaires, mais d'une manière timide. Les appels au bon sens, appels lancés par plusieurs dirigeants occidentaux n'arrivent pas à convaincre les propriétaires des avoirs cachés dans les paradis. Certains obtiennent le retour des avoirs cachés, en promettant des mesures de clémence aux détenteurs. Néanmoins, des milliards d'argent dorment dans ces niches. Les États perdent leurs autonomies des politiques fiscales ; la richesse créée s'évade et laisse des pans entiers de la pauvreté dans la population. Les pays démunis sont tenus de s'endetter pour soutenir leurs programmes de développement, au moment où la richesse que ces projets génèrent prend la direction vers les paradis.

### .3.2.1.6. La dictature du dollar américain

Le rôle du dollar en tant que monnaie de référence internationale fut décidé à Bretton Woods lors de la création du système du change fixe. Sa masse représentait 75 % des réserves lors de la création du système monétaire. Durant plus de 30 ans, il a assumé son pouvoir de monnaie de référence et des transactions

---

[55]https://www.lafinancepourtous.com/decryptages/politiques-economiques/economie-mondiale/paradis-fiscaux/

[56] Les cinquante plus grandes entreprises américaines, dont Apple, Wal-Mart ou General Electric, ont stocké 1.400 milliards de dollars entre 2008 et 2014 dans des paradis fiscaux afin de réduire leurs impôts, affirme une étude d'Oxfam-USA.

(commerciales et financières) du fait de sa valeur refuge. Mais depuis la décision de Nixon en 1971, le taux fixe fut abandonné. En 1976, l'accord de Kingston a donné la voie à des choix multiples des systèmes de change. On a cru à l'époque que c'était la fin de la dictature du dollar. La décision unilatérale résultait de la perte de valeur de cette monnaie qui avait un double rôle : faciliter les transactions internes (américaines) et externes (reste du monde). On espérait désormais que les États allaient, chacun, accorder l'importance à la convertibilité de leurs propres monnaies en vue de faciliter les échanges et autres transactions internationaux.

C'était une erreur de jugement. Car, malgré tout, la devise américaine assume encore un rôle majeur dans les mouvements des capitaux et dans le commerce international, avec des conséquences collatérales. La tentative de création du système monétaire européen au début des années 70 n'a pas tenu. Et aujourd'hui, l'euro n'arrive non plus à assurer le rôle de monnaie de référence et des réserves au niveau mondial. Son poids sur les marchés reste modeste. Le dollar demeure important dans la demande totale des devises sur les marchés monétaires et financiers au moment où l'économie américaine est talonnée par les États émergents.[57]L'Euro occupe la seconde position. Tandis que le Yen et le Yuan intéressent timidement les investisseurs sur les marchés financiers. Certaines monnaies nationales, au taux de change fixe ou flottant, sont inconvertibles sur le marché mondial.[58] Cette dollarisation de l'économie globale (dictature du dollar) pose le problème lié à l'ancrage des autres monnaies (dépréciation, dévaluation) et à son impact sur le commerce et les mouvements de capitaux, ce en dépit

[57] Certains auteurs estiment que la décision américaine de sortir des accords fixés à Bretton Woods est une des causes de spéculation sur les marchés financiers

[58] La monnaie d'ancrage est alors le dollar pour nombreux pays

des techniques utilisées pour minimiser les risques (choix de la monnaie de facturation, termaillage, clause d'indexation, assurance, etc.). Pierre Sarton du Jonchay s'indigne encore plus, soulignant les effets de seigneuriage. « Les règlements financiers du commerce international effectués pour l'essentiel en dollar et euro rapportent aux États-Unis et à l'Europe les frais de gestion de la masse monétaire mondiale. En plus du prix de la liquidité internationale, les pays émergents doivent subir le prix de la dévaluation du dollar et de l'euro facturés sur des excédents commerciaux automatiquement financés par un crédit international qu'ils ne contrôlent pas. »[59] Aussi, la politique monétaire de la Réserve Fédérale américaine (Fed) influence grandement le comportement des autres banques centrales et des marchés financiers dans le monde.[60] La manipulation des taux d'intérêt entraine les réactions des autres Banques centrales[61]. Quand la Fed tousse, les autres banques centrales (régionales) s'émoussent. Pourquoi ?Pierre-Antoine Delhommais souligne que « le dollar est utilisé dans ±87 % des opérations de change dans le monde ; les grands marchés de matières premières, du coton au pétrole, en passant par le maïs et les métaux précieux, sont cotés en billets verts ; plus de 60 % des réserves des banques centrales sont libellées en dollars et la moitié du commerce mondial s'effectue dans la monnaie américaine. »[62] Il est normal que les

---

[59]Pierre Sarton du Jonchay, Dollar et Euro, la dictature de l'absurde aura une fin, in https://www.pauljorion.com/blog/2012/02/27/dollar-et-euro-la-dictature-de-labsurde-aura-une-fin

[60] Nessim Ait Kacimi, La dollarisation du monde émergent, reflet de la domination du roi dollar, Lesechos.fr, juin 2014

[61] La dernière baisse décidée fin juillet 2019 a occasionné des réactions diverses liées à la répercussion sur le niveau de l'inflation ou sur les taux de change.

[62] Par Pierre-Antoine Delhommais Le dollar, hypermonnaie mondiale, in Le Point, juin 2014

Banques centrales (en Europe et en Asie) surveillent la conduite de la Fed. Le geste de l'une qui peut froisser les tendances du marché peut impliquer les grimaces, voire la réciprocité de l'autre. Chacune observe les effets de toute politique des taux d'intérêt. Car, la baisse du dollar entraine l'effondrement des réserves détenues par les autres banques. Sa hausse entraine également la chute des monnaies nationales dont le dollar est la monnaie de change par préférence.

### 3.3. Sur le plan du commerce : le libre échange contesté

Traditionnellement, les théories de l'échange renseignent que chaque pays est gagnant en fonction de sa spécialisation, ou encore, de sa production variée (commerce de similitude). Le dernier courant microéconomique de ces théories est celui du commerce des variétés et de l'échange intrabranche. C'est sur cette base que s'est fondé l'ordre de Bretton Woods. Le libre échange procure les avantages réciproques. On y a cru. Mais, les théories n'expliquent pas tout. L'OMC est l'aboutissement de ce libéralisme. Or, en dépit des efforts déployés par divers pays, il s'avère que dans les échanges, il y a des gagnants et des perdants. Dans certains cas, les déficits s'accumulent et affectent l'équilibre de la balance courante. Nous démontrons dans cette sous-section que les perfections entreprises par l'OMC en ve de libéraliser davantage les échanges, ne peuvent être comptés dans la somme des succès. Deux faits majeurs méritent l'attention, car, ils donnent à priori l'image de réussite, mais, pourtant, il ne s'agit que d'une illusion. La libéralisation du commerce des services (invisibles) et la montée en puissance des nouveaux États dans les échanges peuvent être inscrites au chapitre des succès de la globalisation et justifier la réussite de principe de libre échange.

Il est vrai, la signature de l'Accord général sur le commerce des services et l'élargissement du champ d'application des secteurs jadis non concernés par la libéralisation, à savoir : l'agriculture, les textiles et les investissements directs liés aux échanges marquent le renouveau dans les attributions de l'OMC. Par ailleurs, l'émergence des économies jadis en développement, l'émergence qui résulte des efforts entrepris durant des années en vue de briser les barrières au commerce et à la libre circulation des biens et des capitaux, peut être vue aussi comme une réussite de l'ouverture des marchés. Ce qui laisse penser sans doute à l'avènement de triomphe des principes qui fondement l'intérêt des Institutions de Bretton Woods. L'ouverture des frontières est dès lors jugée comme la preuve de la compétitivité, de l'innovation, de la croissance, de l'égalisation des conditions sociales et du bien-être.

Néanmoins, si ces faits peuvent être examinés comme l'aboutissement d'une trajectoire heureux de l'homogénéisation des marchés, il y a lieu de souligner aussi les limites de la thèse qui a fondé les Institutions de Bretton Woods et la Pax Americana. L'actuelle extension des champs d'intervention des institutions de Breton Woods est timide et sans grande importance. La globalisation qui la caractérise a un caractère négatif, à savoir : l'hétérogénéité et l'inégalité croissantes des économies. Ce n'était pas l'idée qui avait milité lors de la création de ces institutions. On est en train d'aboutir à un résultat contrasté. Dans une analyse, Hugon Phillipe fait voir que l'homogénéisation des marchés telle que pensée jadis était un mythe sur plusieurs plans : démographique, financier, industriel, commercial, culturel. On a cru que le capitalisme triomphant conduit les nations à l'égalisation des conditions de vie. Or, il laisse certaines économies sur le pavé, bouleverse la hiérarchie des puissances et entraine des distorsions (instabilité) cycliques, en dépit des résiliences que l'on peut noter çà et là. Toutes les prévisions imaginées par les formules économétriques deviennent hasardeuses. Elles (formules) ne sont plus à même d'attester avec exactitude les hypothèses qui, du point de vue macroéconomique, étaient avancées par les courants des pensées néolibérales à propos de la supposée stabilité des économies dans l'après-guerre.

Ces hypothèses débutent toujours par un bout de phrase : « toute chose étant égale par ailleurs ». Ce qui suppose que les exceptions et les imprévues conduisent par le rejet des résultats. Il est aujourd'hui impossible de prédire à long terme, un monde merveilleux où les agents économiques tireraient des avantages réciproques. Les prévisions des économistes classiques, fondées principalement sur les aspects macroéconomiques sont devenues avec le temps contestables. Pour preuve : la très forte différenciation des taux de profitabilité issue de cet ordre de Bretton Woods, lesquels taux dénotent les écarts des gains accumulés par les nations.

Le capitalisme hiérarchisé avec forte différenciation des avantages s'est affirmé. Sur le plan financier, nous l'avons déjà évoqué. Hugon remarque que « la vitesse de rotation des capitaux l'emporte sur l'internationalisation du capital ou sur l'intégration financière croissante mesurée par l'écart entre les taux d'épargne et d'investissement nationaux ».[63] Cet investissement international, nous l'avons souligné, est à géométrie variable. Tantôt, il dure, se solidifie avec ancrage, tantôt il bascule, très volatile et versatile. De même, sur le plan des échanges, la nouvelle économie internationale atteste des résultats inattendus, même par ceux qui croyaient aux vertus des théories libérales de l'échange. La concurrence (imparfaite), les économies d'échelle, la dotation factorielle

---

[63] Philippe Hugon, Peut-on parler d'une crise ou d'un renouveau de l'économie du développement durant la dernière décennie ? in revue Tiers Monde 2006/2007

abondante, l'innovation technologique, la proximité économique (similitude) et géographique, le commerce des variétés, etc., ne suffisent plus pour expliquer le pourquoi de la spécialisation. Certains États jadis tirant des meilleurs avantages sont devenus perdants. Ces pertes les placent face à un dilemme : se protéger contre la montée de la concurrence ou s'exposer au déclin de leurs puissances, déclin dû à l'extraversion accrue de leurs économies, laquelle est sans doute le résultat de la libéralisation. Dans les lignes qui suivent, nous explicitons deux échecs : l'illusion de la libéralisation des services et le déclin des avantages réciproques.

### 3.3.1. L'illusion de la libéralisation du commerce des invisibles

L'illusion se fait lire à deux niveaux : la libéralisation des invisibles et des marchés financiers est incomplète, timide et vacillante à petits pas, entre hésitation et prudence. On ne saisit pas les invisibles, dit-on. Certains services aux entreprises sont des produits physiques. Théoriquement, le commerce des invisibles ne répond pas aux différentes approches des gains à la spécialisation défendue depuis Smith jusqu'aux nouvelles théories du commerce international (Krugman). L'Accord général sur les services tel qu'il est conçu par le biais de l'OMC devient problématique.

Depuis 1948, le GATT a assumé le rôle de libéralisation des échanges. Plusieurs négociations se sont tenus et ont permis l'expansion du commerce. Durant des années, les idées reçues faisaient de ce principe de libre échange, le moteur de la croissance, de l'efficience, de l'innovation et du bien-être, de la création de l'emploi et de l'amélioration des revenus. Il était ainsi présenté comme la source de l'amélioration de l'offre variée des produits, de la réduction des coûts et de l'accroissement du PIB. Si ceci est vrai, eu égard au développement des rapports commerciaux avec le reste du monde, admettons également que les théories de l'échange (classiques et nouvelles) qui ont justifié les accords sous le GATT ont été imaginées en fonction du commerce des biens. Même la nouvelle théorie du commerce des variétés (Krugman) n'aborde pas le champ de l'échange des invisibles (à moins d'extrapoler le champ d'application). Sinon, Krugman examine l'échange des biens.

Durant les trente glorieuses, les échanges des services sont restés négligeables. Mais, au fur et à mesure que le secteur a pris une part importante, si on y ajoute les flux financiers, on se trouve devant un vide théorique.[64] Quels sont les facteurs qui justifient la spécialisation dans ce secteur ? Les atouts dont dispose le producteur ? Celui-ci est-il compris comme fournisseur, en même temps ? Un producteur des moyens de transport : bateau, avion, train, camion, internet, participe dans la chaine du commerce des services. Mais, qui gagne plus entre le producteur (fournisseur de ces services) et l'exploitant (catégorisé dans le secteur des fournisseurs des services) ? Le débat en ce qui concerne la définition de service par rapport au bien, est loin d'être clos ; il divise les auteurs (Banga (2005), Hill (1977), Glovannini et Cave (2005), Bhagwati (1987), Van Welsum (2003), etc. Damien Broussole y consacre une étude intéressante et fait remarquer à ce propos que toute activité immatérielle non reconnue comme appartenant à l'industrie ou à l'agriculture était rattachée au secteur des services. Et aujourd'hui, le développement des technologies de la communication et de l'information a aggravé cet état de fait, faisant apparaître de nouvelles difficultés. Leur développement a eu, d'un côté, la tendance à affaiblir le lien entre consommateurs et producteurs et, de l'autre, il a permis la dématérialisation de certains produits, leur conférant alors l'apparence de services. La classification de l'OMC

[64] L'OCDE, Les échanges de services dans l'économie mondiale, in https://www.oecd.org

ne parait pas résoudre le problème du fait que l'Accord général conclu entre les membres distingue quatre catégories en fonction du lieu où fournisseur et demandeur sont localisés, à savoir : a) la provenance du territoire d'un membre et la destination du territoire de tout autre membre (commerce transfrontalier) ; b) le territoire d'un membre à l'intention d'un consommateur de services de tout autre membre (consommation à l'étranger) ; c) le fournisseur de services d'un membre, grâce à une présence commerciale sur le territoire de tout autre membre (présence commerciale) ; et d) le fournisseur de services d'un membre, grâce à la présence de personnes physiques d'un membre sur le territoire de tout autre membre (présence de personnes physiques).

Loin de répondre aux attentes, cette classification ne définit pas ce qu'est un service en réalité. Elle tient compte uniquement de la nécessité de savoir à partir de quel moment un échange de service est effectué. Ayant examiné différents secteurs et sous-secteurs qui peuvent être dégagés de ces 4 catégories, Damien Broussolle, remarque qu'il est pratiquement difficile d'imaginer la comptabilisation des tels échanges dans la balance commerciale des États[65]. Se référant à Fiekele (1995), Marrewijk et al. (2001), Banga (2005) (Fiekele (1995), Marrewijk et al. (2001), Banga (2005), il souligne que la non-stockabilité des invisibles constitue un handicap important : « L'interprétation traditionnelle en déduit que l'étape finale de la production doit se réaliser localement et qu'en conséquence les services peuvent rarement pratiquer le commerce au sens traditionnel, c'est-à-dire transfrontière. Plutôt que le service, ce sont alors les producteurs ou les consommateurs qui

[65] Damien Broussolle, Le commerce des services, un commerce en trompe-l'œil ? Une analyse fondée sur le point de vue de Hill , in Revue économique 2012/6 (Vol. 63), pages 1145 à 1177

doivent se déplacer ».[66] De ce fait, pendant longtemps la réflexion économique a considéré la plupart des services comme fondamentalement non échangeables. [67] Ce qui veut dire en fait que ce commerce est souterrain, invisible, non saisissable.

**Tableau n° 1. Classification des transactions des services (OMC)**

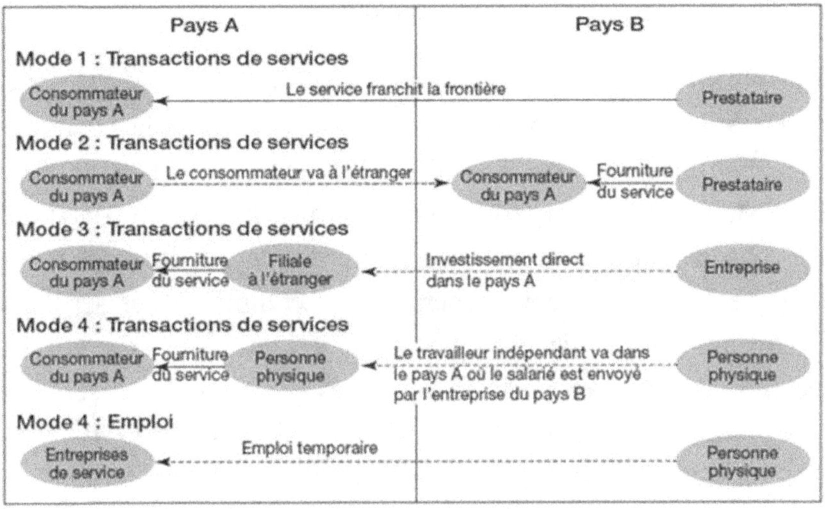


Source : Accord général sur le commerce des services, selon OMC

Cette classification rend délicate la théorisation des facteurs des gains réciproques dans le commerce des services (spécialisation). Elle tient compte uniquement de la distribution et la production, mais elle ne donne pas aux États un outil de négociation tarifaire parfait. Or, aujourd'hui, la valeur des services (y compris les services financiers)

---

[66] Les services sont considérés comme intangibles, invisibles, périssables et requérant une production et consommation simultanée, alors que les biens sont tangibles, visibles et stockables et ne requièrent pas d'interaction entre le producteur et le consommateur. », in World Investment Report (UNCTAD [2004], p. 145)

[67] Damien Broussolle, op cit.

se multiplie par 5 par rapport à la valeur totale des biens échangés. Aucun compromis n'est dégagé à ce jour, à propos des taxes des flux financiers internationaux.[68] Ces marchés sont intégrés et cloisonnés. Il n'est pas facile de séparer les marchés monétaires nationaux et les marchés financiers internationaux. La comptabilisation des valeurs dans une balance des paiements peut faire apparaitre des déséquilibres pour certains pays, pourtant performants dans l'échange. On peut se trouver devant les cas des erreurs statistiques.

La nouvelle présentation de la balance courante (Tableau suivant) suggérée par le FMI est un cadre qui est censé faciliter la saisie des données pour une comptabilité uniforme, comparativement à au cadre de 1999. Mais, Damien Boursolle a raison lorsqu'il souligne que : « il n'existe pas de mesure solide du commerce de services selon les modes (1, 2,3 4) de l'Accord général sur le commerce des services. Ainsi, conclut-il, les statisticiens ne seront pas en mesure d'ordonner chaque type de services de la Balance des payements des services selon les différents modes de fourniture définis par l'OMC. Les données disponibles sont des approximations, mis à part le mode 1, chacun des autres modes, présente des difficultés d'interprétation et de mesure[69].

[68] Selon les études de Philippe Frouté, en 2016, la valeur des services échangés au sein des pays de l'OCDE est estimée à près de 3400 milliards de dollars au niveau des exportations et près de 3000 milliards de dollars au niveau des importations, in Wikiterritorial, septembre 2018.

[69] Damien Broussole, op cit , p15

**Tableau n° 2 Nouveau cadre de présentation de la balance des services (2008 par rapport à 1993)**

| BPM5 1993 | BPM6 2008 |
|---|---|
| 1. TRANSACTIONS COURANTES | |
| 1.1 MARCHANDISES | |
| 1.2 SERVICES | |
| | Services manufacturiers réalisés sur des intrants physiques propriété d'autrui * |
| | Réparation et entretien *n.i.a* * |
| Transports (mer, air, autres) | Transports (mer, air, autres, *serv. postaux*) |
| Voyages ✦ | Voyages (affaires, personnels) ✦ |
| Services de communication | *(Entrée redistribuée entre transports (services postaux) et télécommunications)* |
| Services de construction ✦ | Construction ** ✦ |
| Services d'assurances | Assurances et fonds de pensions |
| Services financiers | Services financiers |
| Services d'informatique et d'information ✦ | Services de télécommunication, d'informatique et d'information ✦ |
| Redevances et droits de licence ✦ | Paiements pour l'utilisation de la propriété intellectuelle *n.i.a* ** ✦ |
| Autres services aux entreprises ✦ | Autres services aux entreprises ✦ |
| Négoce international | *Classé avec services manufacturiers* |
| – Autres services commerciaux<br>– Locations<br>– Services divers aux entreprises (jur. archi. pub. R&D et techniques) ✦ | – Services de recherche et développement ✦1<br>– Services de consultants et de management (jur. compt. pub.) ✦<br>– Services commerciaux techniques (archi. trait. déchets, leasing, services commerciaux, autres) ✦ |
| Services personnels, culturels et récréatifs ✦<br>– Services audiovisuels ✦<br>– Autres services personnels<br>Service des administrations publiques ✦ | Services personnels, culturels et récréatifs ✦<br>– Services audiovisuels ✦<br>– Autres services personnels<br>Administration *n.i.a* ✦ |
| 1.3 REVENUS<br>Rémunération des salariés<br>Revenus des investissements | REVENUS PRIMAIRES<br>Rémunération des salariés<br>Revenus des investissements<br>Autres revenus primaires |
| 1.4 TRANSFERTS COURANTS | REVENUS SECONDAIRES |

Source : FMI, 2008

Les conséquences sont telles que la lecture des données relatives aux échanges peut induire en erreur. Une étude menée par le FMI atteste à ce sujet que de 1990 à 2014, « les États-Unis sont le premier exportateur de services, mais leur importance diminue nettement. Par contre, la Chine, bien qu'elle soit surtout exportatrice des biens, elle est également classée cinquième en 2014. L'Inde, réputée pour ses exportations de services de BPO (externalisation des processus d'affaires)[70] et de services de support dans la finance et la médecine, fait maintenant partie des dix premiers pays ; sa part ayant triplé pour atteindre plus de 3 % des exportations de services dans le monde entre 2000 et 2013. La Thaïlande, le Brésil, l'Indonésie et l'Égypte font partie des 30 premiers pays et progressent rapidement ».[71] Si les pays occidentaux : États-Unis, Allemagne, Angleterre, France occupent le premier rang, ils sont rejoints par les deux géants asiatiques (la Chine et l'Inde) et les autres pays émergents.

Mais, un peu de retenu. Ces données ne concernent que quelques services liés principalement aux échanges des biens, au transport, au tourisme, à la restauration, au voyage et à l'assurance. Par contre, la santé, la formation, l'innovation technologique, l'informatique, l'internet, l'assistance juridique, la construction, etc., sont difficiles à être saisis (comptabilisés). Dès lors, on peut se trouver devant une situation où les États-Unis, le Japon, la Corée du Sud, l'Allemagne, les Pays-Bas, l'Angleterre, etc., occupent encore une place prépondérante dans la production et la fourniture des nouveaux services liés à la haute technologie, alors que les nouveaux pays cités ci-dessus, ne maitrisent que quelques sous-secteurs.

Les études menées par différents auteurs (Brown et Stern, 2001), Dee et Hanslow (2001), Koran Et Maskus (2006), Jensen, Rutherford et Tarr (2001) ont essentiellement porté sur des services aux entreprises et aux flux des investissements directs. Les facteurs

[70] La comptabilité, le marketing, le support technique, le service après-vente, la logistique,

[71] Par Prakash Loungani, Chris Papageorgiou et Ke Wang, Les exportations de services, une voie nouvelle vers la prospérité, FMI, 5 avril 2017

de spécialisations qui ont été retenus sont : la différenciation des produits, la concurrence monopolistique, l'économie d'échelle ou la productivité endogène. Mais, les vérifications empiriques de ces approches ne peuvent être concluantes dès lors qu'on peut les tester sur l'ensemble des 4 modes d'échange retenus par l'OMC.

**Tableau 3 Tentatives de détermination des facteurs de spécialisation dans l'échange international des services**

| Auteurs | Structure du marché | Mode | Type de barrières supprimées | Gains de bien-être et de revenus | Commentaires |
|---|---|---|---|---|---|
| Brown et Stern [2001] | Firmes multinationales produisant des biens et services différenciés | Mode 3, présence commerciale de multinationales étrangères | Barrières à l'accès au marché telles qu'estimées par Hoekman (1996) | ↑ de 90 Md$ du PNB mondial ; quelques PED perdent ; les pays développés gagnent | Fondés sur des indices de restriction et d'accès au marché simplistes |
| Dee et Hanslow [2001] | Economies d'échelle et concurrence monopolistique dans tous les secteurs | Mode 1, échange transfrontière et Mode 3, présence commerciale, flux d'IDE bilatéraux | Equivalents tarifaires des barrières à l'échange et à l'investissement postérieurs au cycle d'Uruguay | ↑ du revenu réel mondial de 130 Md$, dont 100 Md$ pour la seule Chine | En Chine : entraves sur tous services identiques aux équivalents tarifaires services bancaires et télécommunications |
| Konan et Maskus [2006] | Rendements d'échelle constants ; cartel à entrée réglementée dans les services | Mode 1, échange transfrontière et Mode 3, présence commerciale | | Gains importants si les barrières grèvent les coûts, et faibles si elles créent une rente | Gains liés essentiellement à la nature de barrières (créant des rentes ou des surcoûts) |
| Jensen, Rutherford et Tarr [2010] Jensen et Tarr [2010] | Effets de productivité endogène ; 52 secteurs, services différenciés intensifs en connaissance et produits avec économies d'échelle | Echanges transfrontières et présence commerciale | Enquêtes sur les réglementations et calculs d'équivalents tarifaires selon la méthode australienne pour la Tanzanie | ↑ de 4,8% du PIB à MT et de 14,4% à LT | Pertes si captation de la rente par les FMN étrangères |
| Balisteri, Rutherford et Tarr [2009] Balisteri et Tarr [2011] | Effets de productivité endogène ; 55 secteurs, services différenciés intensifs en connaissance et produits avec économies d'échelle | Echanges transfrontières et présence commerciale Pour le Kenya | Enquêtes sur les réglementations et calculs d'équivalents tarifaires selon la méthode australienne ; suppression des réglementations domestiques | Gains d'une réforme complète de 9.3% | Risque de pertes si effet de diversion de trafic sur le nombre de variétés disponibles |

Source, Isabelle Rabaud , Gains à l'échange de services pour les pays africains : mythe ou réalité ? in Revue française d'économie 2014/2 (Volume XXIX), pages 103 à 142

### 3.3.2. Les déclarations réciproques de guerre commerciale

Il est naturel que les États, dans leurs échanges, enregistrent tantôt les pertes, tantôt les gains. Rien d'anormal. Mais lorsque les pertes se succèdent, l'inquiétude s'installe et dénote les problèmes structurels. C'est le cas de ce qui se passe dans les échanges entre les États-Unis et le reste du monde ; mais aussi entre les pays industrialisés et émergents. On découvre que plus un pays accroit ses échanges avec les autres, plus les litiges apparaissent. Ce qui signifie que les bénéfices de la spécialisation et de la diversification permettent à l'État de réaliser des gains et d'ouvrir les portes à des pertes aussi. Soit il se protège, soit il laisse ses portes grandement ouvertes. Généralement, les portes ont tendance à s'ouvrir et se renfermer sitôt. L'explication : les pertes causent du tort à l'économie. Les États-Unis enregistrent depuis ds années des déficits chroniques de leur balance courante. Le choix de retour au protectionnisme se justifie et sonne le glas des années glorieuses où l'ouverture des portes aux importations était qualifiée de bénévolat en faveur des États « suiveurs ». Finis cette guette de stabilité qui consistait à pratiquer la providence en ouvrant les marchés en faveur des États désireux de participer au libre échange. Vive la coercition (sanctions unilatérales).

Certes, le protectionnisme est un fait qui marque l'histoire du capitalisme. Qui dit libre marché sous-entend la protection des marchés. C'est logique qu'on assiste aujourd'hui à une guerre entre les tenants des accords multilatéraux (selon le principe de libre marché de l'ordre de Bretton Woods) et les tenants de bilatéralisme (libre marché tempéré). Cette tendance est un retour à des pratiques historiques. À chaque moment des crises, les États saisissent en mains, leurs armes contre le libéralisme. Souvenons-nous que dès la fin de la période du mercantilisme, les auteurs britanniques sont les premiers à avoir imaginé les théories et les pratiques relatives à la spécialisation avantageuse. La Grande-Bretagne a ouvert alors ses portes (vers 1820) et a accru les échanges avec le reste du monde de l'époque. Elle était la puissante nation qui contrôlait les marchés, exportait et gagnait. La pax britannica va dès lors régenter durant une longue période les relations économiques par la création des opportunités, de 1820 jusqu'au moment où l'effondrement des marchés financiers et la montée en puissance des autres nations lui disputent la place. Entre les deux guerres, les États-Unis sont champion de la protection de leur marché, à leurs tours, ce jusqu'au crash boursier de New York. Ils ont évolué en vase clos, comptant sur la solidité de leurs marchés intérieurs jusqu'à la conclusion de l'ordre de Bretton Woods. L'après-Seconde Guerre a vu émerger la prospérité occidentale sous la conduite des règles dictées par les accords de Bretton Woods. Les champions ont ouvert les barrières, d'autant plus qu'ils étaient devant un fait accompli : demeurer la seule grande puissance commerciale, misant sur les partenaires « suiveurs ». Car, l'économie de l'Europe était essoufflée, presque ruinée. Les accords visant à redresser l'économie du continent étaient la seule voie permettant aux États-Unis de tirer profit de l'expansion au-delà du marché intérieur. Ils ont favorisé la création du marché européen et ont offert l'entrée sur leur marché, sans réciprocité (théorie de stabilité hégémonique).

Pour rappel, Jean-Marc Daniel note ce que nous avons dit plus haut : l'histoire du protectionnisme est liée à l'évolution des marchés. Elle accompagne les périodes sombres marquées par la baisse des profits et l'accroissement des déficits des balances commerciales. La grande Bretagne qui fut la première à ouvrir ses portes a tiré profit de son expansion. Vers les années 1880, son ascension a donné les signes de fatigue. Entre les deux guerres, chaque pays a verrouillé ses frontières à cause de la dépression qui a sonné le déclin de l'hégémonie britannique. Le lendemain de la Seconde Guerre mondiale, les États Unis, nouvelle puissance l'époque, s'enthousiasment et ouvrent les portes de leur marché. Les années Kennedy marquent ainsi le véritable début du libéralisme. Tandis qu'en Europe la nécessité de l'intégration économique, à dater de la création du marché commun, va signer le destin qui, aujourd'hui, consacre la création de l'Union économique avec un marché des 27 membres sans frontières[72].

Mais, depuis le début des années 70, la puissance américaine tient au bout de file. Le déclin annoncé se précise davantage à l'heure de globalisation. Clinton avait déjà ouvert les portes des sanctions économiques, mais à une moindre mesure. TRUMP a pris l'ambleur du déclin , il a dès lors choisi le repli et le protectionnisme défensif pour échapper aux assauts des États émergents, de l'Union européenne, du Japon, du Mexique, et des nouveaux pays industrialisés de l'Asie du Sud Est. Le jeu de la libre concurrence est mis en ballottage, ce au nom du principe de la sécurité nationale décidée depuis 1962 à travers la Trade Expansion Act˙ Ce concept de sécurité a été réaffirmé en 1996 par la loi Helms-Burton et d'Amato-Kennedy, sur l'extraterritorialité des sanctions économiques s'appliquant aux opérateurs non américains impliqués sur le territoire des États-Unis dans le cas où ils ne respectent pas les règles de boycott ou d'embargo décidées par Washington. Aujourd'hui, toutes les entreprises qui entretiennent les échanges avec l'Iran : produits chimiques, pétrole et énergie sont visés par ces sanctions[73].

---

[72] Clémentine Maligorne et Marie Theobald, Le protectionnisme est-il de retour ? In Figaro, février 2017

[73] Hassan Hakimian renseigne que dans années 1990, des régimes de sanctions ont été mis en place à un rythme moyen d'environ sept par an. Les deux tiers des 67 cas recensés étaient des sanctions unilatérales

Ainsi, la sécurité américaine n'est plus comprise dans son sens primaire, à savoir : militaire ; elle est commerciale et industrielle. La perte des marchés due à la concurrence des autres États est comprise dans la législation comme une menace contre la sécurité économique. L'industrie est ainsi protégée au même titre que le territoire et la population. Le recours à cette disposition permet aux responsables de cette nation de s'assurer contre toute accusation de protectionnisme. L'OMC y souscrit et admet les dérogations aux règles de libre commerce[74]. Sans être certain des gains que le protectionnisme rapporterait, il est de retour dans les discussions commerciales entre les États-Unis et leurs différents partenaires. Et la perte des parts dans les échanges commerciaux est jugée comme une menace contre la sécurité des États-Unis. Le nombre des litiges portés devant l'OMC constitue la raison de recours à la coercition commerciale. Depuis 1995, on note 593 différends soumis à l'OMC dont plus de 350 ont été examinés[75]. Durant le GATT, on a compté ± 300 litiges, durant 50 ans. Ce qui signifie que l'organe de règlement des différends de l'OMC connait la montée des litiges. Les accords commerciaux sont ainsi remis en cause. Les États-Unis les renient et exigent les renégociations avec le Canada, les pays du Sud-est asiatique, le Mexique, ceux de l'Union européenne, etc. Tournant le dos contre l'OMC, ils bloquent la nomination des nouveaux juges et retardent leurs cotisations annuelles, pourtant estimées capitales pour le fonctionnement de l'organisation. Ils négligent le fait que cette imposition des taxes en milliards de

---

imposées par les États-Unis : pendant la présidence de Bill Clinton, plus ou moins 40 % de la population mondiale – soit 2,3 milliards de personnes – était soumise à une forme de sanction américaine. À l'heure actuelle, les États-Unis ont près de 8 000 sanctions en vigueur dans le monde, l'Iran étant de loin le principal État visé.

74 Les plaintes déposées par les États-Unis contre la Chine, l'Union européenne, le Canada, etc., sont jugées fondées par l'OMC

75 OMC, Archives sur le règlement des différends, 201e

dollars sur les importations en provenance de la Chine, du Canada, du Mexique et de l'Union européenne entraine dans l'autre sens les mesures de rétorsion qui ont aussi un impact négatif sur l'économie américaine[76].

Même si l'offensive américaine affecte de centaines des milliards des exportations chinoises (plus de 300 milliards), le degré de la résilience ainsi que les mesures de rétorsion en cours (accroissement des taxes sur les exportations américaines) laisse penser que le géant asiatique n'est pas affecté totalement. Son marché intérieur et l'amélioration du nouveau de revenu (pouvoir d'achat) sont des garde-fous. Au cours de l'année 2019, elle a réalisé un excédent commercial avec les États-Unis de 17,2 %, soit 323,32 milliards de dollars (même si le recul a été très marqué (13 % au cours de l'année 2018) ; et elle a également intensifié ses échanges avec le reste du Monde. Les taxes américaines peuvent avoir des répercussions sur les prix et sur les investissements américains réalisés en Chine. Mais, la manipulation du taux de change de Yuan reste aussi une arme qui la protège contre cette hausse des biens sur le marché américain. Jean Michel Chaponnière fait remarquer à ce sujet que la réduction du déficit commercial vis-à-vis de la Chine passe par l'examen sérieux de la structure de la balance courante américaine, comprenant aussi bien le niveau de l'épargne que celui des investissements.[77] Plus de 400 entreprises ont sollicité la revision de ces sanctions, de même,

---

[76] Il a été constaté que le déficit commercial se creuse toujours en dépit de la hausse des prix des biens importés frappés par cette cascade des taxes. L'Allemagne, la France, l'Espagne, l'Italie, la Grande-Bretagne sont affectées par la hausse des taxes de 10 % qui touchent l'Automobile, le fromage, l'huile d'Olive, le vin, les pâtes, l'aluminium et le secteur Aéronautique. Cet accroissement des taxes touche plus de 7 milliards de dollars par ans aux pays de l'EU.

[77] Jean Michel Chaponnière, La Chine va-t-elle devenir déficitaire ? in Asialyst, 10.4.2019

nombreux fermiers américains ont réalisé une perte des milliers des dollars.[78] Les autres nouveaux pays industrialisés ( émergents) ne sont pas du reste. La Turquie, l'Iran, la Corée du Nord et même l'ile de Cuba sont concernés par des sanctions. Toute entreprise qui entretient des liens avec l'Iran est aussi visée par TRUMP du fait qu'elles utilisent le dollar comme monnaie des transactions. Ces pays, néanmoins, participent à une large échelle aux échanges et prennent de plus en plus des parts dans le commerce des biens et des services. Ils cessent d'être des importateurs nets des capitaux et réalisent leurs excédents commerciaux. Par contre, les perdants (producteurs essentiels des matières premières ) enregistrent ce dernier temps, la chute des prix, impliquant le recul de leur croissance tirée essentiellement par ce secteur. Cette chute prolongée des prix des matières premières explique en partie la perte des parts de l'Afrique dans le commerce mondial qui représentent ± 2 % du commerce mondial durant plus d'une décennie.[79] Nous y reviendrons plus loin, dans la dernière partie.

### 3.4. Sur le plan des investissements directs étrangers : flexibilité, délocalisation et déterritorialisation

Les firmes multinationales (globales) optent aujourd'hui pour la production en réseaux. De ce fait, elles modifient les frontières économiques ; et leurs intérêts ne sont plus liés à la nationalité des maisons mères.[80] Elles délocalisent librement leurs filiales du fait de la flexibilité des investissements et de la gestion prudentielle des risques par la diversification de leurs portefeuilles. Cette pratique courante de délocalisation accroit les inégalités dans les échanges et

[78] Éric Salve, correspondant de RFI à San Francisco, in
[79] African Development Indicators, 2001 et World Bank Indicators 2001.
[80] Dans le monde, 40 % des firmes multinationales les plus importantes sont américaines.

dans la diffusion avantageuse des flux des capitaux ;[81] elles rendent l'emploi improbable, précaire et instable, non seulement dans les pays d'origine, mais aussi dans les pays hôtes. La nouvelle économie numérique et la robotisation de la production privilégient également les gains au détriment de l'emploi (de la main-d'œuvre) considéré de plus en plus couteux en termes de rémunération. Le capitalisme local (petites et moyennes entreprises), participe, certes, à la croissance des économies nationales, mais il dépend aussi du processus de globalisation, à savoir : la sous-traitance en amont et en aval, les tendances spéculatives des flux financiers et monétaires qui le nourrissent, la contrainte de libre jeu de la concurrence et de non-discrimination imposée par les accords commerciaux qui laissent peu de place à l'interventionnisme des États.

Les négociations multilatérales sur les investissements n'ont pas abouti. À ce jour, la place est laissée aux traités bilatéraux que l'on peut modifier au gré de vent. C'est la preuve que les multinationales sont de plus en plus indépendantes vis-à-vis des États Nations. Certes, elles ne sont pas apatrides, mais elles forcent ces États à obtenir, sous pression de délocalisation, les avantages décriés par le monde associatif, notamment : la réduction de la pression fiscale et la protection de leurs droits de propriétés intellectuelles, la non-indexation des salaires, le gel des avantages sociaux acquis. Cette protection est devenue obligatoire et consignée dans les accords de l'OMC et largement recommandée

[81] Selon le classement du Global 500, le nombre de sociétés basées en Amérique du Nord a diminué, passant de 215 en 2001 à 144 en 2011 tandis que la contribution des sociétés basées en Asie a augmenté rapidement, passant de 116 en 2001 à 188 en 2012. La part des entreprises basées en Europe a légèrement augmenté au cours de la décennie, de 158 à 160.

par les autres organisations de Bretton Woods, au nom de la compétitivité.

L'internationalisation des firmes prive ainsi aux économies locales, même bénéficiant des exonérations fiscales, de jouir des effets de levier. Les gains obtenus (des firmes) sont transférés ailleurs, là où les facteurs de localisation sont meilleurs. Les fusions ( mariages), afin de réduire les risques faussent la concurrence du fait qu'elles deviennent des oligopoles qui contrôlent les pans des secteurs essentiels, écrasant de ce fait les petites firmes nationales. La prohibition des abus dus aux cartels et aux monopoles ( prix de cession) n'arrive pas à réduire les tentatives d'outrepasser les directives qui sont imposées dans diverses législations antitrust. Elles sont parfois en conflits ouverts avec certains États et arrivent parfois à obtenir gain de cause devant les juridictions chargées de litiges.

On note chaque mois un nombre important des faillites de ces petites et moyennes entreprises. Le degré de contrôle du commerce globalisé et des flux des capitaux par les firmes géants privent ainsi à certains États (pauvres), les marges de surveillance de leurs comportements. Leurs gouvernants tombent sous le charme des cadeaux et des commissions occultes et acceptent les contrats léonins en faveur de ces firmes géantes qui, non seulement exploitent les ressources locales, au mépris des règlements contraignants, elles échappent aux impôts et taxes, mais aussi, ne génèrent pas les économies d'échelle attendues dans les pays hôtes. En ce qui concerne l'origine de ces firmes, elles sont essentiellement nord-américaines et européennes. Celles des pays émergents (chinoises, coréennes, sud-africaines, brésiliennes, russes, etc.,) font aussi surface, avec les mêmes pratiques. Par contre, les firmes d'origine africaine sont quasi absentes. Quelques investissements marocains, nigérians, égyptiens et sud-africains s'étendent timidement sur le continent, nomment dans l'agroalimentaire, le ciment, les télécommunications, les produits cosmétiques, la chimie. Nous allons revenir à cette analyse au cours des chapitres qui suivent.

# Chapitre 3

## La Pax China et le libéralisme impur

Il y a un temps pour la naissance des grandes puissances, il y a un temps pour leur déclin. L'Empire romain, l'empire Ottaman, l'empire grec, l'empire germanique, l'empire d'Autriche/Hongrie, pour ne citer que ces exemples des anciennes puissances qui ont eu les ailes dans de vastes régions et qui ont disparues, laissant place à d'autres qui se hissent au sommet du monde moderne. Ces gloires appartiennent au passé. Combien de temps faut-il pour la naissance de la puissance chinoise ? Certains y croient ; d'autres hésitent. Mais, l'intérêt d'y réfléchir est évident. Elle est déjà debout, cette puissance, visible. Son emprise se construit aujourd'hui. Sa composition ? Elle est commerciale, industrielle, militaire, culturelle, financière, etc. Cette puissance vise l'ensemble du monde ; région par région, avec des moyens appropriés. La Chine marche dans les pas des anciennes grandes puissances. L'Asie est son voisin proche ; mais elle tend ses tentacules ailleurs. La route de soie est en train de relier les continents sous son influence, en dessinant les contours de sa géopolitique globale : terres, mers, océans, iles, etc.

Depuis plus d'un demi-siècle, les États-Unis occupent, nous venons de le voir, le premier rang économique, industriel, culturel et militaire. Ils résistent malgré la poussée des autres puissances régionales et multiplient les innovations technologiques ; leurs firmes sont à la conquête des marchés et contribuent à la globalisation actuelle des économies ; ils soutiennent les industries assombries par le temps et en créent d'autres nouvelles ; ils renégocient les accords commerciaux avec différents partenaires, appliquent des sanctions extraterritoriales pour faire plier les concurrents, ils multiplient les dialogues au sein de G20 pour réguler les failles de l'économie. À ce sujet, Zbigniew Brezinski est parmi ceux qui estiment que la puissance américaine va demeurer[82]. Son avis est aussi partagé par Froggy Botton qui, dans une analyse bien argumentée voit plutôt l'émergence chinoise comme une occasion de la nouvelle bipolarité semblable à celle durant la guerre froide. Celle-ci, globale, elle se différencie de l'ancienne qui était idéologique et militaire[83].

Mais, aucun économiste ni homme politique, à l'exception de Alain Peyrefitte et Charles de Gaule,[84] ne pouvait imaginer qu'à dater du début des années 90, la Chine pouvait escalader les marches et se positionner deuxième puissance économique ; dans sa course, elle vise la première place. C'est fait. Elle est sortie de l'ombre des années 50, 60 et 70, sous l'économie socialiste et étatique ; et elle a surpris les septiques qui ne croyaient pas aux miracles ; elle est allée très vite que le Japon, l'Allemagne, la Russie, l'Angleterre, le Canada, l'Italie et la France, qui forment le club des pays industrialisés depuis des années (G7). Cette montée

---

[82] Zbigniew Brzezinski, Strategic vision- America and the crisis of global power, basic Books, 2012

[83] Froggy Botton, États-Unis, la fin de l'hyperpuissance ? in froggybottomblog.com/2014/10/25/etats-unis-la-fin-de-lhyperpuissance

[84] En 1973, il publie un livre qui annonçait la montée de la puissance chinoise, Lire Alain Peyrefitte, Quand la Chine s'éveillera, le monde tremblera, Fayard, 1973.

spectaculaire laisse penser que le siècle de demain sera marqué par la Pax China. Mais quel ordre régentera cette Pax ?

Celui de Bretton Woods vacille, torpillé par les failles des banques, l'excroissance des marchés financiers, l'impuissance des banques centrales à réguler les politiques monétaires classiques, l'endettement des États, les inégalités économiques et sociales entre les nations, les crises des taux de change et des marchés financiers, etc. Quel sera le nouvel ordre ? Sera-t-il unilatéral, régional, tripolaire, apolaire, ultralibéral, keynésien? En 2007, les suggestions de Lydnon Larouche étaient de mettre sur pieds un nouveau système financier mondial qui s'attaquerait aux défis, tels : la maîtrise des dettes, la maîtrise des prix des matières premières, le contrôle des marchés financiers pour éviter les bulles spéculatives, la fin l'évasion fiscale, la relance de l'industrie, la lutte contre les catastrophes naturelles. L'appel était lancé à la Chine, aux États-Unis, à la Russie et à l'Inde. Au sein de G20, cette idée est aussi discutée, régulièrement, sans succès. Plus de 10 ans après, le désordre de Bretton Woods marque encore le paysage de l'économie mondiale. Dès lors, la Pax China, si elle a lieu, sera-t-elle fondée sur les ruines de l'ordre de Bretton Woods ? En fait, la réponse est non ; les traits caractéristiques de cette Pax seront ceux d'un multilatéralisme et de libéralisme, mais débridé, marqué par une puissance non hiérarchisée, le leadership contesté, le protectionnisme défensif et la régulation institutionnelle ad hoc et informelle, non contraignante. Il s'agit du libéralisme décontracté. C'est l'objet de ce chapitre.

## 1. Les traits caractéristiques

### 1.1. Une puissance économique segmentée et une hiérarchie disputée

Il est vrai que la croissance économique de la Chine surprend les attentes. Sous diverses analyses, les experts ne se dévoilent plus la face ; ils avouent que la Chine fascine, bouscule et dérange ; la chine à la conquête du monde : une ascension fulgurante à la loupe ; l'irrésistible ascension de la puissance chinoise, etc.[85]Cette expansion n'est-elle pas relative ? Dans cette section, nous démontrons que la hiérarchie de la puissance à l'heure de Pax China est réelle, mais diffuse.

#### 1.1.1. L'irrésistible ascension de la Chine

Nous avons souligné plus haut le fait que le désordre relatif aux échanges économiques est marqué par le non-respect du principe de généralisation des préférences, la non-consolidation des concessions tarifaires, le non-respect des droits de propriétés intellectuelles, l'octroi intempestif des subventions qui torpillent la libre concurrence, la protection du secteur agricole, la pratique de dumping, la multiplication des obstacles non tarifaires (règles de l'origine, les exigences à tout pris des normes techniques de production (étiquetage,emballage, les normes phytosanitaires, les délais d'expiration pour les produits de consommation courante). Tandis qu'au niveau des finances, les crises à répétition dénotent

---

[85]https://www.rts.ch/info/economie;-la-puissance-chinoise-fascine-bouscule-et-dérange. https://www.boulevard-exterieur.com/L-irresistible-ascension-de-la-puissance-chinoise.html;www.leparisien.fr/economie/la-chine-a-la-conquete-du-monde-une-ascension-fulgurante-a-la-loupe-12-07-2019

l'incapacité des institutions de Bretton Woods à stabiliser la gestion des marchés, tant au niveau national qu'au niveau international. La contagion de ces crises conduit aujourd'hui à la politique monétaire non conventionnelle. Les déficits budgétaires ainsi que l'endettement excessif de certains pays, mêmes les plus industrialisés constituent également la preuve de l'inefficacité des politiques conjoncturelles conseillées dans la macroéconomie classique. L'ordre chinois (débridé) se passera sans réforme essentielle. Pourquoi une puissance non hiérarchisée ? Et pourquoi le libéralisme décontracté ?

Même si la Chine va se situer à la tête de l'économie mondiale, son leadership ne sera pas nécessairement comparable à celui de la Pax Britannica ou de la Pax America. Certes, en 2013, la Banque Goldman Sachs a effectué une étude avec des projections dans le futur. Les conclusions tirées sont les suivantes : les États-Unis vont reculer au second rang (2e puissance), laissant la première place à la Chine[86]. Les autres pays occidentaux vont aussi reculer d'ici 2050 au profit de la Chine également (1re puissance), suivie de l'Inde (3e puissance).

Les preuves ? Déjà en 2014, un investissement des 126 milliards de dollars a été réalisé pour améliorer son industrie, dont 17 milliards pour l'industrie des semi-conducteurs. Entre 2016 et 2030, 270 milliards d'euros sont envisagés pour l'industrie des puces électroniques.[87] Sur le plan sectoriel, la Chine s'investit énormément pour rattraper son retard dans l'aéronautique, dans l'automobile, dans l'acier, dans les textiles et habillements, dans

---

[86] Lire aussi une intéressante étude sure : Où va l'industrie américaine, in Les synthèses de la Fabrique, n° 11 – janvier 2017

[87] Zak Allal, in infoguerre.fr/2019/01/guerre-economique-entre-chine-etats-unis-domination-marche-puces-electronique

l'électroménager, dans les travaux publics. Ses multinationales grimpent et se comptent par milliers, à travers le monde, aussi bien dans le secteur financier que celui des services. Elle investit également dans le développement de son marché intérieur. La parité de pouvoir d'achat avoisine aujourd'hui celle des États-Unis.

Ces conclusions de la Banque Goldman Sachs à propos de recul des États-Unis sont aussi constatées par la Revue *Contrepoint.* Elle note que le nombre d'emplois manufacturiers a fortement décliné. Entre 2000 et 2007, la baisse était de 3,4 millions d'emplois, soit 20 %. Entre 2070 et 2016, ce sont 5 millions d'emplois, ou 28 % de déclin. Pendant ce temps, la population du pays a augmenté de 16 %, et le nombre d'usines a diminué de 22 % entre 2000 et 2014. Par ailleurs, les pays émergents montent en puissance et bousculent l'ordre hiérarchique fondé depuis la fin de la Seconde Guerre mondiale.[88] Par exemple, sur la période 1995-2005, la croissance des exportations de marchandises a été de 18 % pour la Chine, de 13 % pour l'Inde et de 10 % pour le Brésil, contre 4 % pour les États-Unis. Alors que le taux de croissance annuel pour les pays de l'Union européenne tournait autour de 2 % cette dernière décennie, la Chine affichait un taux de croissance oscillant autour de 10 %. Pour l'Inde, ce taux avoisinait les 8 % en 2007, contre 4 % pour le Brésil. Une décennie après, la progression ne s'est pas arrêtée. Jim O'Neill (2006) estimait la population des BRICS représente déjà 43 % de celle du monde. La richesse totale des 5 pays dépassera celle des pays du G7 dès 2035.

---

[88] Wilson et Purushothaman (2003), annexe II, « Projections in Détail », p. 19, et calculs de l'auteur. Economist Intelligence Unit, *The World in 2006*, 2005, « The world in figures : countries ». Ces pays, ensemble, participent à près de 70 % en parité de pouvoir d'achat, à la richesse mondiale.

Selon ces analyses, en dépit des efforts américains pour la création de l'emploi, le relèvement de la consommation des ménages, et la croissance économique soutenue, les inquiétudes demeurent quant à la place de ce géant dans l'économie mondiale. Les raisons sont multiples. Les politiques économiques de courts termes peuvent avoir des répercussions négatives à la longue. Le vrai taux de chômage serait de plus ou moins 7 % si l'on tient compte de travail précaire dans l'informel ; l'expansion économique repose sur la réduction des impôts ; c'est bon, mais on ne doit pas oublier le principe de l'équivalence ricardienne : la baisse des impôts d'aujourd'hui équivaut à la hausse de demain. Les chiffres de l'OCDE indiquent que : « le déficit public est passé de 3,6 % du PIB en 2017 à 5,5 % en 2018 et 6,1 % en 2019 ; et la dette publique brute passe de 105,4 % du PIB à 109,3 % sur la même période »[89]. De même, la vague des dérèglementations ainsi que la baisse des taux d'intérêt (politique monétaire non conventionnelle) peuvent encourager les crédits, mais les Banques ne s'apprêteront pas à ce jeu durant des années. J. Ruet estime que les économies qui émergent puisent leur expansion à des racines endogènes, riches et profondes ; elles se sont très vite insérées au cœur même de la machine productive mondiale ; elles transforment la mondialisation économique. Même si le stock des investissements directs étrangers reste modeste par rapport au reste du monde, il est en progression. D'après Wladimir Andreff, en 2013, l'IDE sortant des pays émergents représentait plus de 10 % du total mondial, celui des BRICS près de 6 %. Et le rapport de BCG (Boston consulting group) atteste également qu'elles continuent à croître de 13 à 15 % par an. De même, leur taille

[89] Gérard Horny, Trump gère l'économie américaine comme si elle était en crise, et ça pourrait bientôt être le cas, in Slate, novembre 2018

augmente de 18 à 20 % par an avec une profitabilité plus importante[90].

L'expansion dans l'Union européenne est aussi notée. Marie Guitton, se référant aux statistiques de Eurostat, souligne que : « la part acquise par des entreprises provenant des économies émergentes a fortement progressé en dix. L'ensemble Chine/Hong-Kong/Macao qui ne contrôlait qu'environ 5 000 entreprises européennes en 2007 en contrôlait plus de 28 000 en 2017, sans compter les prises de participation importantes dans d'autres sociétés. De même, l'Inde et la Russie ont multiplié par plus de six le nombre d'entreprises qu'elles contrôlent dans l'UE[91] ». Les autres données démontrent également que la Chine (puissance démographique) est aussi une véritable puissance économique et commerciale avec des taux de croissance du PIB record situés aux alentours de 10 % en moyenne chaque année, accompagnés d'un taux d'inflation faible et d'un chômage officiellement bas. Ce taux moyen peut vaciller, mais, il reste solide, du point de vue de sa structure. Domaines de spécialisation : les produits textiles, l'électrique, l'électronique grand public, les jouets et les appareils électroménagers. Elle dispose également d'un important réservoir de main d'œuvre moins cher. Elle compte sur l'abondance de l'épargne et ses excédents commerciaux, elle investit les infrastructures publiques : routes, ponts, voies fluviales[92]. Ses firmes multinationales publiques supervisées par le Conseil d'État s'intègrent dans le paysage globalisé avec plus de 15 % des investissements, contre 44 % des

---

[90] Adrien Schwyte, Pourquoi les multinationales émergentes vont dominer le monde, in Chalenge.fr, juillet 2016

[91] Marie Guitton, in https://www.touteleurope.eu/actualite/filtrage-des-investissements-etrangers-a-quoi-sert-le-systeme-d-alerte-de-l-ue

[92] Par Laurent Braquet, La montée en puissance des pays émergents : un bouleversement de la géographie de la richesse mondiale, in Melchior

États unis et 22 % pour l'ensemble de l'Europe[93]. En 2010, les investissements sortants étaient de l'ordre de 68811millions de dollars. Ils sont à 183100 en 2016, largement supérieurs aux investissements entrants situés à 133700 millions. Ce qui situe le pays en 3e position. La nouvelle Loi relative aux investissements directs étrangers dont l'entrée en vigueur est fixée au 1 janvier2020 assouplit les règles encadrant les investissements directs étrangers en Chine et consacre le traitement « quasi égale » des IDE en Chine avec les acteurs locaux. De même, la nouvelle route de soie est un eldorado des industriels chinois ; elle a des effets d'une augmentation des investissements de l'ordre de 5,2 % (moyenne) par an, soit 90 milliards de dollars par an de 2013 à 2018[94]. En matière des droits de propriété intellectuelle, le pays qui ne

---

[93] 1- China Petrochemical Corporation (Sinopec) : une entreprise d'État avec l'État comme seul actionnaire. Activité principale : pétrole, gaz nature, pétrochimie. Plus grande entreprise chinoise productrice et distributrice de produits raffinés., 2- China National Petroleum Corporation (CNPC) : une entreprise d'État avec une large palette d'activités amont et en aval autour du pétrole et du gaz naturel., 3- China National Offshore Oil Corporation (CNOOC) : une entreprise d'État intégrée dans le domaine de l'énergie., 4- China Resources Holdings Co. : conglomérat d'État avec une large palette d'activités allant de la propriété immobilière, produits alimentaires, brasseries, pétrochimie, commerce de détail, textile, ciment et électricité.,5- China Mobile Communications Corporation : entreprise d'État dans le domaine des télécommunications : téléphonie mobile, internet, services multimédias.,6- China Ocean Shipping Group Compagny (COSCO) : la plus grande entreprise maritime de Chine possédant 25 filiales en propriété exclusive. ; 7- CITIC Group : une entreprise d'État possédant 44 filiales. Principale activité dans la finance et l'investissement., 8- China National Cereals, Oils and Foodstuffs Corporation (COFCO) : commerce des céréales, huiles et produits alimentaires. Forte diversification depuis 1992. 9- China Merchants Group : conglomérat largement diversifié appartenant à l'État, mais basé à Hong Kong. Intervient principalement dans trois domaines : transport et infrastructures connexes (ports, autoroutes, transport d'énergie, logistique), investissements financiers et gestion d'actifs, développement et gestion immobilière., 10-*Sinochem Corporation :* une entreprise d'État opérant dans le pétrole, les fertilisants et les produits chimiques.

[94] Statistique du commerce extérieur chinois

comptait que 276 dépôts de demandes internationales des brevets en 1999, il en compte en 2019 le chiffre de 58990 dont 80 % émanent de Huawei.

### 1.1.2. La résilience américaine

Tout en accordant la crédibilité à ses prévisions en faveur des nouvelles puissances, nous devons aussi relativiser leur portée en affirmant que la hiérarchie des puissances de demain ne sera pas globale : économique, militaire, culturelle, à la fois ; nous l'avons souligné plus haut, celle-ci sera segmentée et disputée. Pour plus de précisions, il suffit de se poser un certain nombre des questions dont les réponses peuvent éclair l'opinion sur cette résilience. En effet, quelle est la part du PIB que les États-Unis consacrent à la recherche et au développement ? Selon le rapport de l'UNESCO, « les États-Unis restent en position dominante, avec 28 % de l'investissement mondial en R&D, suivis par la Chine (20 %), l'UE (19 %) et le Japon (10 %), alors que 23 % des dépenses en R&D proviennent du reste du monde représentant 67 % de la population mondiale. Le rapport montre cependant que l'effort consenti par des pays comme le Brésil, l'Inde ou la Turquie augmente à un rythme rapide »[95]. Or, on ne peut pas dissocier la recherche/développement et le progrès. La seconde question porte sur la part consacrée aux dépenses militaires ? Nous l'avons plus loin, que les États-Unis conservent leur première place. Or, les dépenses militaires sont toujours associées au développement de l'industrie. Plus les dépenses y sont concentrées, plus les sous traitants réalisent les gains et soutiennent l'emploi. Celle-ci engendre le surplus des profits (ventes des armes dans le monde). La troisième question concerne l'apport des mouvements des capitaux à l'économie de chaque concurrent. New York reste la grande place financière.

[95] French.xinhuanet.com/2015-11/11

L'expansion des entreprises globales produisant en réseaux rapporte encore à cette économie, en terme de rapatriement des intérêts, des dividendes et autres transferts unilatéraux. Même si les firmes ne transfèrent pas leurs profits dans vers les maisons mères, il est évident que par sursaut de l'intérêt national, elles réagissent favorablement.

Peut-on se limiter à l'examen de la balance commerciale ou de la balance des paiements pour tester la perte de la puissance d'un État ? Ne peut-on pas affirmer que l'économie américaine tousse, mais elle respire encore[96] ? Les réponses à ces questions ouvrent le débat. Elles suggèrent que la fin de puissance américaine est possible, mais celle-ci reste relative. À la fin des années 80, le politologue Samuel Huntington, dans son article « The U.S.-Decliner or Renewal », publié dans Foreign Affairs, hiver 1988/89 annonçait le déclin. Ce déclin n'a pas eu lieu. Plusieurs auteurs, comme lui, ont aussi annoncé cette chute. On l'attend toujours. La Pax China, si elle a lieu, elle se disputera les segments de puissance. L'un ou l'autre État combinera certains facteurs et se hissera à la tête, durant de courtes périodes, ainsi de suite. C'est peut-être l'heure de l'apolarité annoncée déjà par les spécialistes. C'est ici où nous ne sommes pas d'accord avec les projections de Michel Aglietta et Jacques Le Cacheux, notamment sur les taux de croissance annuels du PIB dans les différentes régions du monde (2000-2050, sur les soldes courants de différentes régions du monde (2000-2025) et sur les taux de rendement du capital

---

[96] Car, c'est depuis plus d'une décennie que les observateurs constatent la fin de la « Pax americana », alors que celle-ci (paix américaine) marque encore ses pas. Sa croissance est très soutenue, son taux de l'inflation est très bas (1,5%) et le chômage est en dessous de 4%. Donc, l'économie américaine est en plein emploi.

productif des différentes régions[97]. Recourant au modèle INGENUE[98], les deux auteurs arrivent à des conclusions qui ne peuvent tenir debout que par la force des formules économétriques fortement stylisées. Notre constat est aussi celui émis par Deniz Unal en 2018. Les États-Unis renforcent leur spécialisation dans secteurs des services ; la Chine dans les produits manufacturiers, tandis que l'Europe, tout en occupant la 3e position, se maintient dans les deux branches. Même si ces tendances peuvent se rapprocher, il faudra compter assez de temps. Car, il est certain qu'actuellement, on assiste sur le marché mondial à une forme de monopole contesté (industries américaines arrivées à maturité perdent leur avance), forte maîtrise des coûts de production entrainant une large marge des gains des économies émergents et effet de délocalisation des processus de production vers les nouvelles zones.

---

[97] Michel Aglietta, Jacques Le Cacheux, De la première à la seconde globalisation, Revue de l'OFCE, 2007/3, n° 102

[98] C'est un outil qui, d'après les auteurs, est destiné à l'exploration de scénarios cohérents d'évolution de l'économie mondiale au cours des décennies à venir, et détermine les flux internationaux de biens et de capitaux, les rythmes de croissance des grandes régions du monde, les taux de rendement du capital, etc., qui sont compatibles avec les changements démographiques et avec des hypothèses plausibles de diffusion technologique. Il permet également d'étudier les modifications induites par des changements dans le rythme de rattrapage des grandes régions, notamment la Chine et l'Inde, ou par des réformes de certaines institutions clés influant sur les comportements d'épargne des ménages, telles que les régimes publics de retraite par répartition.

**Graphique 3. Spécialisation par secteurs entre les trois puissances économiques (2018)**

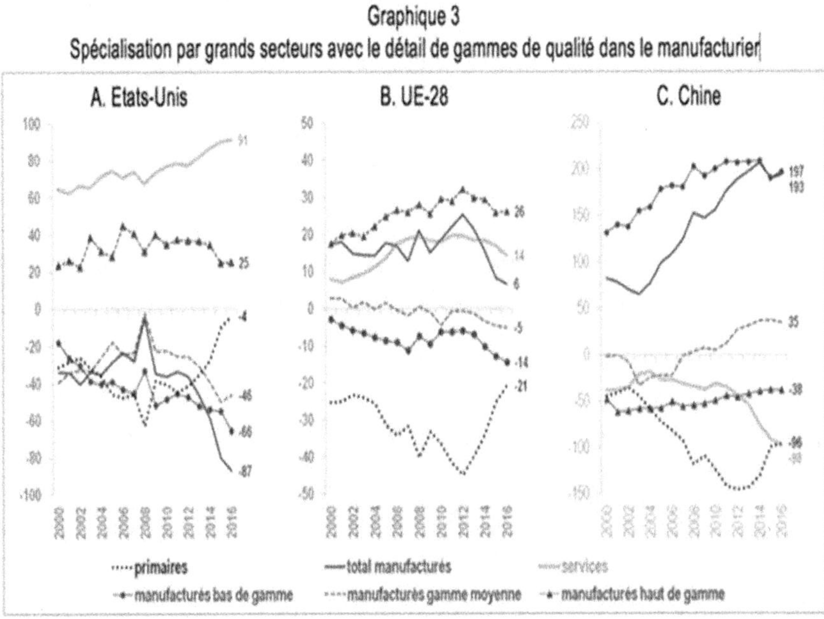


Source : CEPII, Recherche et expertise sur l'économie mondiale, 2018

La Chine va certainement évoluer dans le courant d'un libéralisme hybride, profitant de ses avantages, sans toutefois imposer des réformes face à l'évolution de l'économie globale. Elle va ouvrir ses marchés à la libre concurrence, tout en y veillant par des restrictions non tarifaires, à l'image des pratiques actuelles des États-Unis ; elle continuera à imposer des règles relatives aux investissements directs entrants, notamment en exigeant le transfert du savoir-faire ; elle ne mettra pas fin à la piraterie des technologies de pointe, en dépit des accords sur la protection de propriété intellectuelle. L'espionnage industriel ne cessera pas, tant que l'avance technologique des autres puissances l'obligera à réduire son retard par la copie des inventions. Les hackers seront sollicités, comme c'est déjà le cas, aussi bien dans les pays occidentaux que dans d'autres pays émergents d'Asie et de l'Amérique latine. De la même manière qu'elle va profiter de ce libéralisme débridé, elle ne forcera pas les réformes de fonctionnement de l'OMC, du FMI ou de la BM, eu égard au refus (des réformes) affiché par les États-Unis. Les initiateurs de ces institutions ont imaginé les clés de blocage des réformes nécessaires et conformes à l'évolution de l'économie mondiale. Il s'agit des verrous dus au mode de vote et par le poids des contributeurs qui alimentent la caisse commune. Les meilleurs contributeurs se sont octroyé les rôles majeurs qui leur assurent une influence majoritaire dans la prise des décisions. Ils ont également la main sur les pratiques de ces institutions et influencent l'accès aux marchés financés par ces institutions.

La Chine, dès son adhésion au début des années 90, est entrée dans ce cercle restreint. Elle n'y pratique pas un capitalisme à visage humain et n'ouvre pas ses portes aux États « suiveurs » par le biais de la providence (solidarité) et de bénévolat. Si l'impression qui en découle semble confirmer cette « solidarité », elle est fausse. Jean François qualifie d'ailleurs son régime économique de « capitalisme à visage mesquin » du fait de l'absence de liberté syndicale au sein des entreprises nationales. C'est discutable, mais ce visage, mesquin ou pas, accompagne son capitalisme dans l'expansion planétaire. Le dumping social, la dévaluation de sa monnaie, le mariage entre État, entreprises et Parti communiste sont des armes qui l'aident à conquérir les marchés extérieurs.

TRUMP, au vu de ces difficultés, s'efforce (ce sera aussi le cas de ses successeurs) de mener une série des soutiens à l'économie en vue de reprendre son élan, notamment dans les secteurs d'acier, de l'aluminium, de l'automobile, d'exploitation de gaz de schiste, du pétrole, de la santé, de l'éducation, des services aux entreprises, de la construction, de technologies de pointe, de la finance et du tourisme.[99] Dès le début de son mandant, il a baissé l'impôt sur le revenu des ménages et sur les bénéfices des entreprises de 35% à 21%, il oblige le rapatriement des bénéfices réalisés à l'étranger en ramenant leur taxation à un taux compris entre 8% et 15,5% au lieu d'un taux à 35% ; il investit dans les dépenses militaires de 575 milliards en 2017 à 716 milliards en 2019, soit une hausse de 25%. Il freine également la délocalisation de la production industrielle. Le chômage est estimé aujourd'hui à 3,5%, son plus bas niveau depuis 1969 quand il a atteint ± 8%. Notons également que le pays reste premier en termes de : l'attrait des investissements directs étrangers, l'innovation dans les technologiques (biotechnologies, technologies de l'information et de la communication). En 2016, son PIB était de 18 861 milliards de dollars, soit environ un cinquième du PIB mondial. Ce PIB ne décline pas au cours des autres années qui suivent.

L'arrivée au pouvoir des nouveaux dirigeants, démocrates ou républicains, ne modifiera pas foncièrement cette course folle pour le maintien au sommet de la hiérarchie. Elle reste un devoir de tout responsable, quelle que soit son appartenance. TRUMP n'est pas le premier instigateur, il a vite accéléré la lutte. Il y a eu Clinton, Reagan, Obama, tous, ils ont exprimé dans certains discours politiques, leurs volontés de maintenir l'Amérique à la tête de la hiérarchie mondiale. Celle-ci est intériorisée dans la pensée unique et politique américaine. Elle fait partie de la culture de leur supériorité. Ce constat nous pousse à penser que la guerre

[99] Labor Statistics, Occupational employement statitics, 2019

industrielle et commerciale entre les deux géants va empêcher le leadership chinois d'être global. Elle va inscrire son expansion dans une bipolarité économique mitigée, correspondant aux avantages et désavantages tirés dans des différents segments d'activités économiques.

Pourquoi ? En effet, on ne peut pas surconscrire la fin de

la puissance américaine uniquement au niveau de son seul déficit commercial.[100] Les États-Unis luttent pour la sauvegarde de leur rôle primordial. Leur économie est sur une pente. Mais le rebond n'est pas exclu. Si l'on peut comparer le nombre des brevets d'invention, les secteurs de pointe qui tirent aujourd'hui l'essentiel des avantages, la robustité du marché intérieur, le niveau de l'endogénéité l'économie, l'importance des bénéfices tirés de marchés financiers, le rôle moteur du dollar dans l'économie mondiale, le niveau de la consommation intérieure, il y a lieu d'affirmer que l'abdication annoncée n'aura probablement pas lieu de si tôt.. TRUMP n'applique pas la stratégie du chaos, comme le laisse entendre P. Verlise[101]. Il n'est pas prêt à laisser pourrir le ciment de la puissance américaine. Il pratique l'hégémonie mixte : la carotte et le bâton (coercition et soft power à la fois) ,c'est-à-dire, il défend aussi bien les intérêts américains que ceux de l'ordre, mais un ordre devenu plurilatéral.[102] Ce qui signifie qu'il croit encore à la vertu de l'ordre de Bretton Woods, tout en le réaménageant selon certaines circonstances. De ce fait, la coercition contre le Canada, l'Union européenne, le Japon, la Chine, le

---

[100]Pierre-Cyrille Hautcœur posait déjà cette question en 2015 dans le journal le Monde, in La Chine, nouvelle puissance hégémonique.

[101] P. Verluise (dir.), Géopolitique du monde de TRUMP : la stratégie du chaos ? In https://www.diploweb.com/Geopolitique-du-monde-de-Trump-La-strategie-du-chaos.

[102]Wikimonde, Théorie de la stabilité hégémonique.

Mexique, et même contre d'autres petits États, à l'instar du Rwanda (dans le cadre de l'AGOA[103]), ne marque pas la fin de l'histoire.

Cet isolationnisme agressif qu'il applique contre les partenaires cache les ambitions de défense de son premier rang. Nombreux auteurs avaient, dans le passé, prédit la fin de la puissance. TRUMP s'inquiète des faiblesses que son pays enregistre sur le plan des échanges. Le déficit vis-à-vis du Canada, du Mexique, de la Chine, de l'Union européenne, laisse penser que son pays perd sa place. Le second trait du désordre de demain se manifestera sans doute par le recours au protectionnisme réciproque. L'arroseur sera aussi arrosé. Ce que nous démontrons dans la sous-section suivante.

### 1.2.Des rétorsions commerciales

Parce que le libre échange total ne peut être envisagé dans son intégralité et en toute circonstance, le libéralisme hybride (le commerce administré, pour reprendre l'expression de Habib Ghérar)[104] va persister, caractérisé par des concertations et des remises à niveaux des cadres de coopération bilatérale, à l'instar des accords de mi- janvier 2020 conclus entre la Chine et les États-Unis, après une série des sanctions et rétorsions qui ont marqué la politique commerciale de TRUMP. Le fait que diverses crises n'ont pas permis de repenser un nouvel ordre économique, les mécanismes de fonctionnement sont verrouillés et bloquent toute tentative de remise sur les rails d'un nouvel ordre. La question est dans les intentions. Elle semble intéresser les politiques, mais sans

[103] Africa Growth and Opportunity Act
[104] Habib Ghérari, Les États-Unis, adeptes du commerce administré ? In Telos, 14 octobre 2019

conviction.[105] Le temps de l'ordre flou combinera le libéralisme et la protection. Il ne s'agit pas de l'isolationnisme parfait (qui est impossible aujourd'hui), mais de protection défensive. TRUMP surtaxe tout ce qui vient de l'Europe, de la Chine, de l'Inde, du Mexique, du Canada, du Japon, de la Coré du Sud, de l'Iran ; bref, le lait, le caviar, l'aluminium, l'automobile, le vin, les légumes, les puces électroniques, les jouets, les vêtements et textiles, etc., ont dans son rétroviseur. Il arrive qu'il temporise, marque une pose, mais, sans cesse, la menace demeure son épée de Damoclès. C'est le zigzag entre le soft power et le hard power.

Ceci n'est pas un comportement isolé. Remarquons que ce protectionnisme n'a jamais disparu depuis la nuit des temps. Il accompagne toujours le laissez-faire. Il est toléré à titre transitoire en cas des difficultés ; par contre les États sont appelés à consolider les acquis (réduction des tarifs) dès lors qu'ils les ont négociés librement. La rétorsion n'est tolérée que d'une manière temporaire. Les autres pratiques de discrimination non tarifaire sont aussi prohibées et dénoncées dans divers accords régionaux ou multilatéraux. Mais, à présent, nous sommes dans une démarche à reculons, dans laquelle, chacun des partenaires semble accuser l'un et l'autre, de torpiller les principes de libre commerce, dès lors que les avantages réciproques s'effritent au profit des autres, ce, sur une longue durée. Ce retour au protectionnisme ne signifie pas que les efforts entrepris depuis le GATT jusqu'à ce jour sont voués à l'échec. Nous voulons tout simplement souligner le fait que les pratiques se généralisent de plus en plus, même dans le chef de ceux qui, depuis, ont largement contribué à réduire les excès des droits des douanes, à travers diverses négociations commerciales.

[105] Clémentine Maligorne, Marie Théobald ; Le protectionnisme est-il de retour ? (2017)

La réticence au respect des ces règles revient au galop. Même ceux qui ont atteint le niveau de l'intégration des marchés, à l'instar de l'Union européenne, ils mijotent l'ambition de revenir au vieux temps. Le Brexit en a donné l'occasion. Dans d'autres pays, la crainte de renier la monnaie unique est ressentie en Italie, en Autriche, ce, à cause de la montée des partis populistes.

En dépit des directives dogmatiques sur la concurrence, sur l'équilibre budgétaire, sur la politique monétaire, sur les subventions aux industries ou sur les politiques commerciales communes, certains États n'hésitent à franchir les pas vers un peu plus d'autonomie. Pouvons-nous penser dès lors à la fin de l'Union ? David Cayla[106] et Olivier Lacoste[107] ayant consacré des analyses sur cette probable désintégration attestent que les 27 pays européens ne reviendront pas en arrière. Ils vont vivre dans une union caractérisée par des réformes, reniant, probablement certains acquis tels que les directives relatives à la gestion des finances publiques, à la règlementation acharnée de la concurrence et à la régulation d'accès aux crédits publics. Ce qui suppose qu'avec le temps, l'Union peut connaitre ses détracteurs qui la poussent à une révision en vue de redonner aux États beaucoup plus de pouvoir détenu aujourd'hui par la Commission. À cause du pessimisme croissant chez certains membres, quelques scénarios du futur ont été évoqués par Juncker, alors Président de la Commission. Il a formulé les hypothèses suivantes (Livre blanc) : a) le statu quo sans réformes, b) un grand saut vers une Europe fédérale, c) la concentration l'action de l'UE sur un nombre réduit de secteurs, d) une Europe à plusieurs vitesses, dans laquelle des groupes d'États

[106] David Cayla La Fin de l'Union européenne, Michalon, 2017
[107] Olivier Lacoste, fin de l'Europe ? Paris, Eyrolles, 2016

formeraient des coalitions à la carte dans les domaines où ils sont d'accord : défense, sécurité, normes technologiques, e) la limitation au marché unique. Plusieurs dirigeants semblent être favorables pour le troisième scénario.

Dans d'autres pays, en dépit de l'établissement des zones de libre-échange et des unions douanières, on assiste à la multiplication des barrières non tarifaires (restriction volontaire des importations, les contrôles techniques de conformité, les contrôles phytosanitaires, les subventions financières, les pratiques de dumping, les règles de l'origine, le contrôle de change), lesquelles caractérisent la guerre commerciale entre les partenaires dont le degré de l'ouverture aux échanges réduit l'autonomie et l'équilibre des marchés nationaux face à la concurrence.

### 1.3. La régulation multilatérale désuète

Dans l'économie institutionnelle, il est supposé que les règles ont le pouvoir de régir le comportement des agents sur le marché (théorie de régime). Mais, ces derniers ne sont pas nécessairement rationnels[108]. Les règles contraignantes fondées sur les dogmes bureaucratiques les obligent à tempérer devant les choix immenses. Chez Robert W. Fogel et Douglass C. North, les institutions sont étudiées comme structure d'incitations. « Elles consistent à la fois en des contraintes informelles (sanctions, tabous, coutumes, traditions et codes de conduite) et de règles formelles (constitutions, lois, droits de propriété). »[109] Il en est ainsi de différentes institutions, au lendemain de la Seconde Guerre mondiale, à savoir : le Conseil de sécurité, le Fonds monétaire international, la Banque Mondiale, l'Organisation mondiale du

---

[108] Bernard Chavance, L'économie institutionnelle, La Découverte, 2012

[109] Gilles Martin , La nouvelle économie institutionnelle, in Idées économiques et sociales 2010/1 (N° 159),

commerce, et bien d'autres accords commerciaux régionaux ont eu ce rôle de coordonner les choix et accompagner l'évolution des marchés[110].

Mais, depuis des décennies, ces institutions multiples piétinent ; elles s'essoufflent.[111] Depuis plus de 20 ans, les suggestions pour leurs réformes portent, selon Jacques Sapir, sur : a) la mise en place des politiques de prêts et programmes de développement contre la pauvreté, politiques axées sur l'élaboration de véritables cadres de développement humain durable ; b) la promotion de l'accès universel aux services de base pour les populations démunies ; c) la représentativité des pays membres, en tenant compte de leur diversité actuelle ; d) l'amélioration de mode de gouvernance de ces institutions, par la conception adéquate des politiques et programmes ; e) le contrôle des mouvements de capitaux ; f) la gestion des dettes (délai de remboursement, taux d'intérêt non capitalisés, accès ouvert à l'appel d'offre pour les marchés exécutés, coresponsabilité entre créanciers et débiteurs dans le fait d'accumulation des arriérées des dettes) ; g) la lutte contre les paradis fiscaux ; h) la lutte contre le blanchiment de l'argent et la criminalisation financière ; i)la mise en place d'un système de taxation et de redistribution de la richesse

[110] Oliver E. Williamson, *« Markets and Hierarchies, Analysis and Antitrust Implications: A Study in the Economics of Internal Organization. »*, University of Illinois at Urbana-Champaign's Academy for Entrepreneurial Leadership Historical Research Reference in Entrepreneurship, 1975

[111] G7/G8, G10, G12, G20, G15, G22, BRICS, OCS, OTAN, OTSC, ANZUS, APEC, ASEAN, UNASUR

mondiale ; j) et la prévention efficace contre des crises financières. Hélas, les résultats se font attendre[112].

Plus récemment, une étude de François Danglin note aussi que « les institutions transnationales interétatiques se multiplient ; tout en fragilisant les Nations unies, elles recompartimentent les espaces économiques et politiques et esquissent un réordonnancement de la gouvernance mondiale. »[113] Mais quelle gouvernance ? Faut-il parler de réordonnancement ou de statuquo ? Ni la Banque mondiale, ni le FMI, encore moins l'OMC, ces institutions ainsi que leurs différents organes n'ont pas assumé correctement leurs missions. Nous ne cessons de le dire dès le début de cette étude. Elles se limitent aujourd'hui à fournir les statistiques prévisionnelles et à effectuer des enquêtes de terrain, mais n'accompagnent plus la stabilité des marchés, encore moins le développement et la croissance économique. Accusées de « gendarmes du monde », elles le sont, en ce qui concerne l'orthodoxie exigée envers les pays les moins avancés, dépendant des aides financières et de l'assistance technique. Ailleurs, elles sont impuissantes à exiger la réduction de l'endettement public (cas des États-Unis) ; elles ne s'insurgent pas contre les déficits des balances courantes ; elles observent d'une manière impuissance à la détérioration des termes de l'échange défavorables aux producteurs des produits de base. Elles ne peuvent pas agir dans le sens de lutter contre les crises financières à répétition. Elles constatent et réagissent par de simples orientations macroéconomiques non mises en forme par les États affectés.

---

[112] Jacques SAPIR, L'économie politique internationale de la crise et la question du « nouveau Bretton Woods »: Leçons pour des temps de crise, in Documents/Sapir, brettonWoods2.pdf

[113] François Danglin, Du concert des nations à la cacophonie des organisations : le nouveau visage du multilatéralisme, in Géoéconomie, 2011 (n° 56), pp. 45-57

Depuis le constat des déséquilibres qui caractérisent les marchés, il y a eu des discussions formelles et informelles dans le but de se doter de nouvelles règles du jeu, sans succès. Nous avons cité les propositions énumérées par Jacques Sapir. Les rencontres de G7, G20, du FMI, de la Banque mondiale, de l'OCDE, de la BRI, du comité de Bâle sur la supervision des faillites, de l'OMC (négociations de Doha), etc., aboutissent à des quasi-solutions, sans lendemain[114]. Pire encore, dès son arrivée au pouvoir, par crainte de perdre le contrôle au sein de ces institutions, TRUMP décide la sortie unilatérale de son pays, de certains accords conclus avec différents partenaires, notamment : le partenariat Trans-Pacifique (janvier 2017), l'accord de Paris sur le climat (30 juin 2017), le retrait de l'UNESCO (octobre 2017), l'initiative pour la transparence des industries extractives (novembre 2017), le pacte mondial sur l'immigration (décembre 2017), l'accord sur le nucléaire iranien (mai 2018), conseil des droits de l'homme (juin 2018), le traité sur les missiles nucléaires de portée intermédiaire (février 2019). S'agit-il d'un recul regrettable ou d'une politique qui vise à nier l'excès des pouvoirs dont disposent ces organisations ?

Tout en imaginant que les États-Unis cherchent de nouveaux accords qui répondent le mieux à leur volonté, nous devons aussi lire à travers ce recul, un signe manifeste de la hauteur de turbulence dans laquelle la gouvernance mondiale vague. Pour TRUMP, il s'agit de refaire les accords qui répondent le mieux à sa vision d'une puissance ; il règle ses comptes avec les organisations devenues archaïques, si pas caduques. Dès, lors, considérant cette analyse, on peut tirer une leçon : les États-Unis s'imaginent un

[114] Durant la crise des surprimes, il y a lieu le G20 de Washington, de Londres, de Pittesburg, de Toronto, de Séoul

nouveau libéralisme, mais conçu dans la logique de plurilatéralisme surveillé, en concertation avec les partenaires.[115]

Mains quelle sera la réponse de la Chine, principal rival économique ? La Chine ne va pas se soustraire de cette vision. Elle ne se soustrait pas de cette cacophonie. Déjà en 2014, Françoise Nicolas faisait remarquer qu'elle (Chine) sera prise en otage entre le désir de réforme et le statu quo.[116] Sa demande de se défaire du dollar et de revenir au bancor keynésien n'a pas été acceptée. Elle suggérait la création d'un panier des monnaies de réserve, à l'instar de DTS, en y admettant le Yuan. Vu les échecs, elle œuvre au sein de l'OMC, du FMI, de la BM et des autres organisations, en dépit des critiques formulées sur le fonctionnement. Elle y puise certains avantages, sans toutefois se positionner par rapport aux failles qui minent ces institutions. Saura-t-elle se constituer son propre cadre de régulation ? Arnaud Zacharie estime que c'est possible, car, la création de la Banque asiatique d'investissement doté de 100 milliards de dollars et réunissant 57 pays dont 20 asiatiques peut être considérée comme un Bretton Woods à la chinoise.[117] Cette institution a pour but d'assurer le rééquilibrage de la représentation, sur la scène multilatérale, au profit des pays émergents, elle constitue également, selon l'auteur, la source de financement pour

---

[115] Le dialogue entre les membres de G20 est informel. N'est-il pas temps de remettre en question le fonctionnement des institutions de Bretton Woods ? N'est-il pas temps de négocier un nouvel ordre libéral eu égard aux effets de la globalisation économique ?

116 Françoise Nicolas, La Chine et les institutions économiques multilatérales, entre révisionnisme et *statu quo, in* Politique étrangère 2014/3 (Automne), pages 49 à 61 ; lire aussi Moda Dieng et Bingyang Liu, in les enjeux de l'expérience chinoise en matière de multilatéralisme : le cas de la Banque asiatique d'investissement dans les infrastructures, Erudit, août 2016

[117] Arnaud Zacharie, Le nouveau Bretton Woods chinois, in Source : Imagine demain le monde, septembre-octobre 2015.

les pays en développement et garantit leur marge de manœuvre pour contourner les conditions liées aux financements traditionnels des partenaires occidentaux. C'est donc une nouvelle architecture (Sud-Sud) du financement du développement qui peut transformer le cadre multilatéral, tant que l'actuel semble inadapté aux enjeux mondiaux du 21e siècle.

Elle envisage également deux projets depuis 2014, à savoir : a)la mise en place d'une alliance internationale pour l'interconnectivité des infrastructures et l'intensification des investissements monétaires et du soutien intellectuel destinée aux projets de développement des infrastructures, de façon à accélérer le processus d'interconnexion et d'intercommunication dans le domaine des infrastructures à l'échelon mondial, b) la création de la Banque de développement et du Fonds de réserve des BRICS (chose faite déjà). Cette nouvelle banque, comparativement à la Banque Mondiale, dispose d'une capacité de prêt supérieure de l'ordre de 223 milliards de dollars contre 50.

On peut toutefois se poser la question de savoir comment fonctionneront les deux projets. De quelle manière la conduite de cette Banque va se distancier de celle de la Banque Mondiale. Ce nouveau Bretton Woods va-t-il réguler les crises des pays membres, assurer les équilibres budgétaires et disposer des prêts (à quel taux) sans conditionnalités ? Comment va-t-elle éviter la dictature du dollar que nous avons évoqué plus loin ? Car, ses réserves ne sont pas en Yuan. Déjà, on déplore le fait que les prêts accordés par la Chine (taux d'intérêt faible) depuis plusieurs années n'allègent pas le poids de l'endettement des pays bénéficiaires classés à haut risque[118]. L'étude de Falilli Gbadamasi et Marie de Vergès[119] note que nombreux pays, attirés par le caractère dit concessionnel de ces prêts chinois ont accumulé les emprunts qui alourdissent le poids et freinent aujourd'hui l'effet de levier attendu. Le ratio dette/PIB, allégé lors de l'application du programme PPTE, remonte à nouveau et forme des crevasses dans les finances publiques de nombreux États africains, dépendant de la dette chinoise.

À ce propos, l'Initiative de recherche Chine-Afrique (CARI), un centre de recherche dépendant de l'université américaine Johns-Hopkins, souligne que Pékin a octroyé 94,4 milliards de dollars de prêts en Afrique entre 2000 et 2015, dont une grande partie en Afrique de l'Est (Éthiopie, Zambie, et Kenya). Mais, ces États bénéficiaires consacrent environ 8 % de leurs revenus au remboursement. En 2016, un autre prêt de l'ordre de 60 milliards de dollars a été aussi promis. En pourcentage, le stock de la dette chinoise en Afrique est de 14% du total, dette accordée sous forme de troc : argent contre ressources naturelles (exploitation forestière, pétrole, cobalt et autres minerais).

Tout ce que l'on peut retenir ici est que la Chine se rapproche des autres pays dits partenaires pour s'assurer l'ouverture sur les marchés (consommation) tout en appliquant la même logique que celle l'ordre de Bretton Woods, à savoir : « Aider les démunis c'est s'aider soi-même ». Donc les réformes institutionnelles possibles n'auront pas lieu. Et leurs négociations dans le sens de la volonté des

[118] Falila Gbadamasi, L'endettement des pays africains, qui doivent beaucoup à la Chine, inquiète, in www.francetvinfo.fr/monde/afrique/economie-africaine, octobre 2017

[119] Marie de Vergès, Chine-Afrique : le continent au défi d'un emballement de la dette, in le Monde, septembre 2018

États-Unis ne rassureront pas à la longue le respect de la part des autres partenaires appelés à les observer. Notons également que les réformes de l'OMC n'auront également pas lieu. À ce sujet, remarquons que depuis 1995, date de l'entrée en vigueur de l'organisation, certains points de divergences continuent à alimenter les débats entre les 164 membres, lors de différentes réunions. Il s'agit, notamment de : a) la légitimité et le renforcement de l'efficacité du système de règlement des différends de l'OMC, b) d'introduire une clause de sauvegarde sociale et environnementale permettant aux pays en développement d'imposer aux investisseurs étrangers des normes sociales et environnementales issues de leurs propres législations ; il s'agit des règles du commerce lié à l'environnement (matières plastiques, l'économie circulaire et les subventions aux combustibles fossiles), c) la libéralisation du commerce des produits agricoles et la sécurité alimentaire[120], d) les disciplines réglementaires pour le commerce des services, e) la facilitation de l'investissement en créant un environnement transparent et efficace, f) l'amélioration du fonctionnement des organes permanents, g) la question de la différentiation et du statut de pays en développement par rapport aux pays développés, en leur accordant un traitement spécial et différentié, h) la réforme de l'Accord sur les droits de propriété intellectuelle pour favoriser le transfert des technologies, notamment les technologies vertes nécessaires à la transition écologique[121].

À cause des divergences lors des négociations sur ces réformes, l'OMC est bloquée. TRUMP la qualifie de « machin »,

---

[120] Ainsi, l'agriculture subventionnée (États-Unis, Europe) et protégée sera en concurrence avec les exportations en provenance des autres régions du monde.

[121] Arnaud Zacharie, l'OMC : la réforme ou la mort, in Géostratégo, janvier 2019

pour reprendre l'expression de De Gaule ; il menace de sortir de là, estimant qu'elle ne répond pas à ses réclamations.

Faut-il laisser la loi du marché jouer ? Cette interrogation suggère que l'ordre de la Pax China va évoluer en dents de scie, marqué par des accalmies et des crises à répétition[122]. Le FMI qualifié de gendarme au service des pays industrialisés, assurant la coercition contre les pays pauvres, ne peut s'autoriser à tourner le dos contre les pays riches, en dépit de leurs gestions macroéconomiques néfastes (déficit budgétaire et commercial et degré de l'endettement interne). Il ne peut pas se dresser contre les pratiques douteuses des États riches qui associent l'aide au développement aux profits des entreprises et des ONG qui sous-traitent cette aide. Son but (du FMI) est de tirer vers le haut les pays à déficit commercial (balance courante), mais, nombreux pays pauvres enregistreront des balances des paiements chroniquement négatives. Les crises issues de la spéculation financière viennent essentiellement des comportements des marchés. En dépit des concertations aussi bien entre les banques centrales qu'entre les États regroupés dans G8, G20, etc., des voix s'élèvent, en vain, pour la réforme des institutions de Bretton Woods[123]. Mais, les mécanismes de fonctionnement conçus en 1945 sont dépassés par l'évolution de l'économie internationale. Les experts réclament un autre Bretton Woods, les institutions sont verrouillées.

La place qu'occupent les pays riches, en termes de contribution à la caisse commune (cotisations) affaiblit toute tentative de remettre en cause l'autoritarisme qui les caractérise[124]. Les dirigeants africains

---

[122] Ces crises sont souvent de courte durée

[123] Michel Aglietta, Laurent Berrebi, Désordres dans le capitalisme mondial, Ed. Odile Jacobe, 2006

[124] Cette réforme entrée en vigueur en 2011 se présente comme suit : 32% de voix pour les pays européens, États-Unis 17%, pays émergents 43%

réclament un Plan Marshall[125] pour le continent, ce depuis plus de 30 ans. En 1973, sous l'impulsion de la CNUCED, les membres ont proposé « le Nouvel ordre économique international ». Peine perdue, répondent les observateurs. Aucun pays industrialisé n'est disposé à mettre sur la table un paquet des milliards de dollars pour le compte de l'Afrique. Même au niveau multilatéral et régional, aucune institution ne peut prendre des risques d'investir des milliards dans des pays où le niveau d'absorption interne est très critique. Un plan Marshall pour l'Afrique est vu comme un gaspillage par les contribuables occidentaux. On aide celui (pays) qui, par les initiatives internes, se détache du lot des pays débiteurs et réunit des opportunités offertes pour s'affranchir de ce lot des pays éternellement en « aidés ». Sinon, seul le plan qui permet de soutenir les marchés internes des pays créanciers est possible. Dans ce cas, il n'est peut-être envisageable que dans un partenariat bilatéral. Un point et c'est tout !

## 2. Le plurilatéralisme versus le multilatéralisme

Le concept de plurilatéralisme est nouveau, mais il suscite l'engouement dans le chef de plusieurs responsables. Les accords conclus lors de la naissance de l'OMC l'ont consacré. Et l'échec de Seattle (1999), de Cancún ou celui de cycle de Doha, font découvrir les limites de l'ordre commercial multilatéral décidé lors de la création de l'OMC. Les États semblent reculer devant les exigences qu'ils se sont convenues en 1995. L'ère de plurilatéralisme semble intéresser dès lors que le multilatéralisme vague dans ses eaux

contre 57% pays développés. Mais les États-Unis disposent d'un droit de veto

[125] Abdoulaye Sawadogo, Un plan Marshall pour l'Afrique ? Harmattan, Paris, 1987

troubles, ce depuis des années. Les États préfèrent plutôt des cadres restreints des négociations sectorielles, limités à trois, voire quatre pays. Le plurilatéralisme est donc une forme des contrats et accords volontaires entre blocs (deux, trois ou plusieurs États). Il diffère des regroupements économiques régionaux dans ce sens qu'au sein d'une union d'intégration, un ou plusieurs membres peuvent se mettre à l'égard d'un accord sectoriel, tout en adhérant à d'autres accords régionaux.

Les tentatives se multiplient. En Asie on compte plus de 107 accords (libre-échange) en vigueur dans la zone Asie-Pacifique. Il s'agit, notamment de : a) (A.L.E. Inde-Sri Lanka, A.L.E. Australie-Corée ; b) Partenariat économique régional global (*Regional Comprehensive Economic Partnership*), engagés en 2012 entre les pays de l'ASEAN, l'Australie, la Chine, l'Inde, le Japon, la Corée du Sud et la Nouvelle-Zélande ; c) l'Accord de Partenariat Transpacifique (*Comprehensive and Progressive agreement for TransPacific Partnership*) ; d) la zone de libre-échange entre pays de la côte est du Pacifique (Canada, Chili, États-Unis, Mexique, Pérou) et pays d'Asie-Océanie (Australie, Brunei, Japon, Malaisie, Nouvelle-Zélande, Singapour, Vietnam)[126]. En Afrique, également, outre les 14 regroupements d'intégration, on note la naissance de la Zone de libre-échange continentale conclue entre les 54 pays.

Les États s'imaginent que le renforcement des marchés régionaux, la création de l'emploi, la meilleure allocation des ressources, la libéralisation des flux financiers et les accords commerciaux en groupes restreints peuvent réellement conduire aux

---

[126]https://www.diplomatie.gouv.fr/fr/dossiers-pays/asie-oceanie/les-dynamiques-d-integration-regionale/les-accords-commerciaux-et-zones-de-libre-echange

avantages réciproques.[127] Il ne s'agit pas d'une entorse à la mondialisation, mais d'une forme réduite et transparente de coopération entre un nombre réduit des membres qui sont solidaires et peuvent résoudre des différends qui surgissent. L'OMC estime même que ces accords constituent la base d'un multilatéralisme cohérent. Donc, pas d'opposition entre globalisation et régionalisme.

En Asie, les résultats enregistrés, durant, ce cadre (plurilatéralisme économique) sont encourageants. Les échanges qui étaient de l'ordre de 55 % (2010 et 2015), progressent et atteignent les 57 % fin 2016 (ministère français des Affaires étrangères) ; les IDE représentant 48 % du total des investissements en 2015, ils s'élèvent désormais à 55 % du total ; les actifs étaient à 12 % détenus par des entités asiatiques en 2001, ce résultat passe à 16 % en 2016 ; la dette en Asie-Océanie était à 15 % détenue par des investisseurs asiatiques en 2016 ; soit un quasi-doublement en quinze ans[128]. Pourquoi ? L'élimination des obstacles aux échanges et le développement des flux facilités par les banques régionales conduit à l'égalisation des conditions et des opportunités d'accéder aux autres marchés. En Afrique, également, bien que le score de l'intégration soit faible par rapport aux autres régions, il est démontré qu'en matière du commerce, le progrès est en cours, quoique timide. Les deux indices les plus faibles sont celle de l'intégration productive et de l'intégration macro-économique et financière, avec respectivement, 0,381 et 0,384[129]. Les pays de la CAE, de SADC et

---

[127] Lire à ce sujet, Analyse comparative des processus d'intégration économique régionale, ministère de la Coopération et du Développement, sous la direction de Philippe Hugon, Paris, 2001

[128] Ministère français des Affaires étrangères, Les accords commerciaux et zones de libre-échange, juin 2018

[129] Christian Deblock, L'indice d'intégration régionale en Afrique, in https://journals.openedition.org/interventionseconomiques, 2017

de CDEAO réalisent le meilleur indice par rapport aux autres sous régions, selon De block et Ochozias A. Gbaguidi[130].

**Graphique 4. L'Indice de l'intégration régionale en Afrique**

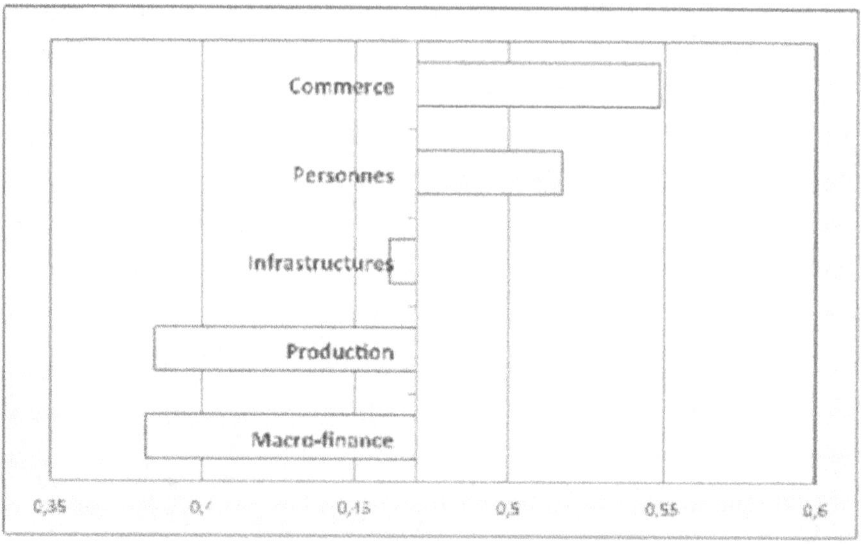


Source : Christian Deblock, 2017

Les États sont convaincus du bienfondé de ce choix jugé beaucoup plus solidaire. Ceci justifie le foisonnement des organisations plurilatérales. Certaines sont au-delà de la simple phase de zone de libre-échange ; elles combinent celle-ci avec l'union douanière, le marché commun, union économique et monétaire, voire politique.[131]Les autres regroupements avancent à

[130] Ochozias A. Gbaguidi, Cinquante ans d'intégration régionale en Afrique : un bilan global, in Techniques Financières et Développement 2013/2 (N° 111),

[131] À titre d'exemple, on a : Mercosur (1991), Communauté de développement de l'Afrique australe (1992), Accord de libre-échange centre européen (1992), Coopération économique de la mer Noire (1992), Initiative Centro-européenne (1992), ALENA (accord de libre-échange nord-américain) (1994), Marché commun de l'Afrique australe et

petits pas[132] à cause de plusieurs facteurs.[133] À cet effet, le rapport de la CNUCED sur le développement en Afrique (2013) fait ressortir des projections possibles. « Si tous les pays africains réduisaient les obstacles tarifaires entravant le commerce intra-africain et si le coût de transport le plus bas était appliqué dans la région, le niveau de vie augmenterait en moyenne de 1,013 % par an. Ce gain serait plus élevé dans certaines régions que dans d'autres. Le niveau de vie moyen des pays membres de l'Union douanière d'Afrique australe (UDAA) augmenterait par exemple de 1,615 % par an, ce qui représenterait une augmentation de 17 % sur dix ans ». L'élimination des droits de douane sur l'ensemble du continent et une réduction des coûts de transport auraient une incidence plus importante sur le niveau de vie que les différents scénarios prévoyant la libéralisation des échanges entre l'Afrique et ses partenaires extérieurs, à savoir l'Union européenne, les États-

orientale (1994), Communauté d'Afrique de l'Est (1994), Union économique et monétaire ouest-africaine (1994), Association des États de la Caraïbe (1994), Communauté andine (1996), Communauté économique et monétaire de l'Afrique centrale (1998), Communauté des États subsahariens (1998). La coopération économique de la zone Asie-Pacifique, connue sous le nom de Asia Pacific Economic Cooperation (APEC),1989. L'ANASE (ententes de libre-échange avec la Chine, le Japon et l'Inde. Asia Pacific Economic Coopération (APEC). MERCOSUR (marché commun du cône sud-américain), CCG (conseil de coopération des États arabes du Golfe)

132 La renonciation à certains accords, notamment ceux qui réunissent les États-Unis aux pays de l'Asie du Sud Ets et de l'Amérique du Nord prouve à suffisance que dans ces regroupements, il a bien les perdants et les gagnants. Tous les États membres ne bénéficient pas de mêmes avantages, même si l'assouplissement des règles en faveur de certaines petites économies est permis.

133 L'étude réalisée sous la direction de Hugon relève certains obstacles, notamment, l'étroitesse des marchés, l'inélasticité de la demande, le coût lié à la perte des recettes douanières, la non-convertibilité des monnaies, le manque des infrastructures, la non-diversification de la production, le caractère extraverti des économies, l'absence des économies homogènes.

Unis d'Amérique, le Brésil, la Chine et l'Inde[134] » (UNDP, 2011a). Cette simulation reste, on le sait, au stade de balbutiement. Elle peut devenir une réalité au cas où les obstacles douaniers et non douaniers sont éliminés réellement. Or, en pratique, de nombreux pays n'osent passer ce simple stade de libre-échange à celle de l'union économique. Certaines organisations régionales sont de façade et relèvent de la simple imitation. L'inégalité de développement entre les membres n'autorise pas aux petites économies dépendantes d'une exportation à renoncer aux anciens liens de partenariat, au profit d'un régionalisme profitable à tous. Les pays qui tirent profit sont ceux qui disposent des infrastructures avancées et qui renforcent leurs processus d'industrialisation et qui ont déjà un réel marché intérieur. Car, on n'intègre pas les institutions, mais les marchés. Et un des critères de réussite de l'intégration c'est la proximité (pas géographique), mais économique des États membres (convergence macroéconomique). Chaque région africaine dispose des organismes communs d'investissements ; des textes légaux sur la libéralisation des échanges et la construction des infrastructures propices aux marchés communs ou uniques. Ce qui manque c'est l'épargne interne propice qui peut être mobilisée, c'est aussi la sécheresse des investissements productifs ; c'est aussi, la non-diversification de la production et les déficits chroniques des balances des paiements. Ce qui manque, c'est aussi l'étroitesse des marchés peu ouverts et ne disposant pas des capacités d'attractivité : croissance peu soutenue, niveau des revenus peu élevés, main-d'œuvre non qualifiée, absence de l'esprit d'innovation technologique. Ce qui manque également, c'est la convertibilité des diverses monnaies nationales des États membres et la libre circulation des biens et des

[134] CNUCED, Afrique, Commerce intra-africain : libérer le dynamisme du secteur privé, Rapport 2013

personnes. Les formalités d'usage pour investir ne sont pas facilitées, même entre les pays membres d'OHADA (organisation pour l'harmonisation du droit des affaires).

Dans ce cas, nombreuses conférences organisées par ces regroupements, même si elles permettent la création légale des opportunités ainsi que les corrections des contraintes, elles (conférences) ne sont pas suivies de véritables projets intégrateurs. Il existe ainsi, en Afrique, une riche littérature sur le sujet (intégration), sans que celle-ci dépasse le simple stade de proclamation des projets.[135] La mise en œuvre de la zone de libre-échange réunissant les 54 États africains est saluée par les dirigeants comme le début d'un bon départ en matière de l'intégration commerciale. Mais, nul n'ignore qu'il existe plus de 10 associations d'intégration africaine dont les phases de libre-échange sont lancées depuis de décennies, mais sans effet. Il n'est pas évident que les différentes messes des chefs d'État tenues à Niamey, à Johannesburg, à Addis-Abeba, à Kigali, etc., se clôturent par des promesses ratifiées, sans qu'elle soit suivie de véritable réduction des tarifs douaniers (source importante des recettes budgétaires pour nombreux pays pauvres).

Souvent, l'Union européenne passe pour être le modèle de référence. Les critères de convergence des économies des États membres sont plus ou moins réunis ; ceci explique l'adhésion de nouveaux pays, en dépit du Brexit. Néanmoins, la monté du populisme politique, sur fond de rejet de l'immigration clandestine dans certains pays, a un soubassement économique. La crise en Grèce, en Irlande, en Espagne, au Portugal a démontré les déséquilibres économiques au sein de l'Union. Le Brexit en est une

[135] La défragmentation de l'Afrique Approfondissement de l'intégration du commerce régional des biens et services, Banque mondiale, 2012

conséquence. Et les autres dirigeants en France, en Italie, en Pologne, en Hongrie, en Autriche sont disposés à emboiter le pas, réclamant une révision des accords en vue d'accorder plus de place aux politiques commerciales et industrielles autonomes. Autrement dit, l'Union européenne piétine ; sa bureaucratie écrase les initiatives de croissance nationale aussi. La concentration des compétences à Bruxelles laisse croire à certains dirigeants que la souveraineté des États membres devient trop limitée. En dépit de ces limites, l'Union européenne demeure un bel exemple de regroupement économique régional.

## 3. L'inutilité de Bâle I, Bâle II et Bâle III

À chaque crise correspondent des concertations qui ont donné naissance à l'élaboration des règles de gestion prudentielle des crises. Ces accords concernent la gestion prudentielle des risques des crises, notamment : le ratio de solvabilité bancaire, le ratio d'effet de levier, la gestion de risque de liquidité et de risque de contrepartie (capacité de résilience). Mais, entre 1900 et 2018, le monde comptabilise 20 crises majeures, sans compter des crises locales de moindre importance.[136] Bâle III est entré en 2010. Entre cette date et 2020, on compte 7 crises. Quelles en sont les causes ? Ces crises souvent systémiques découlent de plusieurs facteurs : manipulation des taux d'intérêt, la stérilisation des réserves, la liberté des choix de taux de change (libre, flottant ou intermédiaire), inflation ciblée ou pas, spéculation boursière, déprime de l'offre ou de la demande des produits de base, déficits chroniques des dépenses publiques, surendettement des agents économiques, des prêts risqués, faillites des banques, la volatilité

[136] Wikipédia.org, c

des investissements et dérégulation des marchés financiers déconnectés avec l'économie réelle, tendances défavorables des niveaux intérieurs de consommation, la dévaluation compétitive, les politiques commerciales agressives (dumping), etc. Le modèle de l'enchevêtrement de la crise de 1998/99 ci-après renseigne qu'un facteur peut entrainer d'autres et provoquer la contagion.

**Graphique 5. Enchaînements économiques de l'international au national**

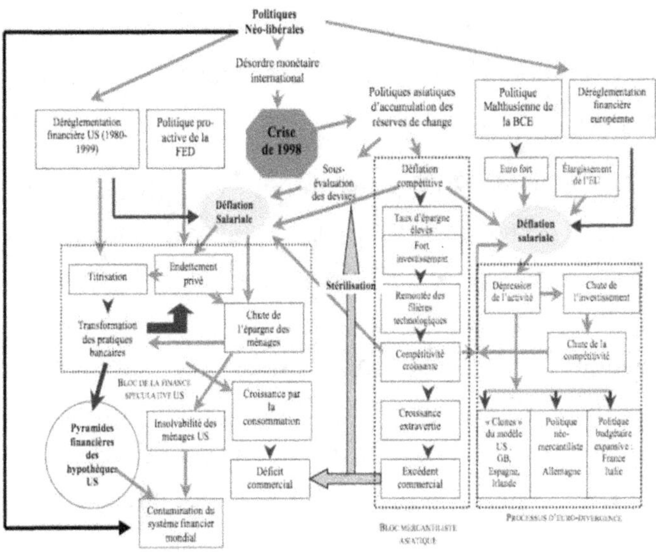


Source : Jacques SAPIR, 2008

Faut-il tirer finalement un trait sur la gouvernance globale de l'économie à cause des failles de l'ordre de Bretton Woods, telles évoquées ci-haut ? Le désordre ne signifie pas la fin de l'économie libérale. Depuis la fin des trente glorieuses, l'économie est marquée par des périodes d'accalmie et de récession[137]. On n'a pas encore enregistré une dépression généralisée ces dernières décennies[138]. En principe, la caractéristique de l'économie est son équilibre ainsi que son déséquilibre à répétition.[139] C'est sa nature.[140] À chaque période correspond une tendance : croissance, récession et reprise. Ces trois cycles sont, soit de longue ou de courte durée. En dépit des crises, on ne peut pas imaginer aujourd'hui un pays en autarcie totale. C'est une utopie, d'autant plus que même au niveau interne, une économie ne peut pas éviter son ralentissement. L'évolution de déséquilibre de l'après trente glorieuses a donné lieu à des thèses distinguant chacune des crises. Et comme nous pouvons le constater, les causes sont aussi bien macroéconomiques que microéconomiques.

Partant de la crise de 2008, les auteurs ont produit plusieurs modèles d'explication. Krugman, flood, et Garber ont attribué les premières crises apparues en Amérique latine au cours des années 70/80, y compris en Russie, aux déséquilibres persistants des fondamentaux macroéconomiques, notamment : le surendettement, l'inflation élevée, l'effondrement des prix des matières premières, l'excès de l'offre de monnaies et le déficit cumulatif de la balance courante. La deuxième génération

---

[137] Paul Krugman, 2009, Pourquoi les crises reviennent toujours, Éditions du Seuil, Paris.

[138] Les craintes se manifestent partout à cause des effets du Covd-19. Mais, les mesures envisagées par les États-Unis, l'UE, la Chine, l'Allemagne ou la France, laissent penser que la reprise de l'économie sera rapide.

[139] Depuis des années, les crises sont devenues le propre des économies nationales, ayant des contagions sur le reste du monde.

[140] Il existe une riche littérature sur l'histoire des crises depuis le 17e siècle ; lire Alain Desrosieres, Crises économiques et statistiques de 188O à 2010, Innovation Review, Paris, août 2010 ; on peut aussi lire une analyse très intéressante : Théories de la crise et politiques économiques, sous la direction de André Grjebine, Ed. Seuil, 1986

(Obstfeld, 1994) des crises est caractéristique des attaques spéculatives et des anticipations des agents économiques à la suite du comportement des marchés financiers et à l'imperfection de l'information[141]. Ces crises ont vu jour en Asie du Sud-Est, dans les pays essentiellement émergents. La troisième génération (Pesenti et Tille, 2000 ; Krugman, 2001 ; Flood et Marion, 1999 ; Cailleteau et Vidon, 1999 ; Krugman, 1999 ; Corsetti, Pesenti et Roubini, 1998) est en revanche caractérisée par des tensions microéconomiques, notamment : la fragilité des systèmes bancaires, les faillites dues à l'endettement excessif des banques, la dégradation des bilans des entreprises. Tandis que la crise de « surprime », qualifiée de quatrième génération (Krugman) a donné lieu à une nouvelle réflexion basée fondamentalement sur les actifs toxiques et l'endettement des ménages ayant eu une contagion à l'ensemble du système économique (crise du système) à partir des faillites des banques et des bulles spéculatives qui en ont suivi[142]. On peut toutefois l'associer à l'approche microéconomique (3e génération).

La lecture de ce qui précède permet de souligner une remarque. Les crises découlent de plusieurs causes. Elles sont localisées ou transmises à d'autres régions. Elles sont inévitables et cycliques[143]. Elles se déclenchent à la suite de rupture des équilibres macro ou microéconomiques : épargne, investissement, inflation, stock des réserves, variation des termes de l'échange, variation du volume de la monnaie de base, variation des taux d'intérêt, mauvais bilans, chocs exogènes. Par exemple, dans les

---

[141] Obstfeld, M. (1996). "Models of currency crises with self-fulfilling features," European economic review, 40(3), 1037-1047.

[142] Diamond et Dybvig (1983), endettement excessif, aléa moral (Krugman, 2001 ; Corsetti, Pesenti, Roubini,1998), dégradation des bilans (Krugman, 2001 ; Mishkin, 1999…), poids des dettes extérieures à court terme par rapport aux réserves (Stiglitz, 2000).

[143] Antoine Bouveret et Henri Sterdyniak.

études sur le taux de change de l'équilibre[144], pour prendre ce cas, William John estime que le meilleur taux est obtenu lorsque le plein-emploi et l'équilibre extérieur sont réunis. Clark et MacDonald estiment aussi que le taux de change d'équilibre comportemental à court ou à moyen terme peut être obtenu à l'aide des estimations économétriques de corrélation entre les termes de change, la productivité du travail, le stock d'actifs étrangers nets, le taux de chômage. Stein et Allen assurent que le taux de change naturel de long terme serait le fait de l'équilibre de la balance des paiements en l'absence des facteurs cycliques, notamment la variation des flux des capitaux, la spéculation et la variation des réserves de change. Cette analyse est soutenue aussi par Jean-François Hoarau, dans son étude sur l'approche microéconomique du taux de change réel d'équilibre. Il conclut que « l'équilibre de long terme est déterminé par la réalisation simultanée de trois conditions, à savoir : a) l'équilibre de portefeuille en situation d'imparfaite mobilité des capitaux, b) l'équilibre interne qui signifie l'équilibre du marché des biens et services, protégé de la concurrence internationale et c) l'équilibre externe. »[145] Bien que ces approches ne réunissent pas l'unanimité à la suite des vérifications empiriques, elles gardent leur valeur théorique très riche de renseignements. Les crises sont le propre de l'économie du marché.

Les politiques appliquées ne sont pas nécessairement les mêmes. L'orthodoxie de Bretton Woods tendant à corriger ces crises par les mêmes remèdes s'est avérée utopique. Les remèdes appliqués ailleurs, peuvent ne pas l'être dans d'autres cas. Il

---

[144] Lire notre livre sur la dépréciation du franc congolais, harmattan, Paris, 2018

[145] Jean-François Hoarau, « L'approche microéconomique du taux de change réel d'équilibre », Revue de la littérature théorique, Revue d'analyse économique, Vol. 85, n° 4, décembre 2009, p. 403-436.

n'existe pas un schéma unique de sortie des crises. Nous y revenons dans la section suivante. Notons au passage qu'il y a aujourd'hui des observations dites apocalyptiques qui annoncent la fin de la stabilité et l'entrée dans une nouvelle crise systémique. Ces analyses découlent du fait que le plein emploi aux États-Unis s'essouffle de plus en plus. Depuis plus de 2 ans, la croissance chinoise soutenue sans relâche, elle enregistre sa de 9 à 6%. D'autre part, les banques qui sont à la base des crises précédentes s'évertuent à nouveau dans une nouvelle aventure des prêts risqués. Ce qu'il faut retenir est que les marchés réels et virtuels réunissent naturellement toutes les conditions permissives des contagions des crises à l'échelle globale. Les prévisions, même probables, ne peuvent pas aider à éviter les déclenchements. L'instabilité est donc le propre de l'économie.

**Liste1 : Quelques crises économiques et financières (1907-2018)**

1)Panique bancaire américaine de 1907 ;

2)1929-1937 : Grande Dépression mondiale ;

3)1973 et 1979 : crise provoquée par les chocs pétroliers ;

4)1993 : crise liée en partie à la crise du Système monétaire européen (SME) ;

5)1994 : crise économique mexicaine (provoquée par une dévaluation du peso mexicain) ;

6)1997 : crise économique asiatique (Asie du Sud-Est) ;

7)1998 : crise financière russe de 1998 ;

8)1998-2002 : crise économique argentine ;

9)2000-2001, la bulle Internet s'est dégonflée et a provoqué un ralentissement économique ;

10)2002 : crise turque (dévaluation de la livre turque) ;

11)2007 : Crise économique (2008 et après) liée à la crise financière de 2007-2010.

12)2008 : crise économique espagnole

13) 2009 : crise de la dette publique grecque,

14)2010 : crise économique portugaise

15)2012 : crise économique vénézuélienne

16) 2014 Crise économique du Brésil

17) 2014 Crise du rouble russe de 2014-2015

18) 2015 Krach boursier de 2015 en Chine

19) 2018 Crise de la livre turque de 2018

20) 2018 Crise économique argentine de 2018

Source : Wikipédia

## 4. Des politiques économiques conventionnelles futiles

Le carré magique de Nicholas Kaldor renseigne que les politiques économiques visent quatre objectifs : croissance, stabilité des prix, plein emploi et équilibre des comptes extérieurs. Le développement n'est pas pris en compte ici. À son époque, croissance était synonyme de développement. Il est supposé que derrière la croissance se cache ce 5é objectif, d'autant plus que différents auteurs confondent les deux. Il est pourtant prouvé que dans les pays en proie au sous-développement, la croissance, même exponentielle peut être atteinte, sans que le développement s'en suive. Les gouvernements dans ces pays, s'activent à proclamer les taux de croissance, se félicitent de les atteindre, sans toutefois en dégager les bénéfices économiques et sociaux utiles.

Ce sont les 4 objectifs de Kaldor qui font généralement objet des politiques conjoncturelles et structurelles de chaque gouvernement. Mais, une nouvelle macroéconomie est née à dater des crises des années 70/80, au vu de l'impasse des approches classiques suggérées en cas des crises, lesquelles approches justifient, encore une fois de plus, la raison d'être de l'ordre de Bretton Woods. Cette nouvelle macroéconomie porte sur la politique économique de rationnement, et elle est fondée sur les conflits possibles entre différents objectifs visés par les différentes approches et différents instruments des politiques monétaires et budgétaires applicables pour venir à bout des crises conjoncturelles et stabiliser ou relancer les économies[146]. Elle marque ainsi le

[146] Blaise Sary Ngoy, La dépréciation du Franc congolais (2001-20018). Effet d'hystérèse. Harmattan, 2018

croisement entre néoclassiques et néokeynésiens.[147] Les crises, mêmes jumelles et systémiques trouvent généralement des réponses au niveau de chaque pays concerné, à travers une batterie des politiques macroéconomiques classiques ou conventionnelles. Les répercussions des remèdes se transmettent ensuite vers les autres économies connectées. Cette nouvelle théorie suggère les nouveaux choix économiques en cas des crises de l'offre, de la demande, de la monnaie et de l'emploi, mais aussi en cas des déséquilibres des comptes extérieurs.

Durant les crises jumelles des années 70/80, les aides publiques, le soutien à l'emploi, le redressement industriel (relance de la production et de la consommation à la fois) dans plusieurs pays industrialisés ont été menés avec rationnement sans recours à l'orthodoxie classique. La logique de ces interventions publiques était fondée sur la gestion de l'incertitude et celle des conséquences liées à l'asymétrie de l'information. Dans l'ensemble, il s'agit de la synthèse des idées néoclassiques et néokeynésiennes. Cette régulation discrétionnaire, non conventionnelle[148] implique à ignorer la recherche, à tout prix, de l'équilibre général walrasien.

La synthèse se justifie du fait que les déséquilibres sont inhérents à l'évolution économique. Pour sortir d'une crise, il

---

[147] Lire la réflexion de Bruno Ventelou, « Les grands courants. Nouveaux keynésiens, nouveaux classiques : vers une nouvelle synthèse ? » in La pensée économique contemporaine. Cahiers français n° 363.

[148] Jean-Pierre Allegret, Le renouvellement de la politique monétaire : quelle place pour la politique monétaire non conventionnelle dans le futur ? avril 2017 ; J.-P. Allegret et C. Cornand (2013), « Une analyse informationnelle de la crise financière récente », Revue française d'économie, vol. 28, 2013/3, p. 213-264 ; C. Antonin, C. Blot, P. Hubert, F. Labondance, C. Mathieu, C. Rifflart et V. Touzé (2013), « Politiques monétaires : est-ce le début de la fin ? », Revue de l'OFCE /Analyse et prévisions, n° 130, p. 225-262. ; L. Ball (2014), "The case for a long-run inflation target of four percent", IMF Working Paper, WP/14/92, juin.

n'existe pas de solution idéale qui laisse la place aux seuls mécanismes d'autorégulation du marché par l'équilibre de l'offre et de la demande. La main visible a son importance (Keynes) ; elle oriente le comportement des marchés, recherche les points de corrélations des variables, scrute l'information, minimise les risques, anticipe les failles (tendances), rétablit les équilibres, etc. Le marché a aussi besoin d'une régulation et non d'un interventionnisme autoritaire des pouvoirs publics ou des institutions nées de Bretton Woods.

Ce rôle de régulation a été mené par les banques centrales (approches de rigueur et expansionniste à la fois, mais avec dose), intervenant en dernier ressort, avec l'aide des conseils fournis par les analyses des différents auteurs qui se sont intéressés aux solutions des crises des années 70/80, notamment : Robert Clower (1965), Axel Leijonhufvud (1967-68), Edmond Malinvaud (1977), J-P Bénassy (1976), Krugman (1979, 2000) Tornell (1999)[149].

Pourquoi ? En fait, les marchés financiers : bourses et banques en difficulté ne pouvaient assumer le rôle classique de fournir la liquidité, d'autant plus que certaines banques enregistraient aussi des failles. Ainsi est apparue l'importance de la place de l'État dans la régulation des déséquilibres. Ce rôle se focalise sur l'économie nationale d'abord, avec espoir que les économies qui se redressent peuvent tirer vers le haut celles qui y sont connectées. Keynes était ressuscité. Car, les néokeynésiens ont réussi à établir le pont avec les néoclassiques. Pour ce faire, en Europe, le montant de 155,85 milliards d'euros était nécessaire pour sauver les banques. De même, aux États-Unis, on a compté 11 banques en faillite ; la Fed a assuré à ce sujet les prêts estimés entre 400 et 600 milliards, selon l'OCDE ; entre 650 et 945 milliards selon le FMI.

[149] Wikipédia, Le néo keynésianisme, 2017.

Dans un tel contexte, chaque pays a entrepris la recherche des remèdes par le recours à l'expansion des crédits, mais d'une manière sélective. Le rôle de l'État étant mis en exergue, il s'est avéré que la théorie classique de la main invisible était devenue une fiction face aux échecs de l'auto stabilisation des marchés. En effet, dans une période de crise systémique, comme celle vécue en 2008 (surprime), quel choix fallait-il opérer entre le recours à la restriction et à l'expansion des dépenses ? Du point de vue classique, la politique de restriction était conseillée. Or, il s'est avéré qu'elle ne présentait pas la solution idéale ? Fallait-il sauver l'emploi en priorité ou redresser l'offre ? Fallait-il viser un seuil de l'inflation sans veiller à l'accroissement de la masse monétaire due aux avances de la banque centrale ? Quelle simulation réussirait ? Fallait-il baisser ou hausser les taux d'intérêt sans tenir compte du taux de croissance visé ? Fallait-il racheter les titres hypothécaires risqués, les billets de trésorerie et les obligations privées sur les marchés, alors que ces titres toxiques n'avaient plus de valeur ? Fallait-il abandonner les entreprises en faillite ou leur accorder des prêts, de quelle nature, tout en tenant compte du poids de la dette publique ? Fallait-il rétablir certaines barrières commerciales et soutenir les entreprises moins compétitives sans entraver le libre-échange ? Bref, quelles politiques monétaire et budgétaire étaient nécessaires dans une situation de crise systémique ? D'où la logique de politique de rationnement.

Sur le plan industriel également, quelle politique était indiquée pour sortir de la crise, tout en veillant au ratio dette publique/PIB ? Quel secteur était prioritaire dans ce contexte de crise systémique ? Dans tous les cas, il apparaît évident que les politiques discrétionnaires (volontaristes) valaient de la peine. La condition indispensable pour chaque pays était de disposer de l'épargne nationale nécessaire : revenu de seigneuriage et réserves accumulées. Les recettes fiscales ne pouvaient pas prévaloir durant la récession ; bien au contraire, c'est le moment où le choix de réduction des impôts devient une nécessité. Sans l'épargne, il serait impossible aux banques centrales de jouer leur rôle de prêteur en dernier ressort ; dans le cas contraire, les déficits et l'endettement excessif s'en suivraient ; sauf si la Banque procède à la nouvelle création monétaire par le recours à la planche.

Durant cette période, le pouvoir des Institutions (MB, FMI, OMC) a disparu. Elles sont devenues de simples observateurs chargés de l'expertise. Les réunions de G20 n'ont dégagé que les recommandations relatives à la gestion prudentielle des risques et à l'anticipation des crises futures[150]. Elles n'ont pas empêché les États à appliquer les mesures des corrections ad hoc, ignorant l'orthodoxie conseillée par les économistes. Le Conseil de stabilité financière mis en route par les G20 n'a assumé que son rôle de producteur des normes, en association avec d'autres instances : le comité de Bâle, l'OCDE, la Banque Mondiale, etc., mais ces normes non contraignantes ne sont pas applicables à chaque crise et pour un marché financier intégré, avec mille et une connexions.

Dans les années qui viennent, la sonnette d'alarme alerte déjà sur les mauvaises perspectives. La dette mondiale est en train d'exploser, les banques qui prêtent ne disposent pas d'assez de liquidité. La croissance de la 2e économie du monde enregistre, tout de même, un repli par rapport aux dix dernières années, les taux d'intérêt trop bas, voire négatifs peuvent exciter l'endettement. La croissance américaine n'est pas prête à assurer la relance de

[150] Les recommandations portent sur le niveau des fonds propres, sur le ratio de levier et sur la couverture des risques systémique par la limitation des crédits

l'économie mondiale, en cas de crise.[151] Les effets de Covid-19 sont à craindre. Mais, on peut constater que le rationnement est de nouveau en vigueur. Les États-Unis mettent sur la table une enveloppe de plus de 2000 milliards de $. L'Union européenne a suspendu sa surveillance des dépassements budgétaires ; elle permet aux États membres d'aller au-delà ; la France, l'Allemagne, l'Italie, etc., tous ces membres s'appliquent à relancer leurs économies à l'aide des instruments non conventionnels.

[151] Olivier Passet, Xerfi, Le monde sur un volcan monétaire et financier : quel risque de crise ? in, La Tribune, août 2019

# Chapitre 4

## La Pax China et le libéralisme impur

Il y a un temps pour la naissance des grandes puissances, il y a un temps pour leur déclin. L'Empire romain, l'empire Ottaman, l'empire grec, l'empire germanique, l'empire d'Autriche/Hongrie, pour ne citer que ces exemples des anciennes puissances qui ont eu les ailes dans de vastes régions et qui ont disparues, laissant place à d'autres qui se hissent au sommet du monde moderne. Ces gloires appartiennent au passé. Combien de temps faut-il pour la naissance de la puissance chinoise ? Certains y croient ; d'autres hésitent. Mais, l'intérêt d'y réfléchir est évident. Elle est déjà debout, cette puissance, visible. Son emprise se construit aujourd'hui. Sa composition ? Elle est commerciale, industrielle, militaire, culturelle, financière, etc. Cette puissance vise l'ensemble du monde ; région par région, avec des moyens appropriés. La Chine marche dans les pas des anciennes grandes puissances. L'Asie est son voisin proche ; mais elle tend ses tentacules ailleurs. La route de soie est en train de relier les continents sous son influence, en dessinant les contours de sa géopolitique globale : terres, mers, océans, iles, etc.

Depuis plus d'un demi-siècle, les États-Unis occupent, nous venons de le voir, le premier rang économique, industriel, culturel et militaire. Ils résistent malgré la poussée des autres puissances régionales et multiplient les innovations technologiques ; leurs firmes sont à la conquête des marchés et contribuent à la globalisation actuelle des économies ; ils soutiennent les industries assombries par le temps et en créent d'autres nouvelles ; ils renégocient les accords commerciaux avec différents partenaires, appliquent des sanctions extraterritoriales pour faire plier les concurrents, ils multiplient les dialogues au sein de G20 pour réguler les failles de l'économie. À ce sujet, Zbigniew Brezinski est parmi ceux qui estiment que la puissance américaine va demeurer[152]. Son avis est aussi partagé par Froggy Botton qui, dans une analyse bien argumentée voit plutôt l'émergence chinoise comme une occasion de la nouvelle bipolarité semblable à celle durant la guerre froide. Celle-ci, globale, elle se différencie de l'ancienne qui était idéologique et militaire[153].

Mais, aucun économiste ni homme politique, à l'exception de Alain Peyrefitte et Charles de Gaule,[154] ne pouvait imaginer qu'à dater du début des années 90, la Chine pouvait escalader les marches et se positionner deuxième puissance économique ; dans sa course, elle vise la première place. C'est fait. Elle est sortie de l'ombre des années 50, 60 et 70, sous l'économie socialiste et étatique ; et elle a surpris les septiques qui ne croyaient pas aux miracles ; elle est allée très vite que le Japon, l'Allemagne, la Russie, l'Angleterre, le Canada, l'Italie et la France, qui forment le club des pays industrialisés depuis des années (G7). Cette montée

---

[152] Zbigniew Brzezinski, Strategic vision- America and the crisis of global power, basic Books, 2012

[153] Froggy Botton, États-Unis, la fin de l'hyperpuissance ? in froggybottomblog.com/2014/10/25/etats-unis-la-fin-de-lhyperpuissance

[154] En 1973, il publie un livre qui annonçait la montée de la puissance chinoise, Lire Alain Peyrefitte, Quand la Chine s'éveillera, le monde tremblera, Fayard, 1973.

spectaculaire laisse penser que le siècle de demain sera marqué par la Pax China. Mais quel ordre régentera cette Pax ?

Celui de Bretton Woods vacille, torpillé par les failles des banques, l'excroissance des marchés financiers, l'impuissance des banques centrales à réguler les politiques monétaires classiques, l'endettement des États, les inégalités économiques et sociales entre les nations, les crises des taux de change et des marchés financiers, etc. Quel sera le nouvel ordre ? Sera-t-il unilatéral, régional, tripolaire, apolaire, ultralibéral, keynésien? En 2007, les suggestions de Lydnon Larouche étaient de mettre sur pieds un nouveau système financier mondial qui s'attaquerait aux défis, tels : la maîtrise des dettes, la maîtrise des prix des matières premières, le contrôle des marchés financiers pour éviter les bulles spéculatives, la fin l'évasion fiscale, la relance de l'industrie, la lutte contre les catastrophes naturelles. L'appel était lancé à la Chine, aux États-Unis, à la Russie et à l'Inde. Au sein de G20, cette idée est aussi discutée, régulièrement, sans succès. Plus de 10 ans après, le désordre de Bretton Woods marque encore le paysage de l'économie mondiale. Dès lors, la Pax China, si elle a lieu, sera-t-elle fondée sur les ruines de l'ordre de Bretton Woods ? En fait, la réponse est non ; les traits caractéristiques de cette Pax seront ceux d'un multilatéralisme et de libéralisme, mais débridé, marqué par une puissance non hiérarchisée, le leadership contesté, le protectionnisme défensif et la régulation institutionnelle ad hoc et informelle, non contraignante. Il s'agit du libéralisme décontracté. C'est l'objet de ce chapitre.

# 1. Les traits caractéristiques

## 1.1. Une puissance économique segmentée et une hiérarchie disputée

Il est vrai que la croissance économique de la Chine surprend les attentes. Sous diverses analyses, les experts ne se dévoilent plus la face ; ils avouent que la Chine fascine, bouscule et dérange ; la chine à la conquête du monde : une ascension fulgurante à la loupe ; l'irrésistible ascension de la puissance chinoise, etc.[155]Cette expansion n'est-elle pas relative ? Dans cette section, nous démontrons que la hiérarchie de la puissance à l'heure de Pax China est réelle, mais diffuse.

### 1.1.1. L'irrésistible ascension de la Chine

Nous avons souligné plus haut le fait que le désordre relatif aux échanges économiques est marqué par le non-respect du principe de généralisation des préférences, la non-consolidation des concessions tarifaires, le non-respect des droits de propriétés intellectuelles, l'octroi intempestif des subventions qui torpillent la libre concurrence, la protection du secteur agricole, la pratique de dumping, la multiplication des obstacles non tarifaires (règles de l'origine, les exigences à tout pris des normes techniques de production (étiquetage,emballage, les normes phytosanitaires, les délais d'expiration pour les produits de consommation courante). Tandis qu'au niveau des finances, les crises à répétition dénotent

---

[155]https://www.rts.ch/info/economie;-la-puissance-chinoise-fascine-bouscule-et-dérange., https://www.boulevard-exterieur.com/L-irresistible-ascension-de-la-puissance-chinoise.html;www.leparisien.fr/economie/la-chine-a-la-conquete-du-monde-une-ascension-fulgurante-a-la-loupe-12-07-2019

l'incapacité des institutions de Bretton Woods à stabiliser la gestion des marchés, tant au niveau national qu'au niveau international. La contagion de ces crises conduit aujourd'hui à la politique monétaire non conventionnelle. Les déficits budgétaires ainsi que l'endettement excessif de certains pays, mêmes les plus industrialisés constituent également la preuve de l'inefficacité des politiques conjoncturelles conseillées dans la macroéconomie classique. L'ordre chinois (débridé) se passera sans réforme essentielle. Pourquoi une puissance non hiérarchisée ? Et pourquoi le libéralisme décontracté ?

Même si la Chine va se situer à la tête de l'économie mondiale, son leadership ne sera pas nécessairement comparable à celui de la Pax Britannica ou de la Pax America. Certes, en 2013, la Banque Goldman Sachs a effectué une étude avec des projections dans le futur. Les conclusions tirées sont les suivantes : les États-Unis vont reculer au second rang (2e puissance), laissant la première place à la Chine[156]. Les autres pays occidentaux vont aussi reculer d'ici 2050 au profit de la Chine également (1re puissance), suivie de l'Inde (3e puissance).

Les preuves ? Déjà en 2014, un investissement des 126 milliards de dollars a été réalisé pour améliorer son industrie, dont 17 milliards pour l'industrie des semi-conducteurs. Entre 2016 et 2030, 270 milliards d'euros sont envisagés pour l'industrie des puces électroniques.[157] Sur le plan sectoriel, la Chine s'investit énormément pour rattraper son retard dans l'aéronautique, dans l'automobile, dans l'acier, dans les textiles et habillements, dans

[156] Lire aussi une intéressante étude sure : Où va l'industrie américaine, in Les synthèses de la Fabrique, n° 11 – janvier 2017

[157] Zak Allal, in infoguerre.fr/2019/01/guerre-economique-entre-chine-etats-unis-domination-marche-puces-electronique

l'électroménager, dans les travaux publics. Ses multinationales grimpent et se comptent par milliers, à travers le monde, aussi bien dans le secteur financier que celui des services. Elle investit également dans le développement de son marché intérieur. La parité de pouvoir d'achat avoisine aujourd'hui celle des États-Unis.

Ces conclusions de la Banque Goldman Sachs à propos de recul des États-Unis sont aussi constatées par la Revue *Contrepoint.* Elle note que le nombre d'emplois manufacturiers a fortement décliné. Entre 2000 et 2007, la baisse était de 3,4 millions d'emplois, soit 20 %. Entre 2070 et 2016, ce sont 5 millions d'emplois, ou 28 % de déclin. Pendant ce temps, la population du pays a augmenté de 16 %, et le nombre d'usines a diminué de 22 % entre 2000 et 2014. Par ailleurs, les pays émergents montent en puissance et bousculent l'ordre hiérarchique fondé depuis la fin de la Seconde Guerre mondiale.[158] Par exemple, sur la période 1995-2005, la croissance des exportations de marchandises a été de 18 % pour la Chine, de 13 % pour l'Inde et de 10 % pour le Brésil, contre 4 % pour les États-Unis. Alors que le taux de croissance annuel pour les pays de l'Union européenne tournait autour de 2 % cette dernière décennie, la Chine affichait un taux de croissance oscillant autour de 10 %. Pour l'Inde, ce taux avoisinait les 8 % en 2007, contre 4 % pour le Brésil. Une décennie après, la progression ne s'est pas arrêtée. Jim O'Neill (2006) estimait la population des BRICS représente déjà 43 % de celle du monde. La richesse totale des 5 pays dépassera celle des pays du G7 dès 2035.

---

[158] Wilson et Purushothaman (2003), annexe II, « Projections in Détail », p. 19, et calculs de l'auteur., Economist Intelligence Unit, *The World in 2006*, 2005, « The world in figures : countries ». Ces pays, ensemble, participent à près de 70 % en parité de pouvoir d'achat, à la richesse mondiale.

Selon ces analyses, en dépit des efforts américains pour la création de l'emploi, le relèvement de la consommation des ménages, et la croissance économique soutenue, les inquiétudes demeurent quant à la place de ce géant dans l'économie mondiale. Les raisons sont multiples. Les politiques économiques de courts termes peuvent avoir des répercussions négatives à la longue. Le vrai taux de chômage serait de plus ou moins 7 % si l'on tient compte de travail précaire dans l'informel ; l'expansion économique repose sur la réduction des impôts ; c'est bon, mais on ne doit pas oublier le principe de l'équivalence ricardienne : la baisse des impôts d'aujourd'hui équivaut à la hausse de demain. Les chiffres de l'OCDE indiquent que : « le déficit public est passé de 3,6 % du PIB en 2017 à 5,5 % en 2018 et 6,1 % en 2019 ; et la dette publique brute passe de 105,4 % du PIB à 109,3 % sur la même période »[159]. De même, la vague des dérèglementations ainsi que la baisse des taux d'intérêt (politique monétaire non conventionnelle) peuvent encourager les crédits, mais les Banques ne s'apprêteront pas à ce jeu durant des années. J. Ruet estime que les économies qui émergent puisent leur expansion à des racines endogènes, riches et profondes ; elles se sont très vite insérées au cœur même de la machine productive mondiale ; elles transforment la mondialisation économique. Même si le stock des investissements directs étrangers reste modeste par rapport au reste du monde, il est en progression. D'après Wladimir Andreff, en 2013, l'IDE sortant des pays émergents représentait plus de 10 % du total mondial, celui des BRICS près de 6 %. Et le rapport de BCG (Boston consulting group) atteste également qu'elles continuent à croître de 13 à 15 % par an. De même, leur taille

[159] Gérard Horny, Trump gère l'économie américaine comme si elle était en crise, et ça pourrait bientôt être le cas, in Slate, novembre 2018

augmente de 18 à 20 % par an avec une profitabilité plus importante[160].

L'expansion dans l'Union européenne est aussi notée. Marie Guitton, se référant aux statistiques de Eurostat, souligne que : « la part acquise par des entreprises provenant des économies émergentes a fortement progressé en dix. L'ensemble Chine/Hong-Kong/Macao qui ne contrôlait qu'environ 5 000 entreprises européennes en 2007 en contrôlait plus de 28 000 en 2017, sans compter les prises de participation importantes dans d'autres sociétés. De même, l'Inde et la Russie ont multiplié par plus de six le nombre d'entreprises qu'elles contrôlent dans l'UE[161] ». Les autres données démontrent également que la Chine (puissance démographique) est aussi une véritable puissance économique et commerciale avec des taux de croissance du PIB record situés aux alentours de 10 % en moyenne chaque année, accompagnés d'un taux d'inflation faible et d'un chômage officiellement bas. Ce taux moyen peut vaciller, mais, il reste solide, du point de vue de sa structure. Domaines de spécialisation : les produits textiles, l'électrique, l'électronique grand public, les jouets et les appareils électroménagers. Elle dispose également d'un important réservoir de main d'œuvre moins cher. Elle compte sur l'abondance de l'épargne et ses excédents commerciaux, elle investit les infrastructures publiques : routes, ponts, voies fluviales[162]. Ses firmes multinationales publiques supervisées par le Conseil d'État s'intègrent dans le paysage globalisé avec plus de 15 % des investissements, contre 44 % des

---

[160] Adrien Schwyte, Pourquoi les multinationales émergentes vont dominer le monde, in Chalenge.fr, juillet 2016

[161] Marie Guitton, in https://www.touteleurope.eu/actualite/filtrage-des-investissements-etrangers-a-quoi-sert-le-systeme-d-alerte-de-l-ue

[162] Par Laurent Braquet, La montée en puissance des pays émergents : un bouleversement de la géographie de la richesse mondiale, in Melchior

États unis et 22 % pour l'ensemble de l'Europe[163]. En 2010, les investissements sortants étaient de l'ordre de 68811millions de dollars. Ils sont à 183100 en 2016, largement supérieurs aux investissements entrants situés à 133700 millions. Ce qui situe le pays en 3e position. La nouvelle Loi relative aux investissements directs étrangers dont l'entrée en vigueur est fixée au 1 janvier2020 assouplit les règles encadrant les investissements directs étrangers en Chine et consacre le traitement « quasi égale » des IDE en Chine avec les acteurs locaux. De même, la nouvelle route de soie est un eldorado des industriels chinois ; elle a des effets d'une augmentation des investissements de l'ordre de 5,2 % (moyenne) par an, soit 90 milliards de dollars par an de 2013 à 2018[164]. En matière des droits de propriété intellectuelle, le pays qui ne

---

[163] 1- China Petrochemical Corporation (Sinopec) : une entreprise d'État avec l'État comme seul actionnaire. Activité principale : pétrole, gaz nature, pétrochimie. Plus grande entreprise chinoise productrice et distributrice de produits raffinés., 2- China National Petroleum Corporation (CNPC) : une entreprise d'État avec une large palette d'activités amont et en aval autour du pétrole et du gaz naturel., 3- China National Offshore Oil Corporation (CNOOC) : une entreprise d'État intégrée dans le domaine de l'énergie., 4- China Resources Holdings Co. : conglomérat d'État avec une large palette d'activités allant de la propriété immobilière, produits alimentaires, brasseries, pétrochimie, commerce de détail, textile, ciment et électricité.,5- China Mobile Communications Corporation : entreprise d'État dans le domaine des télécommunications : téléphonie mobile, internet, services multimédias.,6- China Ocean Shipping Group Compagny (COSCO) : la plus grande entreprise maritime de Chine possédant 25 filiales en propriété exclusive. ; 7- CITIC Group : une entreprise d'État possédant 44 filiales. Principale activité dans la finance et l'investissement. 8- China National Cereals, Oils and Foodstuffs Corporation (COFCO) : commerce des céréales, huiles et produits alimentaires. Forte diversification depuis 1992. 9- China Merchants Group : conglomérat largement diversifié appartenant à l'État, mais basé à Hong Kong. Intervient principalement dans trois domaines : transport et infrastructures connexes (ports, autoroutes, transport d'énergie, logistique), investissements financiers et gestion d'actifs, développement et gestion immobilière, 10-*Sinochem Corporation :* une entreprise d'État opérant dans le pétrole, les fertilisants et les produits chimiques.

[164] Statistique du commerce extérieur chinois

comptait que 276 dépôts de demandes internationales des brevets en 1999, il en compte en 2019 le chiffre de 58990 dont 80 % émanent de Huawei.

### 1.1.2. La résilience américaine

Tout en accordant la crédibilité à ses prévisions en faveur des nouvelles puissances, nous devons aussi relativiser leur portée en affirmant que la hiérarchie des puissances de demain ne sera pas globale : économique, militaire, culturelle, à la fois ; nous l'avons souligné plus haut, celle-ci sera segmentée et disputée. Pour plus de précisions, il suffit de se poser un certain nombre des questions dont les réponses peuvent éclair l'opinion sur cette résilience. En effet, quelle est la part du PIB que les États-Unis consacrent à la recherche et au développement ? Selon le rapport de l'UNESCO, « les États-Unis restent en position dominante, avec 28 % de l'investissement mondial en R&D, suivis par la Chine (20 %), l'UE (19 %) et le Japon (10 %), alors que 23 % des dépenses en R&D proviennent du reste du monde représentant 67 % de la population mondiale. Le rapport montre cependant que l'effort consenti par des pays comme le Brésil, l'Inde ou la Turquie augmente à un rythme rapide »[165]. Or, on ne peut pas dissocier la recherche/développement et le progrès. La seconde question porte sur la part consacrée aux dépenses militaires ? Nous l'avons plus loin, que les États-Unis conservent leur première place. Or, les dépenses militaires sont toujours associées au développement de l'industrie. Plus les dépenses y sont concentrées, plus les sous traitants réalisent les gains et soutiennent l'emploi. Celle-ci engendre le surplus des profits (ventes des armes dans le monde). La troisième question concerne l'apport des mouvements des capitaux à l'économie de chaque concurrent. New York reste la

[165] French.xinhuanet.com/2015-11/11

grande place financière. L'expansion des entreprises globales produisant en réseaux rapporte encore à cette économie, en terme de rapatriement des intérêts, des dividendes et autres transferts unilatéraux. Même si les firmes ne transfèrent pas leurs profits dans vers les maisons mères, il est évident que par sursaut de l'intérêt national, elles réagissent favorablement.

Peut-on se limiter à l'examen de la balance commerciale ou de la balance des paiements pour tester la perte de la puissance d'un État ? Ne peut-on pas affirmer que l'économie américaine tousse, mais elle respire encore[166] ? Les réponses à ces questions ouvrent le débat. Elles suggèrent que la fin de puissance américaine est possible, mais celle-ci reste relative. À la fin des années 80, le politologue Samuel Huntington, dans son article « The U.S.- Decliner or Renewal », publié dans Foreign Affairs, hiver 1988/89 annonçait le déclin. Ce déclin n'a pas eu lieu. Plusieurs auteurs, comme lui, ont aussi annoncé cette chute. On l'attend toujours. La Pax China, si elle a lieu, elle se disputera les segments de puissance. L'un ou l'autre État combinera certains facteurs et se hissera à la tête, durant de courtes périodes, ainsi de suite. C'est peut-être l'heure de l'apolarité annoncée déjà par les spécialistes. C'est ici où nous ne sommes pas d'accord avec les projections de Michel Aglietta et Jacques Le Cacheux, notamment sur les taux de croissance annuels du PIB dans les différentes régions du monde (2000-2050, sur les soldes courants de différentes régions du monde (2000-2025) et sur les taux de rendement du capital

[166] Car, c'est depuis plus d'une décennie que les observateurs constatent la fin de la « Pax americana », alors que celle-ci (paix américaine) marque encore ses pas. Sa croissance est très soutenue, son taux de l'inflation est très bas (1,5%) et le chômage est en dessous de 4%. Donc, l'économie américaine est en plein emploi.

productif des différentes régions[167]. Recourant au modèle INGENUE[168], les deux auteurs arrivent à des conclusions qui ne peuvent tenir debout que par la force des formules économétriques fortement stylisées. Notre constat est aussi celui émis par Deniz Unal en 2018. Les États-Unis renforcent leur spécialisation dans secteurs des services ; la Chine dans les produits manufacturiers, tandis que l'Europe, tout en occupant la 3e position, se maintient dans les deux branches. Même si ces tendances peuvent se rapprocher, il faudra compter assez de temps. Car, il est certain qu'actuellement, on assiste sur le marché mondial à une forme de monopole contesté (industries américaines arrivées à maturité perdent leur avance), forte maîtrise des coûts de production entrainant une large marge des gains des économies émergents et effet de délocalisation des processus de production vers les nouvelles zones.

[167] Michel Aglietta, Jacques Le Cacheux, De la première à la seconde globalisation, Revue de l'OFCE, 2007/3, n° 102

[168] C'est un outil qui, d'après les auteurs, est destiné à l'exploration de scénarios cohérents d'évolution de l'économie mondiale au cours des décennies à venir, et détermine les flux internationaux de biens et de capitaux, les rythmes de croissance des grandes régions du monde, les taux de rendement du capital, etc., qui sont compatibles avec les changements démographiques et avec des hypothèses plausibles de diffusion technologique. Il permet également d'étudier les modifications induites par des changements dans le rythme de rattrapage des grandes régions, notamment la Chine et l'Inde, ou par des réformes de certaines institutions clés influant sur les comportements d'épargne des ménages, telles que les régimes publics de retraite par répartition.

**Graphique 3. Spécialisation par secteurs entre les trois puissances économiques (2018)**

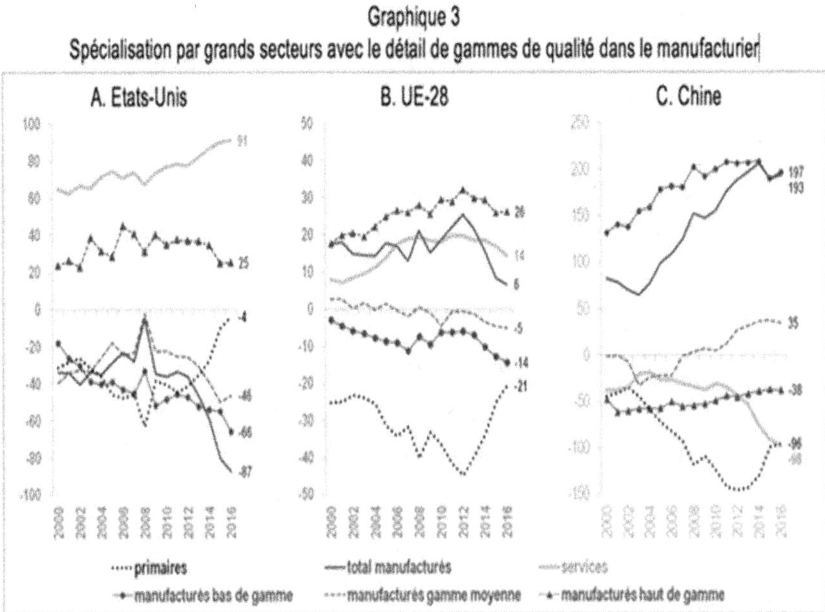


Source : CEPII, Recherche et expertise sur l'économie mondiale, 2018

La Chine va certainement évoluer dans le courant d'un libéralisme hybride, profitant de ses avantages, sans toutefois imposer des réformes face à l'évolution de l'économie globale. Elle va ouvrir ses marchés à la libre concurrence, tout en y veillant par des restrictions non tarifaires, à l'image des pratiques actuelles des États-Unis ; elle continuera à imposer des règles relatives aux investissements directs entrants, notamment en exigeant le transfert du savoir-faire ; elle ne mettra pas fin à la piraterie des technologies de pointe, en dépit des accords sur la protection de propriété intellectuelle. L'espionnage industriel ne cessera pas, tant que l'avance technologique des autres puissances l'obligera à réduire son retard par la copie des inventions. Les hackers seront sollicités, comme c'est déjà le cas, aussi bien dans les pays occidentaux que dans d'autres pays émergents d'Asie et de l'Amérique latine. De la même manière qu'elle va profiter de ce libéralisme débridé, elle ne forcera pas les réformes de fonctionnement de l'OMC, du FMI ou de la BM, eu égard au refus (des réformes) affiché par les États-Unis. Les initiateurs de ces institutions ont imaginé les clés de blocage des réformes nécessaires et conformes à l'évolution de l'économie mondiale. Il s'agit des verrous dus au mode de vote et par le poids des contributeurs qui alimentent la caisse commune. Les meilleurs contributeurs se sont octroyé les rôles majeurs qui leur assurent une influence majoritaire dans la prise des décisions. Ils ont également la main sur les pratiques de ces institutions et influencent l'accès aux marchés financés par ces institutions.

La Chine, dès son adhésion au début des années 90, est entrée dans ce cercle restreint. Elle n'y pratique pas un capitalisme à visage humain et n'ouvre pas ses portes aux États « suiveurs » par le biais de la providence (solidarité) et de bénévolat. Si l'impression qui en découle semble confirmer cette « solidarité », elle est fausse. Jean François qualifie d'ailleurs son régime économique de « capitalisme à visage mesquin » du fait de l'absence de liberté syndicale au sein des entreprises nationales. C'est discutable, mais ce visage, mesquin ou pas, accompagne son capitalisme dans l'expansion planétaire. Le dumping social, la dévaluation de sa monnaie, le mariage entre État, entreprises et Parti communiste sont des armes qui l'aident à conquérir les marchés extérieurs.

TRUMP, au vu de ces difficultés, s'efforce (ce sera aussi le cas de ses successeurs) de mener une série des soutiens à l'économie en vue de reprendre son élan, notamment dans les secteurs d'acier, de l'aluminium, de l'automobile, d'exploitation de gaz de schiste, du pétrole, de la santé, de l'éducation, des services aux entreprises, de la construction, de technologies de pointe, de la finance et du tourisme.[169] Dès le début de son mandant, il a baissé l'impôt sur le revenu des ménages et sur les bénéfices des entreprises de 35% à 21%, il oblige le rapatriement des bénéfices réalisés à l'étranger en ramenant leur taxation à un taux compris entre 8% et 15,5% au lieu d'un taux à 35% ; il investit dans les dépenses militaires de 575 milliards en 2017 à 716 milliards en 2019, soit une hausse de 25%. Il freine également la délocalisation de la production industrielle. Le chômage est estimé aujourd'hui à 3,5%, son plus bas niveau depuis 1969 quand il a atteint ± 8%. Notons également que le pays reste premier en termes de : l'attrait des investissements directs étrangers, l'innovation dans les technologiques (biotechnologies, technologies de l'information et de la communication). En 2016, son PIB était de 18 861 milliards de dollars, soit environ un cinquième du PIB mondial. Ce PIB ne décline pas au cours des autres années qui suivent.

L'arrivée au pouvoir des nouveaux dirigeants, démocrates ou républicains, ne modifiera pas foncièrement cette course folle pour le maintien au sommet de la hiérarchie. Elle reste un devoir de tout responsable, quelle que soit son appartenance. TRUMP n'est pas le premier instigateur, il a vite accéléré la lutte. Il y a eu Clinton, Reagan, Obama, tous, ils ont exprimé dans certains discours politiques, leurs volontés de maintenir l'Amérique à la tête de la hiérarchie mondiale. Celle-ci est intériorisée dans la pensée unique

---

[169] Labor Statistics, Occupational employement statitics, 2019

et politique américaine. Elle fait partie de la culture de leur supériorité. Ce constat nous pousse à penser que la guerre industrielle et commerciale entre les deux géants va empêcher le leadership chinois d'être global. Elle va inscrire son expansion dans une bipolarité économique mitigée, correspondant aux avantages et désavantages tirés dans des différents segments d'activités économiques.

Pourquoi ? En effet, on ne peut pas surconscrire la fin de

la puissance américaine uniquement au niveau de son seul déficit commercial.[170] Les États-Unis luttent pour la sauvegarde de leur rôle primordial. Leur économie est sur une pente. Mais le rebond n'est pas exclu. Si l'on peut comparer le nombre des brevets d'invention, les secteurs de pointe qui tirent aujourd'hui l'essentiel des avantages, la robustité du marché intérieur, le niveau de l'endogénéité l'économie, l'importance des bénéfices tirés de marchés financiers, le rôle moteur du dollar dans l'économie mondiale, le niveau de la consommation intérieure, il y a lieu d'affirmer que l'abdication annoncée n'aura probablement pas lieu de si tôt.. TRUMP n'applique pas la stratégie du chaos, comme le laisse entendre P. Verlise[171]. Il n'est pas prêt à laisser pourrir le ciment de la puissance américaine. Il pratique l'hégémonie mixte : la carotte et le bâton (coercition et soft power à la fois) ,c'est-à-dire, il défend aussi bien les intérêts américains que ceux de l'ordre, mais un ordre devenu plurilatéral.[172] Ce qui signifie qu'il croit encore à la vertu de l'ordre de Bretton Woods, tout en le

---

[170]Pierre-Cyrille Hautcœur posait déjà cette question en 2015 dans le journal le Monde, in La Chine, nouvelle puissance hégémonique.

[171] P. Verluise (dir.), Géopolitique du monde de TRUMP : la stratégie du chaos ? In https://www.diploweb.com/Geopolitique-du-monde-de-Trump-La-strategie-du-chaos.

[172]Wikimonde, Théorie de la stabilité hégémonique.

réaménageant selon certaines circonstances. De ce fait, la coercition contre le Canada, l'Union européenne, le Japon, la Chine, le Mexique, et même contre d'autres petits États, à l'instar du Rwanda (dans le cadre de l'AGOA[173]), ne marque pas la fin de l'histoire.

Cet isolationnisme agressif qu'il applique contre les partenaires cache les ambitions de défense de son premier rang. Nombreux auteurs avaient, dans le passé, prédit la fin de la puissance. TRUMP s'inquiète des faiblesses que son pays enregistre sur le plan des échanges. Le déficit vis-à-vis du Canada, du Mexique, de la Chine, de l'Union européenne, laisse penser que son pays perd sa place. Le second trait du désordre de demain se manifestera sans doute par le recours au protectionnisme réciproque. L'arroseur sera aussi arrosé. Ce que nous démontrons dans la sous-section suivante.

### 1.2. Des rétorsions commerciales

Parce que le libre échange total ne peut être envisagé dans son intégralité et en toute circonstance, le libéralisme hybride (le commerce administré, pour reprendre l'expression de Habib Ghérar)[174] va persister, caractérisé par des concertations et des remises à niveaux des cadres de coopération bilatérale, à l'instar des accords de mi- janvier 2020 conclus entre la Chine et les États-Unis, après une série des sanctions et rétorsions qui ont marqué la politique commerciale de TRUMP. Le fait que diverses crises n'ont pas permis de repenser un nouvel ordre économique, les mécanismes de fonctionnement sont verrouillés et bloquent toute tentative de remise sur les rails d'un nouvel ordre. La question est dans les intentions. Elle semble intéresser les politiques, mais sans

[173] Africa Growth and Opportunity Act
[174] Habib Ghérari, Les États-Unis, adeptes du commerce administré ? In Telos, 14 octobre 2019

conviction.[175] Le temps de l'ordre flou combinera le libéralisme et la protection. Il ne s'agit pas de l'isolationnisme parfait (qui est impossible aujourd'hui), mais de protection défensive. TRUMP surtaxe tout ce qui vient de l'Europe, de la Chine, de l'Inde, du Mexique, du Canada, du Japon, de la Coré du Sud, de l'Iran ; bref, le lait, le caviar, l'aluminium, l'automobile, le vin, les légumes, les puces électroniques, les jouets, les vêtements et textiles, etc., ont dans son rétroviseur. Il arrive qu'il temporise, marque une pose, mais, sans cesse, la menace demeure son épée de Damoclès. C'est le zigzag entre le soft power et le hard power.

Ceci n'est pas un comportement isolé. Remarquons que ce protectionnisme n'a jamais disparu depuis la nuit des temps. Il accompagne toujours le laissez-faire. Il est toléré à titre transitoire en cas des difficultés ; par contre les États sont appelés à consolider les acquis (réduction des tarifs) dès lors qu'ils les ont négociés librement. La rétorsion n'est tolérée que d'une manière temporaire. Les autres pratiques de discrimination non tarifaire sont aussi prohibées et dénoncées dans divers accords régionaux ou multilatéraux. Mais, à présent, nous sommes dans une démarche à reculons, dans laquelle, chacun des partenaires semble accuser l'un et l'autre, de torpiller les principes de libre commerce, dès lors que les avantages réciproques s'effritent au profit des autres, ce, sur une longue durée. Ce retour au protectionnisme ne signifie pas que les efforts entrepris depuis le GATT jusqu'à ce jour sont voués à l'échec. Nous voulons tout simplement souligner le fait que les pratiques se généralisent de plus en plus, même dans le chef de ceux qui, depuis, ont largement contribué à réduire les excès des droits des douanes, à travers diverses négociations commerciales.

[175] Clémentine Maligorne, Marie Théobald ; Le protectionnisme est-il de retour ? (2017)

La réticence au respect des ces règles revient au galop. Même ceux qui ont atteint le niveau de l'intégration des marchés, à l'instar de l'Union européenne, ils mijotent l'ambition de revenir au vieux temps. Le Brexit en a donné l'occasion. Dans d'autres pays, la crainte de renier la monnaie unique est ressentie en Italie, en Autriche, ce, à cause de la montée des partis populistes.

En dépit des directives dogmatiques sur la concurrence, sur l'équilibre budgétaire, sur la politique monétaire, sur les subventions aux industries ou sur les politiques commerciales communes, certains États n'hésitent à franchir les pas vers un peu plus d'autonomie. Pouvons-nous penser dès lors à la fin de l'Union ? David Cayla[176] et Olivier Lacoste[177] ayant consacré des analyses sur cette probable désintégration attestent que les 27 pays européens ne reviendront pas en arrière. Ils vont vivre dans une union caractérisée par des réformes, reniant, probablement certains acquis tels que les directives relatives à la gestion des finances publiques, à la règlementation acharnée de la concurrence et à la régulation d'accès aux crédits publics. Ce qui suppose qu'avec le temps, l'Union peut connaitre ses détracteurs qui la poussent à une révision en vue de redonner aux États beaucoup plus de pouvoir détenu aujourd'hui par la Commission. À cause du pessimisme croissant chez certains membres, quelques scénarios du futur ont été évoqués par Juncker, alors Président de la Commission. Il a formulé les hypothèses suivantes (Livre blanc) : a) le statu quo sans réformes, b) un grand saut vers une Europe fédérale, c) la concentration l'action de l'UE sur un nombre réduit de secteurs, d) une Europe à plusieurs vitesses, dans laquelle des groupes d'États

---

[176] David Cayla La Fin de l'Union européenne, Michalon, 2017
[177] Olivier Lacoste, fin de l'Europe ? Paris, Eyrolles, 2016

formeraient des coalitions à la carte dans les domaines où ils sont d'accord : défense, sécurité, normes technologiques, e) la limitation au marché unique. Plusieurs dirigeants semblent être favorables pour le troisième scénario.

Dans d'autres pays, en dépit de l'établissement des zones de libre-échange et des unions douanières, on assiste à la multiplication des barrières non tarifaires (restriction volontaire des importations, les contrôles techniques de conformité, les contrôles phytosanitaires, les subventions financières, les pratiques de dumping, les règles de l'origine, le contrôle de change), lesquelles caractérisent la guerre commerciale entre les partenaires dont le degré de l'ouverture aux échanges réduit l'autonomie et l'équilibre des marchés nationaux face à la concurrence.

### 1.3. La régulation multilatérale désuète

Dans l'économie institutionnelle, il est supposé que les règles ont le pouvoir de régir le comportement des agents sur le marché (théorie de régime). Mais, ces derniers ne sont pas nécessairement rationnels[178]. Les règles contraignantes fondées sur les dogmes bureaucratiques les obligent à tempérer devant les choix immenses. Chez Robert W. Fogel et Douglass C. North, les institutions sont étudiées comme structure d'incitations. « Elles consistent à la fois en des contraintes informelles (sanctions, tabous, coutumes, traditions et codes de conduite) et de règles formelles (constitutions, lois, droits de propriété). »[179] Il en est ainsi de différentes institutions, au lendemain de la Seconde Guerre mondiale, à savoir : le Conseil de sécurité, le Fonds monétaire international, la Banque Mondiale, l'Organisation mondiale du

---

[178] Bernard Chavance, L'économie institutionnelle, La Découverte, 2012

[179] Gilles Martin , La nouvelle économie institutionnelle, in Idées économiques et sociales 2010/1 (N° 159),

commerce, et bien d'autres accords commerciaux régionaux ont eu ce rôle de coordonner les choix et accompagner l'évolution des marchés[180].

Mais, depuis des décennies, ces institutions multiples piétinent ; elles s'essoufflent.[181] Depuis plus de 20 ans, les suggestions pour leurs réformes portent, selon Jacques Sapir, sur : a) la mise en place des politiques de prêts et programmes de développement contre la pauvreté, politiques axées sur l'élaboration de véritables cadres de développement humain durable ; b) la promotion de l'accès universel aux services de base pour les populations démunies ; c) la représentativité des pays membres, en tenant compte de leur diversité actuelle ; d) l'amélioration de mode de gouvernance de ces institutions, par la conception adéquate des politiques et programmes ; e) le contrôle des mouvements de capitaux ; f) la gestion des dettes (délai de remboursement, taux d'intérêt non capitalisés, accès ouvert à l'appel d'offre pour les marchés exécutés, coresponsabilité entre créanciers et débiteurs dans le fait d'accumulation des arriérées des dettes) ; g) la lutte contre les paradis fiscaux ; h) la lutte contre le blanchiment de l'argent et la criminalisation financière ; i)la mise en place d'un système de taxation et de redistribution de la richesse

[180] Oliver E. Williamson, *« Markets and Hierarchies, Analysis and Antitrust Implications: A Study in the Economics of Internal Organization. »*, University of Illinois at Urbana-Champaign's Academy for Entrepreneurial Leadership Historical Research Reference in Entrepreneurship, 1975

[181] G7/G8, G10, G12, G20, G15, G22, BRICS, OCS, OTAN, OTSC, ANZUS, APEC, ASEAN, UNASUR

mondiale ; j) et la prévention efficace contre des crises financières. Hélas, les résultats se font attendre[182].

Plus récemment, une étude de François Danglin note aussi que « les institutions transnationales interétatiques se multiplient ; tout en fragilisant les Nations unies, elles recompartimentent les espaces économiques et politiques et esquissent un réordonnancement de la gouvernance mondiale. »[183] Mais quelle gouvernance ? Faut-il parler de réordonnancement ou de statuquo ? Ni la Banque mondiale, ni le FMI, encore moins l'OMC, ces institutions ainsi que leurs différents organes n'ont pas assumé correctement leurs missions. Nous ne cessons de le dire dès le début de cette étude. Elles se limitent aujourd'hui à fournir les statistiques prévisionnelles et à effectuer des enquêtes de terrain, mais n'accompagnent plus la stabilité des marchés, encore moins le développement et la croissance économique. Accusées de « gendarmes du monde », elles le sont, en ce qui concerne l'orthodoxie exigée envers les pays les moins avancés, dépendant des aides financières et de l'assistance technique. Ailleurs, elles sont impuissantes à exiger la réduction de l'endettement public (cas des États-Unis) ; elles ne s'insurgent pas contre les déficits des balances courantes ; elles observent d'une manière impuissance à la détérioration des termes de l'échange défavorables aux producteurs des produits de base. Elles ne peuvent pas agir dans le sens de lutter contre les crises financières à répétition. Elles constatent et réagissent par de simples orientations macroéconomiques non mises en forme par les États affectés.

---

182 Jacques SAPIR, L'économie politique internationale de la crise et la question du « nouveau Bretton Woods »: Leçons pour des temps de crise, in Documents/Sapir, brettonWoods2.pdf

183 François Danglin, Du concert des nations à la cacophonie des organisations : le nouveau visage du multilatéralisme, in Géoéconomie, 2011 (n° 56), pp. 45-57

Depuis le constat des déséquilibres qui caractérisent les marchés, il y a eu des discussions formelles et informelles dans le but de se doter de nouvelles règles du jeu, sans succès. Nous avons cité les propositions énumérées par Jacques Sapir. Les rencontres de G7, G20, du FMI, de la Banque mondiale, de l'OCDE, de la BRI, du comité de Bâle sur la supervision des faillites, de l'OMC (négociations de Doha), etc., aboutissent à des quasi-solutions, sans lendemain[184]. Pire encore, dès son arrivée au pouvoir, par crainte de perdre le contrôle au sein de ces institutions, TRUMP décide la sortie unilatérale de son pays, de certains accords conclus avec différents partenaires, notamment : le partenariat Trans-Pacifique (janvier 2017), l'accord de Paris sur le climat (30 juin 2017), le retrait de l'UNESCO (octobre 2017), l'initiative pour la transparence des industries extractives (novembre 2017), le pacte mondial sur l'immigration (décembre 2017), l'accord sur le nucléaire iranien (mai 2018), conseil des droits de l'homme (juin 2018), le traité sur les missiles nucléaires de portée intermédiaire (février 2019). S'agit-il d'un recul regrettable ou d'une politique qui vise à nier l'excès des pouvoirs dont disposent ces organisations ?

Tout en imaginant que les États-Unis cherchent de nouveaux accords qui répondent le mieux à leur volonté, nous devons aussi lire à travers ce recul, un signe manifeste de la hauteur de turbulence dans laquelle la gouvernance mondiale vague. Pour TRUMP, il s'agit de refaire les accords qui répondent le mieux à sa vision d'une puissance ; il règle ses comptes avec les organisations devenues archaïques, si pas caduques. Dès, lors, considérant cette analyse, on peut tirer une leçon : les États-Unis s'imaginent un

[184] Durant la crise des surprimes, il y a lieu le G20 de Washington, de Londres, de Pittesburg, de Toronto, de Séoul

nouveau libéralisme, mais conçu dans la logique de plurilatéralisme surveillé, en concertation avec les partenaires.[185]

Mains quelle sera la réponse de la Chine, principal rival économique ? La Chine ne va pas se soustraire de cette vision. Elle ne se soustrait pas de cette cacophonie. Déjà en 2014, Françoise Nicolas faisait remarquer qu'elle (Chine) sera prise en otage entre le désir de réforme et le statu quo.[186] Sa demande de se défaire du dollar et de revenir au bancor keynésien n'a pas été acceptée. Elle suggérait la création d'un panier des monnaies de réserve, à l'instar de DTS, en y admettant le Yuan. Vu les échecs, elle œuvre au sein de l'OMC, du FMI, de la BM et des autres organisations, en dépit des critiques formulées sur le fonctionnement. Elle y puise certains avantages, sans toutefois se positionner par rapport aux failles qui minent ces institutions. Saura-t-elle se constituer son propre cadre de régulation ? Arnaud Zacharie estime que c'est possible, car, la création de la Banque asiatique d'investissement doté de 100 milliards de dollars et réunissant 57 pays dont 20 asiatiques peut être considérée comme un Bretton Woods à la chinoise.[187] Cette institution a pour but d'assurer le rééquilibrage de la représentation, sur la scène multilatérale, au profit des pays émergents, elle constitue également, selon l'auteur, la source de financement pour

---

185 Le dialogue entre les membres de G20 est informel. N'est-il pas temps de remettre en question le fonctionnement des institutions de Bretton Woods ? N'est-il pas temps de négocier un nouvel ordre libéral eu égard aux effets de la globalisation économique ?

186 Françoise Nicolas, La Chine et les institutions économiques multilatérales, entre révisionnisme et *statu quo, in* Politique étrangère 2014/3 (Automne), pages 49 à 61 ; lire aussi Moda Dieng et Bingyang Liu, in les enjeux de l'expérience chinoise en matière de multilatéralisme : le cas de la Banque asiatique d'investissement dans les infrastructures, Erudit, août 2016

187 Arnaud Zacharie, Le nouveau Bretton Woods chinois, in Source : Imagine demain le monde, septembre-octobre 2015.

les pays en développement et garantit leur marge de manœuvre pour contourner les conditions liées aux financements traditionnels des partenaires occidentaux. C'est donc une nouvelle architecture (Sud-Sud) du financement du développement qui peut transformer le cadre multilatéral, tant que l'actuel semble inadapté aux enjeux mondiaux du 21$^{e}$ siècle.

Elle envisage également deux projets depuis 2014, à savoir : a)la mise en place d'une alliance internationale pour l'interconnectivité des infrastructures et l'intensification des investissements monétaires et du soutien intellectuel destinée aux projets de développement des infrastructures, de façon à accélérer le processus d'interconnexion et d'intercommunication dans le domaine des infrastructures à l'échelon mondial, b) la création de la Banque de développement et du Fonds de réserve des BRICS (chose faite déjà). Cette nouvelle banque, comparativement à la Banque Mondiale, dispose d'une capacité de prêt supérieure de l'ordre de 223 milliards de dollars contre 50.

On peut toutefois se poser la question de savoir comment fonctionneront les deux projets. De quelle manière la conduite de cette Banque va se distancier de celle de la Banque Mondiale. Ce nouveau Bretton Woods va-t-il réguler les crises des pays membres, assurer les équilibres budgétaires et disposer des prêts (à quel taux) sans conditionnalités ? Comment va-t-elle éviter la dictature du dollar que nous avons évoqué plus loin ? Car, ses réserves ne sont pas en Yuan. Déjà, on déplore le fait que les prêts accordés par la Chine (taux d'intérêt faible) depuis plusieurs années n'allègent pas le poids de l'endettement des pays bénéficiaires classés à haut risque[188]. L'étude de Falilli Gbadamasi et Marie de Vergès[189] note que nombreux pays, attirés par le caractère dit concessionnel de ces prêts chinois ont accumulé les emprunts qui alourdissent le poids et freinent aujourd'hui l'effet de levier attendu. Le ratio dette/PIB, allégé lors de l'application du programme PPTE, remonte à nouveau et forme des crevasses dans les finances publiques de nombreux États africains, dépendant de la dette chinoise.

À ce propos, l'Initiative de recherche Chine-Afrique (CARI), un centre de recherche dépendant de l'université américaine Johns-Hopkins, souligne que Pékin a octroyé 94,4 milliards de dollars de prêts en Afrique entre 2000 et 2015, dont une grande partie en Afrique de l'Est (Éthiopie, Zambie, et Kenya). Mais, ces États bénéficiaires consacrent environ 8 % de leurs revenus au remboursement. En 2016, un autre prêt de l'ordre de 60 milliards de dollars a été aussi promis. En pourcentage, le stock de la dette chinoise en Afrique est de 14% du total, dette accordée sous forme de troc : argent contre ressources naturelles (exploitation forestière, pétrole, cobalt et autres minerais).

Tout ce que l'on peut retenir ici est que la Chine se rapproche des autres pays dits partenaires pour s'assurer l'ouverture sur les marchés (consommation) tout en appliquant la même logique que celle l'ordre de Bretton Woods, à savoir : « Aider les démunis c'est s'aider soi-même ». Donc les réformes institutionnelles possibles n'auront pas lieu. Et leurs négociations dans le sens de la volonté

---

[188] Falila Gbadamasi, L'endettement des pays africains, qui doivent beaucoup à la Chine, inquiète, in www.francetvinfo.fr/monde/afrique/economie-africaine, octobre 2017

[189] Marie de Vergès, Chine-Afrique : le continent au défi d'un emballement de la dette, in le Monde, septembre 2018

des États-Unis ne rassureront pas à la longue le respect de la part des autres partenaires appelés à les observer. Notons également que les réformes de l'OMC n'auront également pas lieu. À ce sujet, remarquons que depuis 1995, date de l'entrée en vigueur de l'organisation, certains points de divergences continuent à alimenter les débats entre les 164 membres, lors de différentes réunions. Il s'agit, notamment de : a) la légitimité et le renforcement de l'efficacité du système de règlement des différends de l'OMC, b) d'introduire une clause de sauvegarde sociale et environnementale permettant aux pays en développement d'imposer aux investisseurs étrangers des normes sociales et environnementales issues de leurs propres législations ; il s'agit des règles du commerce lié à l'environnement (matières plastiques, l'économie circulaire et les subventions aux combustibles fossiles), c) la libéralisation du commerce des produits agricoles et la sécurité alimentaire[190], d) les disciplines réglementaires pour le commerce des services, e) la facilitation de l'investissement en créant un environnement transparent et efficace, f) l'amélioration du fonctionnement des organes permanents, g) la question de la différentiation et du statut de pays en développement par rapport aux pays développés, en leur accordant un traitement spécial et différentié, h) la réforme de l'Accord sur les droits de propriété intellectuelle pour favoriser le transfert des technologies, notamment les technologies vertes nécessaires à la transition écologique[191].

---

[190] Ainsi, l'agriculture subventionnée (États-Unis, Europe) et protégée sera en concurrence avec les exportations en provenance des autres régions du monde.

[191] Arnaud Zacharie, l'OMC : la réforme ou la mort, in Géostratégo, janvier 2019

À cause des divergences lors des négociations sur ces réformes, l'OMC est bloquée. TRUMP la qualifie de « machin », pour reprendre l'expression de De Gaule ; il menace de sortir de là, estimant qu'elle ne répond pas à ses réclamations.

Faut-il laisser la loi du marché jouer ? Cette interrogation suggère que l'ordre de la Pax China va évoluer en dents de scie, marqué par des accalmies et des crises à répétition[192]. Le FMI qualifié de gendarme au service des pays industrialisés, assurant la coercition contre les pays pauvres, ne peut s'autoriser à tourner le dos contre les pays riches, en dépit de leurs gestions macroéconomiques néfastes (déficit budgétaire et commercial et degré de l'endettement interne). Il ne peut pas se dresser contre les pratiques douteuses des États riches qui associent l'aide au développement aux profits des entreprises et des ONG qui sous-traitent cette aide. Son but (du FMI) est de tirer vers le haut les pays à déficit commercial (balance courante), mais, nombreux pays pauvres enregistreront des balances des paiements chroniquement négatives. Les crises issues de la spéculation financière viennent essentiellement des comportements des marchés. En dépit des concertations aussi bien entre les banques centrales qu'entre les États regroupés dans G8, G20, etc., des voix s'élèvent, en vain, pour la réforme des institutions de Bretton Woods[193]. Mais, les mécanismes de fonctionnement conçus en 1945 sont dépassés par l'évolution de l'économie internationale. Les experts réclament un autre Bretton Woods, les institutions sont verrouillées.

La place qu'occupent les pays riches, en termes de contribution à la caisse commune (cotisations) affaiblit toute

---

[192] Ces crises sont souvent de courte durée

[193] Michel Aglietta, Laurent Berrebi, Désordres dans le capitalisme mondial, Ed. Odile Jacobe, 2006

tentative de remettre en cause l'autoritarisme qui les caractérise[194]. Les dirigeants africains réclament un Plan Marshall[195] pour le continent, ce depuis plus de 30 ans. En 1973, sous l'impulsion de la CNUCED, les membres ont proposé « le Nouvel ordre économique international ». Peine perdue, répondent les observateurs. Aucun pays industrialisé n'est disposé à mettre sur la table un paquet des milliards de dollars pour le compte de l'Afrique. Même au niveau multilatéral et régional, aucune institution ne peut prendre des risques d'investir des milliards dans des pays où le niveau d'absorption interne est très critique. Un plan Marshall pour l'Afrique est vu comme un gaspillage par les contribuables occidentaux. On aide celui (pays) qui, par les initiatives internes, se détache du lot des pays débiteurs et réunit des opportunités offertes pour s'affranchir de ce lot des pays éternellement en « aidés ». Sinon, seul le plan qui permet de soutenir les marchés internes des pays créanciers est possible. Dans ce cas, il n'est peut-être envisageable que dans un partenariat bilatéral. Un point et c'est tout !

## 2. Le plurilatéralisme versus le multilatéralisme

Le concept de plurilatéralisme est nouveau, mais il suscite l'engouement dans le chef de plusieurs responsables. Les accords conclus lors de la naissance de l'OMC l'ont consacré. Et l'échec de Seattle (1999), de Cancún ou celui de cycle de Doha, font découvrir

---

[194] Cette réforme entrée en vigueur en 2011 se présente comme suit : 32% de voix pour les pays européens, États-Unis 17%, pays émergents 43% contre 57% pays développés. Mais les États-Unis disposent d'un droit de veto

[195] Abdoulaye Sawadogo, Un plan Marshall pour l'Afrique ? Harmattan, Paris, 1987

les limites de l'ordre commercial multilatéral décidé lors de la création de l'OMC. Les États semblent reculer devant les exigences qu'ils se sont convenues en 1995. L'ère de plurilatéralisme semble intéresser dès lors que le multilatéralisme vague dans ses eaux troubles, ce depuis des années. Les États préfèrent plutôt des cadres restreints des négociations sectorielles, limités à trois, voire quatre pays. Le plurilatéralisme est donc une forme des contrats et accords volontaires entre blocs (deux, trois ou plusieurs États). Il diffère des regroupements économiques régionaux dans ce sens qu'au sein d'une union d'intégration, un ou plusieurs membres peuvent se mettre à l'égard d'un accord sectoriel, tout en adhérant à d'autres accords régionaux.

Les tentatives se multiplient. En Asie on compte plus de 107 accords (libre-échange) en vigueur dans la zone Asie-Pacifique. Il s'agit, notamment de : a) (A.L.E. Inde-Sri Lanka, A.L.E. Australie-Corée ; b) Partenariat économique régional global (*Regional Comprehensive Economic Partnership*), engagés en 2012 entre les pays de l'ASEAN, l'Australie, la Chine, l'Inde, le Japon, la Corée du Sud et la Nouvelle-Zélande ; c) l'Accord de Partenariat Transpacifique (*Comprehensive and Progressive agreement for TransPacific Partnership*) ; d) la zone de libre-échange entre pays de la côte est du Pacifique (Canada, Chili, États-Unis, Mexique, Pérou) et pays d'Asie-Océanie (Australie, Brunei, Japon, Malaisie, Nouvelle-Zélande, Singapour, Vietnam)[196]. En Afrique, également, outre les 14 regroupements d'intégration, on note la naissance de la Zone de libre-échange continentale conclue entre les 54 pays.

---

[196]https://www.diplomatie.gouv.fr/fr/dossiers-pays/asie-oceanie/les-dynamiques-d-integration-regionale/les-accords-commerciaux-et-zones-de-libre-echange

Les États s'imaginent que le renforcement des marchés régionaux, la création de l'emploi, la meilleure allocation des ressources, la libéralisation des flux financiers et les accords commerciaux en groupes restreints peuvent réellement conduire aux avantages réciproques.[197] Il ne s'agit pas d'une entorse à la mondialisation, mais d'une forme réduite et transparente de coopération entre un nombre réduit des membres qui sont solidaires et peuvent résoudre des différends qui surgissent. L'OMC estime même que ces accords constituent la base d'un multilatéralisme cohérent. Donc, pas d'opposition entre globalisation et régionalisme.

En Asie, les résultats enregistrés, durant, ce cadre (plurilatéralisme économique) sont encourageants. Les échanges qui étaient de l'ordre de 55 % (2010 et 2015), progressent et atteignent les 57 % fin 2016 (ministère français des Affaires étrangères) ; les IDE représentant 48 % du total des investissements en 2015, ils s'élèvent désormais à 55 % du total ; les actifs étaient à 12 % détenus par des entités asiatiques en 2001, ce résultat passe à 16 % en 2016 ; la dette en Asie-Océanie était à 15 % détenue par des investisseurs asiatiques en 2016 ; soit un quasi-doublement en quinze ans[198]. Pourquoi ? L'élimination des obstacles aux échanges et le développement des flux facilités par les banques régionales conduit à l'égalisation des conditions et des opportunités d'accéder aux autres marchés. En Afrique, également, bien que le score de l'intégration soit faible par rapport aux autres régions, il est démontré qu'en matière du commerce, le progrès est en cours, quoique timide. Les deux indices les plus faibles sont celle de l'intégration productive et de l'intégration macro-économique et financière, avec

[197] Lire à ce sujet, Analyse comparative des processus d'intégration économique régionale, ministère de la Coopération et du Développement, sous la direction de Philippe Hugon, Paris, 2001

[198] Ministère français des Affaires étrangères, Les accords commerciaux et zones de libre-échange, juin 2018

respectivement, 0,381 et 0,384[199]. Les pays de la CAE, de SADC et de CDEAO réalisent le meilleur indice par rapport aux autres sous régions, selon De block et Ochozias A. Gbaguidi[200].

**Graphique 4. L'Indice de l'intégration régionale en Afrique**

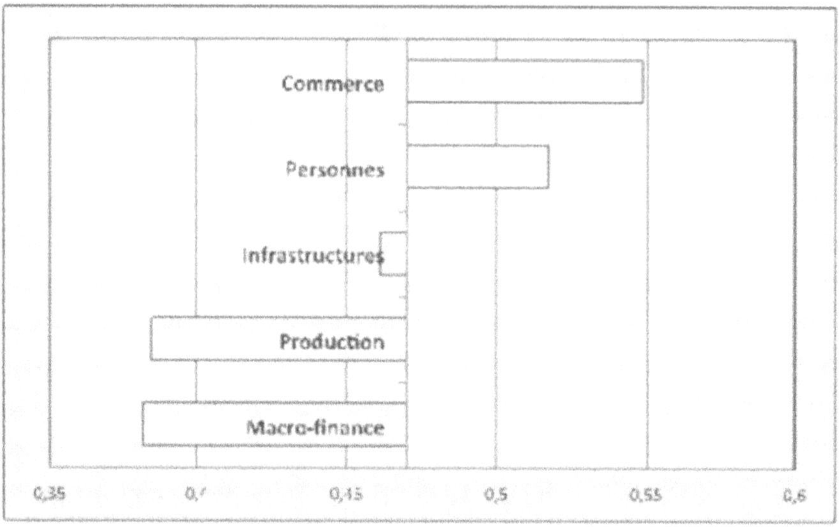


Source : Christian Deblock, 2017

Les États sont convaincus du bienfondé de ce choix jugé beaucoup plus solidaire. Ceci justifie le foisonnement des organisations plurilatérales. Certaines sont au-delà de la simple phase de zone de libre-échange ; elles combinent celle-ci avec

[199] Christian Deblock, L'indice d'intégration régionale en Afrique, in https://journals.openedition.org/interventionseconomiques, 2017

[200] Ochozias A. Gbaguidi, Cinquante ans d'intégration régionale en Afrique : un bilan global, in Techniques Financières et Développement 2013/2 (N° 111),

l'union douanière, le marché commun, union économique et monétaire, voire politique.[201]Les autres regroupements avancent à petits pas[202] à cause de plusieurs facteurs.[203] À cet effet, le rapport de la CNUCED sur le développement en Afrique (2013) fait ressortir des projections possibles. « Si tous les pays africains réduisaient les obstacles tarifaires entravant le commerce intra-africain et si le coût de transport le plus bas était appliqué dans la région, le niveau de vie augmenterait en moyenne de 1,013 % par an. Ce gain serait plus élevé dans certaines régions que dans d'autres. Le niveau de vie moyen des pays membres de l'Union douanière d'Afrique australe (UDAA) augmenterait par exemple de 1,615 % par an, ce qui représenterait une augmentation de 17 % sur

---

[201] À titre d'exemple, on a : Mercosur (1991), Communauté de développement de l'Afrique australe (1992), Accord de libre-échange centre européen (1992), Coopération économique de la mer Noire (1992), Initiative Centro-européenne (1992), ALENA (accord de libre-échange nord-américain) (1994), Marché commun de l'Afrique australe et orientale (1994), Communauté d'Afrique de l'Est (1994), Union économique et monétaire ouest-africaine (1994), Association des États de la Caraïbe (1994), Communauté andine (1996), Communauté économique et monétaire de l'Afrique centrale (1998), Communauté des États subsahariens (1998). La coopération économique de la zone Asie-Pacifique, connue sous le nom de Asia Pacific Economic Cooperation (APEC), 1989. L'ANASE (ententes de libre-échange avec la Chine, le Japon et l'Inde. Asia Pacific Economic Coopération (APEC). MERCOSUR (marché commun du cône sud-américain), CCG (conseil de coopération des États arabes du Golfe)

[202] La renonciation à certains accords, notamment ceux qui réunissent les États-Unis aux pays de l'Asie du Sud Ets et de l'Amérique du Nord prouve à suffisance que dans ces regroupements, il a bien les perdants et les gagnants. Tous les États membres ne bénéficient pas de mêmes avantages, même si l'assouplissement des règles en faveur de certaines petites économies est permis.

[203] L'étude réalisée sous la direction de Hugon relève certains obstacles, notamment, l'étroitesse des marchés, l'inélasticité de la demande, le coût lié à la perte des recettes douanières, la non-convertibilité des monnaies, le manque des infrastructures, la non-diversification de la production, le caractère extraverti des économies, l'absence des économies homogènes.

dix ans ». L'élimination des droits de douane sur l'ensemble du continent et une réduction des coûts de transport auraient une incidence plus importante sur le niveau de vie que les différents scénarios prévoyant la libéralisation des échanges entre l'Afrique et ses partenaires extérieurs, à savoir l'Union européenne, les États-Unis d'Amérique, le Brésil, la Chine et l'Inde[204] » (UNDP, 2011a). Cette simulation reste, on le sait, au stade de balbutiement. Elle peut devenir une réalité au cas où les obstacles douaniers et non douaniers sont éliminés réellement. Or, en pratique, de nombreux pays n'osent passer ce simple stade de libre-échange à celle de l'union économique. Certaines organisations régionales sont de façade et relèvent de la simple imitation. L'inégalité de développement entre les membres n'autorise pas aux petites économies dépendantes d'une exportation à renoncer aux anciens liens de partenariat, au profit d'un régionalisme profitable à tous. Les pays qui tirent profit sont ceux qui disposent des infrastructures avancées et qui renforcent leurs processus d'industrialisation et qui ont déjà un réel marché intérieur. Car, on n'intègre pas les institutions, mais les marchés. Et un des critères de réussite de l'intégration c'est la proximité (pas géographique), mais économique des États membres (convergence macroéconomique). Chaque région africaine dispose des organismes communs d'investissements ; des textes légaux sur la libéralisation des échanges et la construction des infrastructures propices aux marchés communs ou uniques. Ce qui manque c'est l'épargne interne propice qui peut être mobilisée, c'est aussi la sécheresse des investissements productifs ; c'est aussi, la non-diversification de la production et les déficits chroniques des balances des paiements. Ce qui manque, c'est aussi l'étroitesse des marchés peu ouverts et

---

[204] CNUCED, Afrique, Commerce intra-africain : libérer le dynamisme du secteur privé, Rapport 2013

ne disposant pas des capacités d'attractivité : croissance peu soutenue, niveau des revenus peu élevés, main-d'œuvre non qualifiée, absence de l'esprit d'innovation technologique. Ce qui manque également, c'est la convertibilité des diverses monnaies nationales des États membres et la libre circulation des biens et des personnes. Les formalités d'usage pour investir ne sont pas facilitées, même entre les pays membres d'OHADA (organisation pour l'harmonisation du droit des affaires).

Dans ce cas, nombreuses conférences organisées par ces regroupements, même si elles permettent la création légale des opportunités ainsi que les corrections des contraintes, elles (conférences) ne sont pas suivies de véritables projets intégrateurs. Il existe ainsi, en Afrique, une riche littérature sur le sujet (intégration), sans que celle-ci dépasse le simple stade de proclamation des projets.[205] La mise en œuvre de la zone de libre-échange réunissant les 54 États africains est saluée par les dirigeants comme le début d'un bon départ en matière de l'intégration commerciale. Mais, nul n'ignore qu'il existe plus de 10 associations d'intégration africaine dont les phases de libre-échange sont lancées depuis de décennies, mais sans effet. Il n'est pas évident que les différentes messes des chefs d'État tenues à Niamey, à Johannesburg, à Addis-Abeba, à Kigali, etc., se clôturent par des promesses ratifiées, sans qu'elle soit suivie de véritable réduction des tarifs douaniers (source importante des recettes budgétaires pour nombreux pays pauvres).

Souvent, l'Union européenne passe pour être le modèle de référence. Les critères de convergence des économies des États membres sont plus ou moins réunis ; ceci explique l'adhésion de

---

[205] La défragmentation de l'Afrique Approfondissement de l'intégration du commerce régional des biens et services, Banque mondiale, 2012

nouveaux pays, en dépit du Brexit. Néanmoins, la monté du populisme politique, sur fond de rejet de l'immigration clandestine dans certains pays, a un soubassement économique. La crise en Grèce, en Irlande, en Espagne, au Portugal a démontré les déséquilibres économiques au sein de l'Union. Le Brexit en est une conséquence. Et les autres dirigeants en France, en Italie, en Pologne, en Hongrie, en Autriche sont disposés à emboiter le pas, réclamant une révision des accords en vue d'accorder plus de place aux politiques commerciales et industrielles autonomes. Autrement dit, l'Union européenne piétine ; sa bureaucratie écrase les initiatives de croissance nationale aussi. La concentration des compétences à Bruxelles laisse croire à certains dirigeants que la souveraineté des États membres devient trop limitée. En dépit de ces limites, l'Union européenne demeure un bel exemple de regroupement économique régional.

### 3. L'inutilité de Bâle I, Bâle II et Bâle III

À chaque crise correspondent des concertations qui ont donné naissance à l'élaboration des règles de gestion prudentielle des crises. Ces accords concernent la gestion prudentielle des risques des crises, notamment : le ratio de solvabilité bancaire, le ratio d'effet de levier, la gestion de risque de liquidité et de risque de contrepartie (capacité de résilience). Mais, entre 1900 et 2018, le monde comptabilise 20 crises majeures, sans compter des crises locales de moindre importance.[206] Bâle III est entré en 2010. Entre cette date et 2020, on compte 7 crises. Quelles en sont les causes ? Ces crises souvent systémiques découlent de plusieurs facteurs : manipulation des taux d'intérêt, la stérilisation des réserves, la

[206] Wikipédia.org, c

liberté des choix de taux de change (libre, flottant ou intermédiaire), inflation ciblée ou pas, spéculation boursière, déprime de l'offre ou de la demande des produits de base, déficits chroniques des dépenses publiques, surendettement des agents économiques, des prêts risqués, faillites des banques, la volatilité des investissements et dérégulation des marchés financiers déconnectés avec l'économie réelle, tendances défavorables des niveaux intérieurs de consommation, la dévaluation compétitive, les politiques commerciales agressives (dumping), etc. Le modèle de l'enchevêtrement de la crise de 1998/99 ci-après renseigne qu'un facteur peut entrainer d'autres et provoquer la contagion.

**Graphique 5. Enchaînements économiques de l'international au national**

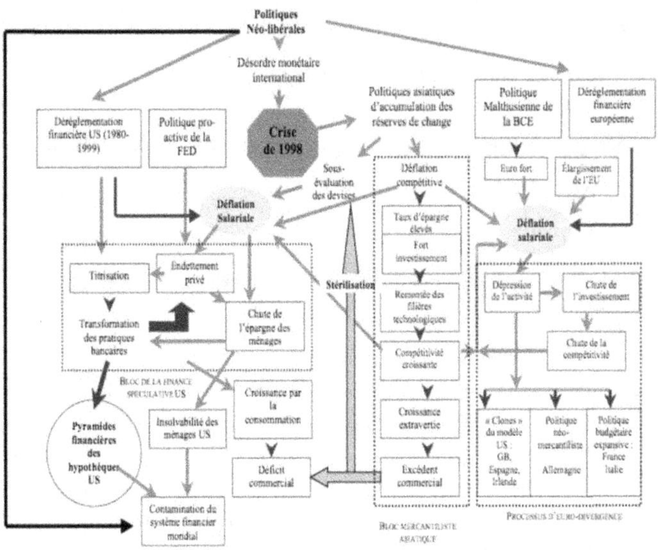


Source : Jacques SAPIR, 2008

Faut-il tirer finalement un trait sur la gouvernance globale de l'économie à cause des failles de l'ordre de Bretton Woods, telles évoquées ci-haut ? Le désordre ne signifie pas la fin de l'économie libérale. Depuis la fin des trente glorieuses, l'économie est marquée par des périodes d'accalmie et de récession[207]. On n'a pas encore enregistré une dépression généralisée ces dernières décennies[208]. En principe, la caractéristique de l'économie est son équilibre ainsi que son déséquilibre à répétition.[209] C'est sa nature.[210] À chaque période correspond une tendance : croissance, récession et reprise. Ces trois cycles sont, soit de longue ou de courte durée. En dépit des crises, on ne peut pas imaginer aujourd'hui un pays en autarcie totale. C'est une utopie, d'autant plus que même au niveau interne, une économie ne peut pas éviter son ralentissement. L'évolution de déséquilibre de l'après trente glorieuses a donné lieu à des thèses distinguant chacune des crises. Et comme nous pouvons le constater, les causes sont aussi bien macroéconomiques que microéconomiques.

Partant de la crise de 2008, les auteurs ont produit plusieurs modèles d'explication. Krugman, flood, et Garber ont attribué les premières crises apparues en Amérique latine au cours des années 70/80, y compris en Russie, aux déséquilibres persistants

---

[207] Paul Krugman, 2009, Pourquoi les crises reviennent toujours, Éditions du Seuil, Paris.

[208] Les craintes se manifestent partout à cause des effets du Covd-19. Mais, les mesures envisagées par les États-Unis, l'UE, la Chine, l'Allemagne ou la France, laissent penser que la reprise de l'économie sera rapide.

[209] Depuis des années, les crises sont devenues le propre des économies nationales, ayant des contagions sur le reste du monde.

[210] Il existe une riche littérature sur l'histoire des crises depuis le 17e siècle ; lire Alain Desrosieres, Crises économiques et statistiques de 188O à 2010, Innovation Review, Paris, août 2010 ; on peut aussi lire une analyse très intéressante : Théories de la crise et politiques économiques, sous la direction de André Grjebine, Ed. Seuil, 1986

des fondamentaux macroéconomiques, notamment : le surendettement, l'inflation élevée, l'effondrement des prix des matières premières, l'excès de l'offre de monnaies et le déficit cumulatif de la balance courante. La deuxième génération (Obstfeld, 1994) des crises est caractéristique des attaques spéculatives et des anticipations des agents économiques à la suite du comportement des marchés financiers et à l'imperfection de l'information[211]. Ces crises ont vu jour en Asie du Sud-Est, dans les pays essentiellement émergents. La troisième génération (Pesenti et Tille, 2000 ; Krugman, 2001 ; Flood et Marion, 1999 ; Cailleteau et Vidon, 1999 ; Krugman, 1999 ; Corsetti, Pesenti et Roubini, 1998) est en revanche caractérisée par des tensions microéconomiques, notamment : la fragilité des systèmes bancaires, les faillites dues à l'endettement excessif des banques, la dégradation des bilans des entreprises. Tandis que la crise de « surprime », qualifiée de quatrième génération (Krugman) a donné lieu à une nouvelle réflexion basée fondamentalement sur les actifs toxiques et l'endettement des ménages ayant eu une contagion à l'ensemble du système économique (crise du système) à partir des faillites des banques et des bulles spéculatives qui en ont suivi[212]. On peut toutefois l'associer à l'approche microéconomique (3e génération).

La lecture de ce qui précède permet de souligner une remarque. Les crises découlent de plusieurs causes. Elles sont localisées ou transmises à d'autres régions. Elles sont inévitables et cycliques[213]. Elles se déclenchent à la suite de rupture des

---

211 Obstfeld, M. (1996). "Models of currency crises with self-fulfilling features," European economic review, 40(3), 1037-1047.

212 Diamond et Dybvig (1983), endettement excessif, aléa moral (Krugman, 2001 ; Corsetti, Pesenti, Roubini, 1998), dégradation des bilans (Krugman, 2001 ; Mishkin, 1999…), poids des dettes extérieures à court terme par rapport aux réserves (Stiglitz, 2000).

213 Antoine Bouveret et Henri Sterdyniak.

équilibres macro ou microéconomiques : épargne, investissement, inflation, stock des réserves, variation des termes de l'échange, variation du volume de la monnaie de base, variation des taux d'intérêt, mauvais bilans, chocs exogènes. Par exemple, dans les études sur le taux de change de l'équilibre[214], pour prendre ce cas, William John estime que le meilleur taux est obtenu lorsque le plein-emploi et l'équilibre extérieur sont réunis. Clark et MacDonald estiment aussi que le taux de change d'équilibre comportemental à court ou à moyen terme peut être obtenu à l'aide des estimations économétriques de corrélation entre les termes de change, la productivité du travail, le stock d'actifs étrangers nets, le taux de chômage. Stein et Allen assurent que le taux de change naturel de long terme serait le fait de l'équilibre de la balance des paiements en l'absence des facteurs cycliques, notamment la variation des flux des capitaux, la spéculation et la variation des réserves de change. Cette analyse est soutenue aussi par Jean-François Hoarau, dans son étude sur l'approche microéconomique du taux de change réel d'équilibre. Il conclut que « l'équilibre de long terme est déterminé par la réalisation simultanée de trois conditions, à savoir : a) l'équilibre de portefeuille en situation d'imparfaite mobilité des capitaux, b) l'équilibre interne qui signifie l'équilibre du marché des biens et services, protégé de la concurrence internationale et c) l'équilibre externe. »[215] Bien que ces approches ne réunissent pas l'unanimité à la suite des vérifications empiriques, elles gardent leur valeur théorique très riche de renseignements. Les crises sont le propre de l'économie du marché.

---

[214] Lire notre livre sur la dépréciation du franc congolais, harmattan, Paris, 2018

[215] Jean-François Hoarau, « L'approche microéconomique du taux de change réel d'équilibre », Revue de la littérature théorique, Revue d'analyse économique, Vol. 85, n° 4, décembre 2009, p. 403-436.

Les politiques appliquées ne sont pas nécessairement les mêmes. L'orthodoxie de Bretton Woods tendant à corriger ces crises par les mêmes remèdes s'est avérée utopique. Les remèdes appliqués ailleurs, peuvent ne pas l'être dans d'autres cas. Il n'existe pas un schéma unique de sortie des crises. Nous y revenons dans la section suivante. Notons au passage qu'il y a aujourd'hui des observations dites apocalyptiques qui annoncent la fin de la stabilité et l'entrée dans une nouvelle crise systémique. Ces analyses découlent du fait que le plein emploi aux États-Unis s'essouffle de plus en plus. Depuis plus de 2 ans, la croissance chinoise soutenue sans relâche, elle enregistre sa de 9 à 6%. D'autre part, les banques qui sont à la base des crises précédentes s'évertuent à nouveau dans une nouvelle aventure des prêts risqués. Ce qu'il faut retenir est que les marchés réels et virtuels réunissent naturellement toutes les conditions permissives des contagions des crises à l'échelle globale. Les prévisions, même probables, ne peuvent pas aider à éviter les déclenchements. L'instabilité est donc le propre de l'économie.

**Liste1 : Quelques crises économiques et financières (1907-2018)**

1) Panique bancaire américaine de 1907 ;

2)1929-1937 : Grande Dépression mondiale ;

3)1973 et 1979 : crise provoquée par les chocs pétroliers ;

4) 1993 : crise liée en partie à la crise du Système monétaire européen (SME) ;

5)1994 : crise économique mexicaine (provoquée par une dévaluation du peso mexicain) ;

6)1997 : crise économique asiatique (Asie du Sud-Est) ;

7)1998 : crise financière russe de 1998 ;

8)1998-2002 : crise économique argentine ;

9)2000-2001, la bulle Internet s'est dégonflée et a provoqué un ralentissement économique ;

10)2002 : crise turque (dévaluation de la livre turque) ;

11)2007 : Crise économique (2008 et après) liée à la crise financière de 2007-2010.

12)2008 : crise économique espagnole

13) 2009 : crise de la dette publique grecque,

14)2010 : crise économique portugaise

15)2012 : crise économique vénézuélienne

16) 2014 Crise économique du Brésil

17) 2014 Crise du rouble russe de 2014-2015

18) 2015 Krach boursier de 2015 en Chine

19) 2018 Crise de la livre turque de 2018

20) Crise économique argentine de

2018 2018

Source : Wikipédia

## 4. Des politiques économiques conventionnelles futiles

Le carré magique de Nicholas Kaldor renseigne que les politiques économiques visent quatre objectifs : croissance, stabilité des prix, plein emploi et équilibre des comptes extérieurs. Le développement n'est pas pris en compte ici. À son époque, croissance était synonyme de développement. Il est supposé que derrière la croissance se cache ce 5é objectif, d'autant plus que différents auteurs confondent les deux. Il est pourtant prouvé que dans les pays en proie au sous-développement, la croissance, même exponentielle peut être atteinte, sans que le développement s'en suive. Les gouvernements dans ces pays, s'activent à proclamer les taux de croissance, se félicitent de les atteindre, sans toutefois en dégager les bénéfices économiques et sociaux utiles.

Ce sont les 4 objectifs de Kaldor qui font généralement objet des politiques conjoncturelles et structurelles de chaque gouvernement. Mais, une nouvelle macroéconomie est née à dater des crises des années 70/80, au vu de l'impasse des approches classiques suggérées en cas des crises, lesquelles approches justifient, encore une fois de plus, la raison d'être de l'ordre de Bretton Woods. Cette nouvelle macroéconomie porte sur la politique économique de rationnement, et elle est fondée sur les conflits possibles entre différents objectifs visés par les différentes approches et différents instruments des politiques monétaires et budgétaires applicables pour venir à bout des crises conjoncturelles et stabiliser ou relancer les économies[216]. Elle marque ainsi le croisement entre néoclassiques et néokeynésiens.[217] Les crises, mêmes jumelles et systémiques trouvent généralement des réponses au niveau de chaque pays concerné, à travers une batterie des politiques macroéconomiques classiques ou conventionnelles. Les répercussions des remèdes se transmettent ensuite vers les autres économies connectées. Cette nouvelle théorie suggère les nouveaux choix économiques en cas des crises de l'offre, de la demande, de la monnaie et de l'emploi, mais aussi en cas des déséquilibres des comptes extérieurs.

Durant les crises jumelles des années 70/80, les aides publiques, le soutien à l'emploi, le redressement industriel (relance de la production et de la consommation à la fois) dans plusieurs pays industrialisés ont été menés avec rationnement sans recours à l'orthodoxie classique. La logique de ces interventions publiques était fondée sur la gestion de l'incertitude et celle des conséquences liées à l'asymétrie de l'information. Dans l'ensemble, il s'agit de la synthèse des idées néoclassiques et néokeynésiennes. Cette régulation discrétionnaire, non conventionnelle[218] implique à ignorer la recherche, à tout prix, de l'équilibre général walrasien.

---

[216] Blaise Sary Ngoy, La dépréciation du Franc congolais (2001-20018). Effet d'hystérèse. Harmattan, 2018

[217] Lire la réflexion de Bruno Ventelou, « Les grands courants. Nouveaux keynésiens, nouveaux classiques : vers une nouvelle synthèse ? » in La pensée économique contemporaine. Cahiers français n° 363.

[218] Jean-Pierre Allegret, Le renouvellement de la politique monétaire : quelle place pour la politique monétaire non conventionnelle dans le futur ? avril 2017 ; J.-P. Allegret et C. Cornand (2013), « Une analyse informationnelle de la crise financière récente », Revue française d'économie, vol. 28, 2013/3, p. 213-264 ; C. Antonin, C. Blot, P. Hubert, F. Labondance, C. Mathieu, C. Rifflart et V. Touzé (2013), « Politiques monétaires : est-ce le début de la fin ? », Revue de l'OFCE /Analyse et

La synthèse se justifie du fait que les déséquilibres sont inhérents à l'évolution économique. Pour sortir d'une crise, il n'existe pas de solution idéale qui laisse la place aux seuls mécanismes d'autorégulation du marché par l'équilibre de l'offre et de la demande. La main visible a son importance (Keynes) ; elle oriente le comportement des marchés, recherche les points de corrélations des variables, scrute l'information, minimise les risques, anticipe les failles (tendances), rétablit les équilibres, etc. Le marché a aussi besoin d'une régulation et non d'un interventionnisme autoritaire des pouvoirs publics ou des institutions nées de Bretton Woods.

Ce rôle de régulation a été mené par les banques centrales (approches de rigueur et expansionniste à la fois, mais avec dose), intervenant en dernier ressort, avec l'aide des conseils fournis par les analyses des différents auteurs qui se sont intéressés aux solutions des crises des années 70/80, notamment : Robert Clower (1965), Axel Leijonhufvud (1967-68), Edmond Malinvaud (1977), J-P Bénassy (1976), Krugman (1979, 2000) Tornell (1999)[219].

Pourquoi ? En fait, les marchés financiers : bourses et banques en difficulté ne pouvaient assumer le rôle classique de fournir la liquidité, d'autant plus que certaines banques enregistraient aussi des failles. Ainsi est apparue l'importance de la place de l'État dans la régulation des déséquilibres. Ce rôle se focalise sur l'économie nationale d'abord, avec espoir que les économies qui se redressent peuvent tirer vers le haut celles qui y sont connectées. Keynes était ressuscité. Car, les néokeynésiens ont réussi à établir le pont avec les néoclassiques. Pour ce faire, en Europe, le montant de

prévisions, n° 130, p. 225-262. ; L. Ball (2014), "The case for a long-run inflation target of four percent", IMF Working Paper, WP/14/92, juin.

[219] Wikipédia, Le néo keynésianisme, 2017.

155,85 milliards d'euros était nécessaire pour sauver les banques. De même, aux États-Unis, on a compté 11 banques en faillite ; la Fed a assuré à ce sujet les prêts estimés entre 400 et 600 milliards, selon l'OCDE ; entre 650 et 945 milliards selon le FMI.

Dans un tel contexte, chaque pays a entrepris la recherche des remèdes par le recours à l'expansion des crédits, mais d'une manière sélective. Le rôle de l'État étant mis en exergue, il s'est avéré que la théorie classique de la main invisible était devenue une fiction face aux échecs de l'auto stabilisation des marchés. En effet, dans une période de crise systémique, comme celle vécue en 2008 (surprime), quel choix fallait-il opérer entre le recours à la restriction et à l'expansion des dépenses ? Du point de vue classique, la politique de restriction était conseillée. Or, il s'est avéré qu'elle ne présentait pas la solution idéale ? Fallait-il sauver l'emploi en priorité ou redresser l'offre ? Fallait-il viser un seuil de l'inflation sans veiller à l'accroissement de la masse monétaire due aux avances de la banque centrale ? Quelle simulation réussirait ? Fallait-il baisser ou hausser les taux d'intérêt sans tenir compte du taux de croissance visé ? Fallait-il racheter les titres hypothécaires risqués, les billets de trésorerie et les obligations privées sur les marchés, alors que ces titres toxiques n'avaient plus de valeur ? Fallait-il abandonner les entreprises en faillite ou leur accorder des prêts, de quelle nature, tout en tenant compte du poids de la dette publique ? Fallait-il rétablir certaines barrières commerciales et soutenir les entreprises moins compétitives sans entraver le libre-échange ? Bref, quelles politiques monétaire et budgétaire étaient nécessaires dans une situation de crise systémique ? D'où la logique de politique de rationnement.

Sur le plan industriel également, quelle politique était indiquée pour sortir de la crise, tout en veillant au ratio dette publique/PIB ?

Quel secteur était prioritaire dans ce contexte de crise systémique ? Dans tous les cas, il apparaît évident que les politiques discrétionnaires (volontaristes) valaient de la peine. La condition indispensable pour chaque pays était de disposer de l'épargne nationale nécessaire : revenu de seigneuriage et réserves accumulées. Les recettes fiscales ne pouvaient pas prévaloir durant la récession ; bien au contraire, c'est le moment où le choix de réduction des impôts devient une nécessité. Sans l'épargne, il serait impossible aux banques centrales de jouer leur rôle de prêteur en dernier ressort ; dans le cas contraire, les déficits et l'endettement excessif s'en suivraient ; sauf si la Banque procède à la nouvelle création monétaire par le recours à la planche.

Durant cette période, le pouvoir des Institutions (MB, FMI, OMC) a disparu. Elles sont devenues de simples observateurs chargés de l'expertise. Les réunions de G20 n'ont dégagé que les recommandations relatives à la gestion prudentielle des risques et à l'anticipation des crises futures[220]. Elles n'ont pas empêché les États à appliquer les mesures des corrections ad hoc, ignorant l'orthodoxie conseillée par les économistes. Le Conseil de stabilité financière mis en route par les G20 n'a assumé que son rôle de producteur des normes, en association avec d'autres instances : le comité de Bâle, l'OCDE, la Banque Mondiale, etc., mais ces normes non contraignantes ne sont pas applicables à chaque crise et pour un marché financier intégré, avec mille et une connexions.

Dans les années qui viennent, la sonnette d'alarme alerte déjà sur les mauvaises perspectives. La dette mondiale est en train d'exploser, les banques qui prêtent ne disposent pas d'assez de

[220] Les recommandations portent sur le niveau des fonds propres, sur le ratio de levier et sur la couverture des risques systémique par la limitation des crédits

liquidité. La croissance de la 2e économie du monde enregistre, tout de même, un repli par rapport aux dix dernières années, les taux d'intérêt trop bas, voire négatifs peuvent exciter l'endettement. La croissance américaine n'est pas prête à assurer la relance de l'économie mondiale, en cas de crise.[221] Les effets de Covid-19 sont à craindre. Mais, on peut constater que le rationnement est de nouveau en vigueur. Les États-Unis mettent sur la table une enveloppe de plus de 2000 milliards de $. L'Union européenne a suspendu sa surveillance des dépassements budgétaires ; elle permet aux États membres d'aller au-delà ; la France, l'Allemagne, l'Italie, etc., tous ces membres s'appliquent à relancer leurs économies à l'aide des instruments non conventionnels.

[221] Olivier Passet, Xerfi, Le monde sur un volcan monétaire et financier : quel risque de crise ? in, La Tribune, août 2019

# Chapitre 5

## L'Afrique et les trappes à pauvreté

Et l'Afrique dans tout ceci ? Où se situe-t-elle ? Est-elle épargnée par les effets hétérogènes de la globalisation ? Pas du tout ! Elle est en marge, insérée dans le désordre de Bretton Woods, sans y tirer profit, même durant les trente glorieuses. Lors de leurs indépendances, les nouveaux États (c'est ainsi qu'ils furent dénommés par J.-B. Duroselle et J. Meyriat en 1962, dans un ouvrage collectif, publié chez A. Colin, Paris)[222] se sont réunis deux fois, à Alger et à Bandung, en vue de fixer le choix de leur avenir dans les relations économiques internationales conçues le lendemain de la Seconde Guerre. Ces États sont devenus, nombreux, souverains au début des années 60. Bien avant cette date, ils étaient absents sur la scène internationale et étaient juste des colonies d'exploitation. Devenus indépendants, ils ont manifesté le désir, avec raison, de participer dans les relations économiques internationales ? Mais, quelles relations ?

Trois options furent sur la table : le non-alignement, l'intégration dans l'ordre libéral ou l'inclusion au sein du bloc communiste (économie planifiée). Le non-alignement, bien que

[222] Ils totalisent, pour les uns 70 ans, pour les autres 60. Sont-ils encore nouveaux dans les relations internationales ?

proclamé officiellement comme choix, il n'a malheureusement pas eu gain de cause. Son contenu était d'ailleurs idéologique, vague, en rapport avec le système bipolaire de l'époque. Quel système économique découlerait d'un non-alignement, pour des pays qui, à peine sortis de la colonisation, avaient encore des liens intacts de dépendance (politique, culturelle et économique) vis-à-vis des ex-métropoles (Centre/Périphérie) ?

Ainsi, nombreux dirigeants, par pragmatisme, optèrent pour l'économie du marché. Ils se sont inscrits dans la logique de l'ordre de Bretton Woods et ont adhéré au sein des institutions (FMI, BM, GATT, OMS, ONU et ses autres organismes spécialisés), espérant bénéficier des avantages qui en découleraient, notamment : l'aide au développement, le libre-échange, gains des accords privilégiés et sans réciprocité, l'aide à l'industrialisation, l'appui aux programmes sociaux : santé, éducation, emploi, etc. Ils en avaient besoin à l'heure où la décolonisation nécessitait des plans et programmes qui étaient encore inexistants. N'a-t-on pas accusé les puissances coloniales de n'avoir pas préparé l'accès à l'indépendance de leurs colonies ? Nombreux ont acquis cette indépendance suite à leurs révoltes armées soutenues par des milieux hostiles à l'exploitation économique éhontée qu'elles subissaient. L'espoir de véritable coup de pouce reposait sur l'appui de ces institutions.

Mais, depuis plusieurs décennies d'accès à la souveraineté, le continent est à la dérive ; il est en marge ; sa part dans le commerce mondiale avoisine 3 % (moyenne), ce durant plus de deux décennies ; celle des investissements entrants est de ± 2 %. Son PIB moyen est de 4 % par rapport au PIB mondial (2018). Il a progressé de 3 % entre 2001 et 2014. Il s'agit ici de la part des 54 pays (1,2 milliard d'habitants). Les espoirs ont laissé place aux illusions, en dépit des statistiques parfois encourageantes sur la croissance saisonnière, statistiques souvent contradictoires. Le passage à la souveraineté est entaché des irrégularités. Certains auteurs tiers-mondistes estiment qu'il (passage) est de façade. Et la globalisation est en train d'achever la marginalisation. La diversification des partenaires n'est pas un salut. Elle renforce la désarticulation économique. On n'est pas intégré dans la globalisation tant qu'on n'y tire pas profit. Celle-ci est une porte ouverte à la compétitivité. Des petites économies sont écrasées.

Quelles en sont les raisons ? Loin de l'intégration, ces pays ont été mal insérés dans cet ordre, avec toutes les conséquences visibles aujourd'hui. Nombreux auteurs de l'économie du développement ont pointé du doigt la mauvaise qualité du travail, le manque de compétitivité commerciale, la jeunesse des industries souvent tournées vers les marchés extérieurs, la détérioration des termes de l'échange, le dualisme des cultures (l'une basée sur l'appropriation, et l'autre sur les traditions), les dictatures ou l'autocratie, la gestion clientéliste du pouvoir, le manque de mobilisation de l'épargne nationale, la faible consommation intérieure et le revenu en dessous du seuil de la pauvreté. Mais les politiques menées ensemble au niveau national, régional, bilatéral et multilatéral ne parviennent pas à vaincre ces causes. Ni la substitution aux exportations, ni l'économie endogène, ni l'industrie industrialisante, etc., aucune stratégie ne semble porter des fruits. Nous en sommes là, bientôt 60 ans. En voici les preuves.

## 1. Les décennies perdues de la course au rattrapage

Le développement a été défini comme un retard à rattraper. Les indicateurs ont été établis pour mesurer le schéma parcouru par chacun de ces États, en suivant les traces des modèles proposés par les économistes libéraux (Rostow, Romer, Barro, Hirschman, Perroux, Lucas, Rosenstein-Rodan), œuvrant dans des institutions des recherches. Le slogan des années 60 était alors celui de rattraper le retard en matière de croissance et du développement. Il fallait à tout prix atteindre le niveau du bien-être réalisé par le vieux continent. Des courants théoriques ont donné naissance à ce que l'on appelle aujourd'hui : l'économie du développement[223]. Des plans et des programmes d'aide conçus tant par la BM, le FMI que par les partenaires bilatéraux ont foisonné. Les institutions spécialisées de l'ONU et des organisations régionales se sont mises en œuvre pour guérir les pays malades du sous-développement.

Mais, plus de 70 ans après, les résultats sont là, mitigés. Le Tiers-Monde, catégorie dans laquelle les Africains se situent encore, a éclaté ; les uns (pays d'Asie) émergent, mais l'Afrique submerge. L'expression est peut- être exagérée pour les chantres du progrès que certains champions du continent réalisent, mais, elle vaut la peine au vu des résultats de l'ensemble. On sait, il n'y pas une économie africaine, mais des économies africaines, avec leurs niveaux fort différents. Le Nord réalise un plus de progrès ; l'Afrique du Sud s'accroche derrière les pays émergents. Quelques géants producteurs du pétrole, comme le Nigeria et le Ghana font des pas en zigzag et accumulent les réserves. L'Ile Maurice est citée comme modèle de diversification. L'Est se distingue, au

---

[223] Industries industrialisantes, priorités sectorielles, substitution aux importations, substitutions aux exportations, développement endogène, bonne gouvernance, gestion saine des finances, équilibre budgétaires, privatisation des entreprises et moins d'États, politique de libre prix, amélioration de la compétitivité structurelle, suppression du dualisme économique, mobilisation de l'épargne, investissements productifs, moins de dépenses sociales, lutte contre la pléthore dans la fonction publique, lutte contre la prédation, etc.

regard des pas réalisés. L'Éthiopie, le Kenya, et le Rwanda sont des exemples cités. Mais la région affectée par la submersion est l'Afrique centrale. C'est le ventre mou. On y trouve tous les qualificatifs : malnutrition, croissance négative, corruption endémique, extraversion des économies, sécheresse énergétique, vétusté des infrastructures, les maladies du siècle, les guerres civiles et ethniques, les autocraties dirigées par les fils à papa, sous couvert des élections arrangées, etc., tout cela, malgré des opportunités offertes par les ressources naturelles : l'eau, la forêt, les minerais, la fertilité des terres vastes et non exploitées, les lacs, les rivières et les fleuves, la diversité biologique.

Dans l'ensemble, le niveau de développement industriel de cette sous-région est en dessous de ce qu'il était avant les indépendances. L'ordre de Bretton Woods n'a donc pas tenu ses promesses. Ces pays sont pris dans leurs trappes à pauvreté. L'appui des partenaires institutionnels semble vouer à l'échec ; il s'inscrit finalement dans la routine. Si les aides ne tombent pas, ils les réclament vivement. Ensuite, ils les critiquent et tendent tout de même les mains pour l'occasion prochaine. L'aide : un mal dont on ne se débarrasse pas ! Il emprisonne, asphyxie les efforts internes. Et devient pour nombreux dirigeants africains, un droit qu'ils réclament aux créanciers.

Que signifient les trappes ? Le concept est usé en économie du développement. On l'attribue à Rostow et à Rosenstein Rodan[224]. Rostow a démontré que le niveau de la pauvreté présent d'un pays est la cause directe de sa pauvreté future, par manque de prérequis. Dès lors, des études ont été consacrées à ce concept aussi bien par les monétaristes que par les keynésiens. Il a fait, toutefois, son bon

[224] Alice Sindringie, Les trappes à pauvreté existent-elles ? Le monde, janvier 2006

chemin en dépit des débats qui l'entourent. De multiples définitions départagent les auteurs. Nous avons retenu celle du Journal *Alternatives Economiques*. La trappe est un piège dans lequel on s'y trouve bloqué, on n'a pas d'alternative pour y sortir, mais les passants ne s'en aperçoivent pas ; on ne se rend pas compte qu'on est pris dans le piège, parce qu'on y est invisible. On finit par être oublié. L'Afrique est-elle invisible dans ce cas, eu égard aux missions de l'ordre de Bretton Woods qui visaient, non seulement la stabilisation des économies, mais aussi, le développement. Ces institutions passent-elles à côté de leurs devoirs ? Les uns diront qu'elle est visible. Les autres répondront qu'elle est dans l'oubli. Oui, l'Afrique est visible, mais dans l'économie monde, elle y est mal insérée depuis la décolonisation.[225] Les institutions de Bretton Woods se sont désengagées de temps en temps, soumettant leurs aides à des conditions, en vain. Elles se disent non responsables des gâchis enregistrés (manque des prérequis). Les coupables seraient des dirigeants, eux seuls qui, de la dictature, voguent aujourd'hui dans l'autocratie confondue avec la bonne gouvernance. La mauvaise gouvernance est accusée comme facteur essentiel des gâchis. Ce n'est plus l'aide liée, encore moins les programmes inadaptés, mais, bien les facteurs endogènes, comme la gestion de la chose publique, la non-absorption des aides.

Nous retenons tout de même que l'aide n'a pas réussi à sortir le continent des trappes à pauvreté. Ceux qui y croyaient étaient aveugles. L'aide est un support et non un atout. Elle permet de réaliser certains projets concrets. Mais, chaque projet isolé ne s'inscrit pas dans l'ensemble des objectifs finaux. La responsabilité est entièrement partagée. La coopération a traversé les âges. Elle fait du sur-place, essoufflée, en dépit des sommes sorties des

[225] Cette analyse est tirée de notre ouvrage : La problématique de l'émergence des économies africaines, Harmattan, Paris 2016

banques dans le cadre de l'aide privilégiée. On a imaginé des projets, des programmes, des plans (ajustement structurel, initiative pays pauvres très endettés, NEPAD, AGOA,) tant au niveau multilatéral qu'au niveau bilatéral et régional. Fort malheureusement, l'Afrique semble se résigner dans ses pièges. Les investissements privés et publics étrangers n'ont pas eu pour but de développer, mais de produire les rentes et les gains en faveur des créanciers et autres prédateurs nationaux et étrangers œuvrant dans le circuit fermé de gaspillage : détournement, concussion, corruption, fraude fiscale, commission, optimisation fiscale, au détriment du trésor public.

Son insertion dans l'économie mondiale répond à la logique de centre/périphérie définie par des liens ombilicaux datant de la colonisation. L'introversion des efforts économiques pour sortir de ces trappes ne tient pas. Le cercle vicieux persiste. Quelle est sa place dans les relations économiques internationales durant ces décennies ? Le multilatéralisme, le bilatéralisme, le régionalisme, le plurilatéralisme, l'endogénéité des plans de développement, etc., quels bilans ? Où sommes-nous avec le fameux programme d'ajustement structurel[226] ? Où sommes-nous avec l'initiative pays pauvre très endetté ? Où sommes-nous avec le plan de Lagos ? Où sommes-nous avec le NEPAD ? Où sommes-nous avec les objectifs du millénaire pour le développement ? On a tout oublié. Maintenant le slogan ambitieux est celui de zone continentale de libre-échange (ZCLE). On saute du coq à l'âne !

---

[226] Le PAS était une série des conditions imposées aux pays en développement, à savoir : dévaluation des monnaies, promotion des exportations, suppression des subsides publics, privatisation de l'économie, réduction des dépenses sociales, suppression des barrières douanières, politique monétaire libérale (contrôle de l'inflation, baisse des taux d'intérêt

Comme nous venons de le souligner plus haut, plusieurs études, avec des résultats contradictoires, ont décrit les causes de ce retard : mauvaise gouvernance, incapacité d'absorption des aides, gaspillages, corruption, mauvaise planification des projets, absence de coordination de la part des donateurs, conditionnalités et taux des prêts élevés, la non-maitrise des facteurs de diffusion technologique. Sur le plan macroéconomique, on accuse les déséquilibres budgétaires, l'inflation non maitrisée, les monnaies inconvertibles, les politiques monétaires laxistes, la fiscalité poreuse. Toutefois, en dépit des tentatives de correction, les résultats tardent à se manifester dans nombreux pays. Quelques chiffres édifiants : « 407 millions de personnes, soit 40 % de la population de l'Afrique subsaharienne vit sous le seuil de pauvreté, avec un accès limité à l'eau, à l'électricité, aux soins de santé de base et à une éducation rudimentaire. L'Afrique concentre, en 2015, plus de la moitié des pauvres de la planète, contre un quart en 2002 »[227]

## 2. Les assauts vers l'émergence : une euphorie éphémère

Il y a peu, le concept en vogue était le développement. Aujourd'hui, on l'a oublié au profit de celui de l'émergence. C'est un gros slogan qui inspire parfois crainte et espoir dans le chef de ceux qui l'utilisent et de ceux qui le reçoivent à la figure[228]. Sous d'autres cieux il est même interdit de contredire le discours

[227] Gondia Sokhna Seck*, Emmanuel Hache et Rebecca Martin, in The conversation.com, janvier 2019

[228] Cette analyse est un extrait de notre réflexion déjà publiée dans : La problématique de l'émergence des économies africaines, éd. Harmattan, 2016

tribunitien des chefs, discours qui véhicule la conviction des ceux qui ont autorité de le prononcer publiquement à travers les programmes ou les plans de croissance projetés dans le temps : dix ans, vingt ans. Chaque pays africain est en course vers le terminus. Les témoignages ne manquent pas. On montre du doigt des buildings qui croissent dans certains coins des capitales, le montage des marchés financiers (bourse de Nairobi, de Lagos, de Johannesburg, d'Accra, etc.), les projections de croissance positive du PIB confirmé par les statistiques officielles des banques centrales et des experts internationaux, la création des supermarchés dans certains coins du continent ; voilà ce qui permet de fonder l'espoir selon lequel les pays africains en retard de développement allaient, comme Rostow l'avait prédit, réaliser les miracles, à l'image de ceux qui se situent au stade de l'émergence : Brésil, Chine, Argentine, Russie, Inde, Mexique, etc. Ils décollent et ne reviendront plus au stade des pays les moins avancés, dit-on ! C'est donc l'heure des « Lions africains » par comparaison aux « Tigres asiatiques ». C'est durant la période d'entre 2000 et 2010 que ce mot magique (émergence) tirant ses origines des marchés financiers asiatiques a affolé les dirigeants africains. Ils en ont fait leur dada. Que des projections dans le temps d'une course vers l'objectif !

Mais, en 2016, lors du forum organisé par la Banque mondiale à Washington, Messieurs Makthar Diop et Albert Zeufack ont tiré la sonnette d'alarme : « l'avenir économique de la région se présente désormais de manière plus morose avec une croissance revue à la baisse en 2016, à 1,6 %, niveau le plus bas depuis deux décennies. L'Afrique traverse un moment difficile et il n'y a pas de solution miracle pour y remédier rapidement, nous ne pouvons plus nous permettre de remettre au lendemain les réformes indispensables à la diversification de l'activité économique ».[229] En 2018, les données fournies par différentes études démontrent également que les champions d'hier (Nigéria, Afrique du Sud, l'Angola) etc., enregistrent un net recul ces trois dernières années. En effet, selon *Le Monde :* « le Mozambique est en pleine crise de surendettement. L'Angola est passé d'un taux de croissance du PIB de 20 % en 2006 à 1 % en 2017 et a frôlé le défaut de paiement. Le Nigeria, qui est entré en récession en 2016 (-1,6 %) sous l'effet de la chute des cours du baril, n'en sort que très timidement en 2017 (+0,8 %). L'Éthiopie connaît une crise politique complexe depuis 2015. »[230] Ces pays étaient comptés parmi les 10 émergents au début des années 2010.

Chaque année, l'*Observatoire de l'émergence africaine* s'efforce de suivre la trajectoire en publiant l'index fondé sur une multitude des critères. Le résultat actuel démontre que seules la zone de l'Afrique australe et celle du Maghreb (Tunisie, Algérie, Égypte, Maroc) enregistrent des résultats prometteurs. Toutefois, dans son ensemble, l'Afrique est prise dans les trappes à pauvreté. Et pourtant, au moment où il y a eu l'embellie des prix des matières premières, on avait pu lire les projections prometteuses affirmant la fin de la pauvreté et du sous-développement. Des avantages de l'industrialisation, de la globalisation et de l'expansion de l'économie libérale étaient véhiculés par les créanciers. L'heure de comparaison aux miracles réalisés par les tigres asiatiques avait sonné ! Les créanciers ont conseillé la libéralisation des prix, la privatisation des entreprises, l'encouragement à l'exportation, la

---

[229] L'État de l'Afrique, Forum tenu par la Banque mondiale, le 6 octobre 2016

[230] Thierry Vircoulon, L'émergence africaine existe-t-elle vraiment ? In Le monde, juillet 2018

compression des dépenses sociales dites improductives, l'austérité budgétaire, la politique monétaire restrictive, l'équilibre de la balance des paiements, etc., pour accompagner leurs investissements et tirer profit sur une longue durée. Les bons élèves appelés « lions africains » étaient félicités ! Mais, cette éphorie de courte période a vite pris fin lorsque les marchés des produits de base se sont effondrés. Le doute s'est, de nouveau, installé devant les écueils. Les économies africaines se sont repliées durablement. Il fallait s'y attendre. En un temps record, soit 60 ans après les indépendances, l'Afrique constituée d'un quart des pays pauvres de la planète pouvait-elle réaliser un saut spectaculaire ? Les experts du FMI se frotteraient, dans ce cas, les mains pour avoir conduit leurs politiques d'ajustement, en imaginant les résultats heureux. Mais, hélas, le contraire s'est produit. De l'émergence nous sommes dans la submersion. Le mot est fort. Il vaut la peine, comparativement aux excellents résultats des années d'avant les indépendances[231].

Aujourd'hui, au moment où souffle la tempête (à répétition) sur les marchés des produits de base (pétrole surtout), on partage avec Hugon, ses analyses qui contredisent les promesses optimistes d'avant.[232] Ces décennies n'appartiennent pas à l'émergence de

---

[231] Selon la BM, au début des années 1950, l'Afrique Subsaharienne représentait 3.1 % des exportations mondiales (2.9 % en termes d'exports), part relative qui est tombée à 1.0 % (1.1 % pour les imports). Ces indications permettent de penser que si l'Afrique avait maintenu sa part de marché des années 1950 dans le total des exports mondiales, ces exportations auraient été de 65 milliards de $ supérieurs à leur niveau actuel

[232] Gunning, 1999 ; Sachs, Wagner, 1997 ; Arcand, P. et S. Guillaumont, 2000]. Sur la fragmentation ethnolinguistique (Levine, 1995) ; facteurs géographiques (éloignement des côtes, pauvreté des sols, maladies...) [Bloom, Sachs, 1998] ; historiques (traite esclavagiste, mauvaise spécialisation, poids de la colonisation) ; politiques (l'autoritarisme crée des coûts de transaction, notamment de corruption ; on constate aussi des

l'Afrique comme prédit. La croissance du PIB, émergence des marchés financiers, la stabilité macroéconomique, le niveau de vie élevé, le développement des infrastructures, les investissements croisés, le commerce intra-africain, la montée de la classe moyenne, toutes ses projections économétriques s'avèrent inexacts. On a cité, à l'époque les réussites de certains pays : le Mozambique, le Rwanda, l'Ile Maurice, la Guinée Bissau, le Nigéria, les Seychelles, le Ghana, le Kenya, etc. Oui, quelques-uns ont pu diversifier leurs productions[233]. Ils peuvent être placés dans la catégorie des pays à revenu intermédiaire. Les autres sont en train de sombrer, à nouveau, après la chute des prix de leurs mono-exportations.

Dans les pages qui suivent, notre propos a pour but de nous interroger sur ce slogan économique et de voir réellement dans quelle mesure il a véhiculé espoir dans le chef des responsables qui y recourent pour apaiser les soifs de ceux qui attendent d'eux les miracles. La définition du concept lui-même ne réunit pas l'unanimité chez les auteurs. Pour Philippe les critères de l'émergence sont : le taux de croissance économique, la taille de la population, la diversification de la production, l'importance des exportations et des importations (taux d'ouverture), l'intégration au monde financier international, le rôle stratégique de l'État pour le développement, les investissements dans la Recherche et le Développement, la capacité de protéger le territoire[234]. Ce thème

---

régimes rentiers) ; démographiques (taux élevé de dépendance, faible espérance de vie, transition démographique tardive, coexistence de zones sous-peuplées et surpeuplées avec des obstacles à la migration)

[233] Nous pouvons évoquer les cas du Maroc, de Maurice, de Seychelles, de l'Afrique du Sud, du Ghana, de la Côte d'Ivoire, du Rwanda, de l'Éthiopie, du Nigéria

[234] Marcel Mbaloula, La problématique de l'émergence économique des pays en voie de développement, in revue congolaise de gestion, 2011/2 n° 14

n'est pas nouveau. Les autres auteurs y ont consacré aussi leurs réflexions. Dans une modélisation mathématique basée sur un indice synthétique, Moubarak LO de l'Université Gaston Berger de Saint Louis, au Sénégal a testé le concept sur un échantillon des 46 pays : Asie, Amérique Latine et Afrique. Il prend en compte les variables relatives au PIB, à l'investissement et à l'exportation.[235]

En classant les 46 pays en fonction des performances économiques obtenues, l'auteur conclut que l'émergence n'est pas collective. Les voies suivies par chacun des pays diffèrent. Les stades de l'émergence ne sont pas homogènes. Ce qui est exact. Mais, ce modèle cher aux spécialistes de l'économétrie ne fait cependant pas le bonheur de tous. Certains contestent la constitution de l'indice et proposent une autre manière de voir les choses. Dans « qu'est-ce que l'émergence », Samir Amin rejette le recours excessif au PIB et propose la croissance soutenue, la diversification industrielle, la compétitivité, le système fiscal, la politique économique d'un pays, le niveau de l'éducation.[236] La revue Slate Afrique, se basant sur la valeur ajoutée manufacturière, sur les exportations, la diversification industrielle et le niveau de l'innovation technologique, conclut aussi que les projections sur l'émergence de l'Afrique publiées par les Revues *Time et Economist* sont exagérées. Malgré certaines améliorations dans quelques pays, la majorité des pays africains stagnent ou régressent en termes d'industrialisation, selon les deux Revues. La part de la VAM (valeur ajoutée manufacturière) dans le PIB africain est tombée de 12,8 %, en 2000, à 10,5 % en 2008, tandis que dans

---

[235] L'émergence économique des nations : définitions et mesure, in www.African Development bank.org

[236] Samir Amin, Qu'est-ce que l'émergence, in www.collectif-communiste.org, 2012

l'Asie en plein développement, elle est passée de 22 % à 35 % sur la même période.

On assiste au déclin de la production des biens manufacturés, dont la part dans les exportations de l'Afrique est tombée de 43 % en 2000 à 39 % en 2008. Cette analyse garde sa pertinence jusqu'aujourd'hui. En termes de croissance industrielle, la revue constate que 23 pays africains ont connu une croissance négative de la valeur ajoutée des produits secteur manufacturier (VAM) par habitant pendant la période 1990-2010, et seulement cinq pays ont réussi à connaître une croissance de la VAM par habitant supérieure à 4 %. En 2015, Émile Lévèque note dans son analyse que « l'Afrique a la plus faible contribution à la VAM mondiale, soit environ 1,6 % en 2015. Si on écarte l'Afrique du Sud et le Maghreb, la contribution à la VAM mondiale n'est plus que de 1 %. À l'exception de l'Afrique du Sud et des pays d'Afrique du Nord, la quasi-totalité des Africains vit dans des pays où la VAM est inférieure à 100 dollars par habitant. À titre de comparaison, la VAM par habitant se situe autour de 820 dollars en Chine et 5 220 dollars aux Etats-Unis. »[237] La part de la VAM mondiale est passée d'un niveau dérisoire de 1,2 % en 2000 à 1,1 % en 2008, tandis que celle de l'Asie en développement a augmenté de 13 % à 25 % sur la même période. En 2014, la VAM africaine atteint 2 % contre 39 % pour l'Asie. L'Afrique perd, selon la Revue, du terrain dans le secteur manufacturier à fort besoin de main d'œuvre : sa part d'activités peu technologiques dans la VAM est tombée de 23 % en 2000 à 20 % en 2008, et la part des exportations de produits manufacturés peu technologiques dans le nombre total des exportations des biens manufacturés africains a dégringolé de 25 % en 2000 à 18 % en 2008. Certains pays asiatiques (Bangladesh,

---

[237] Émile Lévèque, Le développement industriel en Afrique, un défi persistant, in Usine Nouvelle, mars 2019

Thaïlande, Vietnam) ont des parts qui dépassent de loin celle des 54 pays africains. Sept pays fournissent un effort dans le secteur ; il s'agit de l'Afrique du Sud, de l'Égypte, du Maroc, de la Tunisie, du Kenya et de la Côte d'Ivoire, Nigeria.

**Graphique 6 : Part des produits manufacturés africains, dans le total des exportations mondiales**

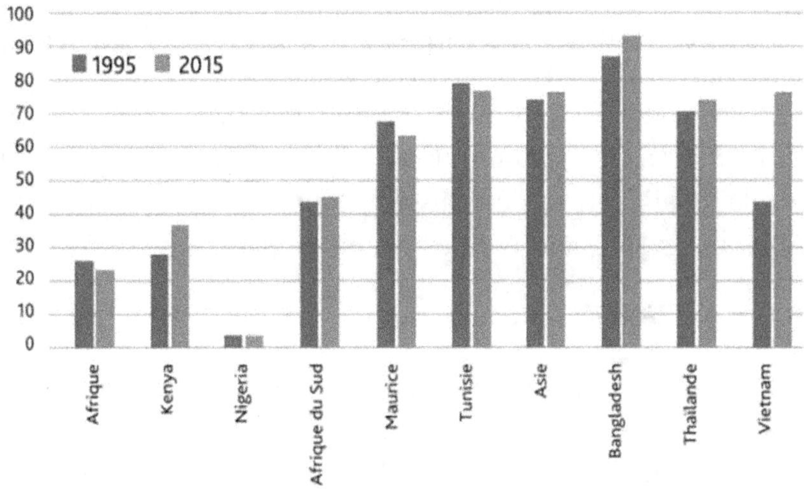


Source : statistiques de la CNUCED

Enfin, l'Afrique reste lourdement dépendante des industries d'exploitation des ressources naturelles, ce qui indique à la fois son faible niveau de diversification économique et le faible niveau de sophistication technologique de sa production. Nous nous proposons d'aller au-delà de cette analyse basée essentiellement sur la valeur ajoutée manufacturière et d'examiner les composantes de la croissance. Nous optons pour les critères objectifs proposés par nombreux auteurs, notamment : le niveau de la consommation intérieure, le développement des infrastructures, la perfection du climat des affaires, le taux d'investissement, le niveau de l'épargne, le déficit énergétique, l'émergence de la classe moyenne nationale, la gouvernance démocratique, le niveau de l'éducation, etc. Nous allons, dans ce travail retenir essentiellement quelques variables économiques : la consommation de l'énergie, la croissance du PIB, le développement des infrastructures, l'émergence de la classe moyenne, l'entreprenariat et l'innovation technologique[238].

## 3. Les différentes trappes à pauvreté : des prérequis

Dans cette section, nous n'allons pas passer en revue toutes les trappes, mais quelques-unes qui nous semble déterminantes dans la qualification du sous-développement du continent. Ces trappes, nous les qualifions de manque de prérequis.

### 3.1. La sécheresse énergétique

L'accès à l'énergie est capital, si pas premier facteur, dans l'émergence de toute économie, surtout à l'heure de cette 3e révolution industrielle. Il indique les capacités atteintes par un pays en matière de transformation industrielle, il indique la couverture en besoin domestique, il indique la dispersion des activités économiques à travers le territoire national, il indique les capacités d'aménagement intégré du territoire. Il indique aussi la réduction de la pauvreté en matière des soins médicaux, en matière des besoins alimentaires (irrigation, eau potable, chaine de froid) et en éducation. Il indique également le niveau de diffusion technologique par le multiplicateur des investissements. Il s'accouple avec la rentabilité des autres facteurs de croissance. En

---

[238]Thierry Vircoulon, Observatoire de l'émergence en Afrique, Le Point, juillet 2018

effet, comment peut-on imaginer une industrialisation à une large échelle dans un contexte de pauvreté énergétique que d'aucuns appellent de « famine énergétique » ? Comment peut-on penser à la promotion de la classe moyenne (consommation) si celle-ci n'a pas accès à l'eau et à l'électricité (commerciale aussi) ? Comment on peut imaginer une formation de qualité dans un pays où l'outil de formation moderne impose l'accès à l'énergie, voie principale de communication ? Comment on peut imaginer le développement des services connexes à l'industrialisation si les coupures du courant durant des journées entrainent les pertes des millions de dollars à gagner ? Comment peut-on avoir une communication facile dans un pays où les coûts liés aux tarifs n'autorisent pas aux usagers de se payer ce service indispensable au développement des affaires ? Quel est le constat général ?

### 3.1.1. La pléthore des projets inachevés ou inutiles

Des illusions ont longtemps nourri les espoirs. En février 2018, le Journal *Monde Diplomatique* constatait ce qui suit : « En juillet 2013, le Président américain Barack Obama a lancé, lors d'un voyage en Tanzanie, le plan Power Africa (Énergie pour l'Afrique), en partenariat avec la Banque africaine de développement (BAD) et la Banque mondiale. Ce programme piloté par l'Agence des États-Unis pour le développement international (Usaid) proposait une expertise technique et juridique, des prêts et des outils financiers pour développer des projets durables par le biais des entreprises américaines. En octobre 2015, à la veille de la conférence de Paris sur le climat (COP21), le groupe des Vingt (G20) a organisé sa toute première réunion des ministres concernés, qui annoncent un plan d'accès à l'énergie pour l'Afrique subsaharienne. La même année, l'ancien ministre de l'écologie français Jean-Louis Borloo a créé une fondation,

Énergies pour l'Afrique, qui vise 600 millions d'Africains d'ici à 2025. De prestigieux partenaires apparaissent sur son site Internet : Vivendi, Carrefour, JC Decaux, Bouygues, Électricité de France (EDF), Dassault, Eiffage, Engie, Orange, Schneider Electric, Total, Veolia, Vinci. »[239] Ces déclarations trompeuses couvrent en fait l'obscurité qui caractérise les villes et les villages africains.

Les analyses démontrent que pour une population estimée à plus d'un milliard millions d'habitants en 2018, représentant 13 % de la population mondiale[240], la consommation d'énergie primaire de l'Afrique s'établit à 480 M Tep, soit 4,6 % de la consommation mondiale[241]. Plus de la moitié de cette population n'a pas accès à l'énergie. Cette consommation se caractérise par la forte dépendance aux combustibles ligneux, une faible consommation par habitant, soit 500 kWh/an contre une moyenne mondiale de 2500 kWh/an (dont 900 kWh pour les pays en développement et 9000 kWh/an pour les pays industrialisés. Le même constat est fait par Géraud Magrin, dans son article, « L'Afrique subsaharienne face aux famines énergétiques. L'auteur remarque que « La consommation énergétique en Afrique subsaharienne est très faible. Elle est estimée à 0,5 tonne équivalente en pétrole (tep)/an/habitant, contre 4 en Europe et 8 aux Etats-Unis. De plus, l'accès aux énergies modernes (électricité, gaz, produits pétroliers) est très limité. On considère que moins de 15 % des habitants de l'Afrique sub-saharienne, a accès à l'électricité. Les énergies dites traditionnelles, issues des matières premières renouvelables (bois et

---

[239] Batailles commerciales pour éclairer l'Afrique, in Monde Diplomatique, février 2018

[240] Actuellement, elle est estimée à 1,200 millions d'habitants

[241] Aristide Cyrille Dadie Université de Cocody Abidjan - DEA PTCI, Economie 2005

charbon de bois) et de sous-produits agricoles (résidus de culture, déjections animales), occupent une place prépondérante[242]

M. Alioune FALL, président de la Commission de régulation du secteur de l'électricité du Sénégal constate que le taux d'électrification en Afrique est inférieur à 30 % pour la majorité des pays contre un taux moyen à l'échelle mondiale de 60 %. En milieu rural, précise-t-il, le taux d'accès à l'électricité se situe à seulement 8 % pour l'Afrique subsaharienne contre une moyenne mondiale de 44 % (40 % pour l'Amérique latine, 80 % pour la Chine).[243] Plus précisément, selon l'étude sous la direction de Jean-Pierre Favennec[244], la consommation moyenne d'un Africain est le quart de la consommation moyenne d'un habitant dans le monde. En Afrique subsaharienne la consommation moyenne est inférieure de 92 % à la moyenne mondiale, et de 97 % à la consommation européenne, confirme la même étude. Cette fracture explique l'écart de développement entre les deux continents.

Le chiffre de 30 % est trompeur. Si nous examinons la consommation commerciale par pays ou par région, les écarts sont considérables. Selon le rapport du conseil mondial de l'énergie établi en 2005 et dont les données n'ont pas fortement varié à ce jour, l'Égypte, la Libye, l'Algérie, et l'Afrique du Sud[245] consomment plus de la moitié de ce total. Les autres pays sombrent dans le noir et recourent au charbon de bois pour des besoins

[242] EchoGéo, N° 3, décembre 2007/Février 2008

[243] Alioune FALL, les défis énergétiques du nouveau siècle pour l'Afrique, in www1.Agora21.Org

[244] Jean Pierre Favennec, l'énergie en Afrique à l'horizon 2050, in www.energie-for-africa.fr

[245] Au cours de cette année, le pays rencontre des difficultés énormes d'approvisionnement. Des coupures sont signalées et les capacités de production ont sensiblement baissé.

domestiques, tandis que la consommation commerciale reste limitée dans quelques quartiers urbains. Selon la Banque africaine de développement, 60 et 90 milliards de dollars par an seraient nécessaires pour atteindre 100 % d'électrification en zone urbaine et 95 % en zone rurale d'ici 2025.Où trouver ces milliards,

**Graphique 7 Capacités comparées de production d'énergie électrique dans différentes régions du monde**

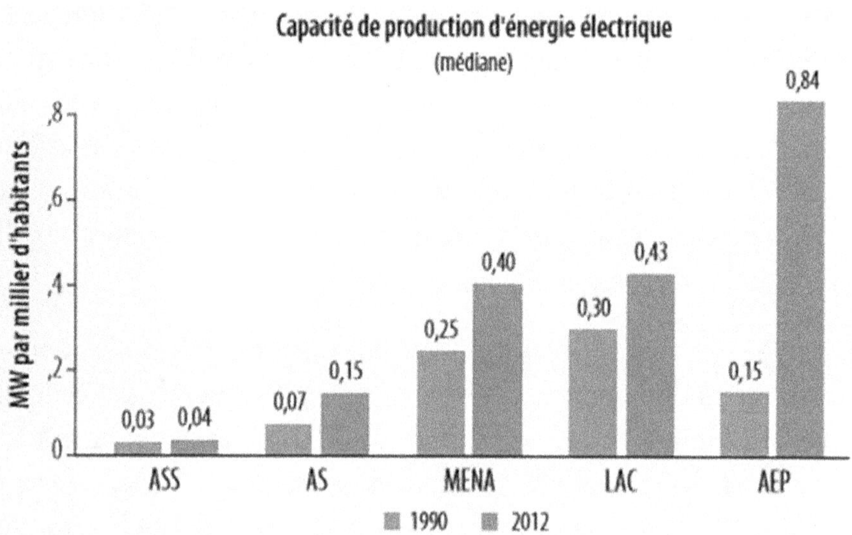


Source : Perspectives énergétiques mondiales, Agence internationale de l'énergie.

Note : AEP = Asie de l'Est et Pacifique ; ALC = Amérique latine et Caraïbes ; AS = Asie du Sud ; ASS = Afrique subsaharienne ; MENA = Moyen-Orient et Afrique du Nord ; MW = mégawatts.

### 3.1.2. Les causes de la sécheresse

Quelles sont les causes ? Christine Heuraux[246] note que la capacité installée de toute l'Afrique est de 114 GW pour plus d'un milliard d'habitants, elle équivaut approximativement à celle de

[246] www.connaissancedesénergie.org,

l'Allemagne qui compte 82 millions. Si l'on considère la capacité de l'Afrique subsaharienne, elle n'est que de 74 GW pour 1,2 milliard d'habitants, soit à peu près celle de l'Espagne avec ses 45 millions. Hors l'Afrique du Sud, cette capacité tombe à 34 GW pour 810 millions d'habitants, soit l'équivalent de celle de la Pologne avec ses 38 millions. Par ailleurs, outre cette insuffisance, les installations sont vétustes et vieilles de plus de 44, voire 60 ans. Les dépenses en investissements ne suivent pas la demande.

Les institutions financières, notamment la Banque Mondiale et les Banques régionales de développement ne parviennent pas à répondre aux besoins. Les programmes énergétiques intégrés élaborés par les organisations régionales (SADC, CEDEAO, CEEAC), etc., ne sont pas financés à la hauteur des ambitions[247]. Les projets d'investissement industriel étrangers, dans nombreux pays, bénéficient de quelques ressources énergétiques opportunes ayant pour but de couvrir uniquement les capacités de production localisée concernant les mines et le pétrole. Le reste des territoires est complètement dépourvu. Par exemple, au Congo Kinshasa, des zones rurales et urbaines larges comme l'Italie, le Portugal, la Belgique, etc., ne sont pas desservies. À cause de ce vide, aucun investissement productif nécessitant l'énergie n'y est assuré. Même là où quelques installations hydroélectriques existent, vieilles de 70 ans, elles ne connaissent aucun coup de ballet. Conséquences : des ruptures répétées de l'électricité, entrainant des arrêts des activités.

---

[247] Un projet ambitieux d'échanges d'énergie électrique ouest-africain (EEEOA) réunit 14 pays 14 pays – Bénin, Burkina Faso, Côte d'Ivoire, Gambie, Ghana, Guinée, Guinée-Bissau, Libéria, Mali, Niger, Nigeria, Sénégal, Sierra Leone et Togo – et 27 entreprises nationales d'électricité. La Banque Mondiale y consacre déjà plus de 750 millions de dollars. Mais c'est insignifiant par rapport aux besoins d'électrification couvrant l'interconnexion sur une distance de 4 000 kilomètres. La fin prévue en 2020 est loin d'être atteinte.

Le projet de Inga III a reçu plusieurs visites. Les études de faisabilité trainent du fait de leurs coûts exorbitants estimés à plusieurs millions de dollars. Les promesses foisonnent : banque mondiale, banque africaine, partenaires occidentaux et chinois. En même temps, Inga I et Inga II tournent au ralenti. Les pannes se multiplient. La couverture totale du pays en électricité est de 9 %.

Il existe pourtant une relation entre consommation de l'électricité et développement[248]. Les pays de l'extrême nord et de l'extrême sud de l'Afrique sont ceux qui s'en tirent un peu mieux. Il s'agit de l'Afrique du Sud, de l'Égypte, de la Lybie, l'Algérie, du Maroc et de la Tunisie. Leur déficit énergétique est relativement faible.

### 3.1.3. L'impact sur la croissance économique

La sécheresse énergétique fait perdre au continent entre 2 et 4 % de croissance annuelle. Paul Collier souligne que « les réserves connues de pétrole, de gaz naturel, de minerais représentent la partie émergée de l'iceberg, sans même parler du potentiel inexploité des énergies renouvelables, solaires entre autres, et des terres arables. Mais, ni le niveau élevé du prix mondial de ces ressources depuis le tournant du siècle, ni la forte demande des économies émergentes asiatiques ne suffisent à provoquer le changement structurel dont les économies africaines ont besoin ».[249] Ce constat est aussi celui de Christ Becker. « On rencontre des exploitations minières et de l'agriculture, mais le centre est absent. Ce centre, c'est la production manufacturière

---

[248] Marguerite Culot, Environnement, pauvreté et énergie : l'interdépendance, in www.Riaed.net, décembre 2007

[249] Bakary Traoré, Henri-Bernard Solignac-Lecomte, et Greg De Paepe, Quelles politiques de croissance pour l'Afrique, in www.Jeune Afrique.com, 2012

diversifiée, le cœur productif de tout pays réellement émergent. L'Afrique, poursuit l'auteur, est pourvue d'une infrastructure productive relevant uniquement de quelques biens de consommation et des services, et de procédés très basiques d'extraction des matières premières »[250]. La conséquence se traduit à deux niveaux : la dépendance commerciale : importation des biens finis et de premières nécessités et exportations des matières premières agricoles et minières avec le reste du monde. Pour développer l'industrie de transformation, il faut sans doute la maîtrise de la production de l'énergie.

Certes, les statistiques sur une période de plus de 7 ans sont éloquentes. La variation de la croissance vacille entre 4 et 7 % en moyenne et par an. Elle a même atteint la moyenne de 7 % entre 2014 et 2016.Elle (croissance) est liée aux exportations des minerais. Donc, il ne s'agit pas de résultats dits à la variété de production. Les besoins en matières premières de l'industrie chinoise sont la cause de cette hausse sporadique de la croisse. Car, à l'exception de quelques pays tels : le Nigéria, l'Afrique du Sud, l'Égypte, l'Angola, l'Ile Maurice, la Tanzanie, le Rwanda, le Ghana, etc., qui contribuent quelque peu à cette croissance (début de la diversification), tous les autres sont essentiellement premiers producteurs des minerais et des produits pétroliers. Les facteurs qui ont impacté ce niveau acceptable de la croissance sont, notamment : la forte demande des produits pétroliers et non pétroliers, l'investissement dans les travaux publics soutenus avec les aides programmes et dans l'agriculture de rente. Ceci a contribué durant la période à la stabilité macroéconomique : maitrise des finances publiques, maîtrise de l'inflation,

[250] Christ Becker, L'Afrique se dirige vers une croissance en dents de scie, par manque d'épargne et d'une industrie forte, www.contrepoints.org, 2013

investissements productifs, amélioration du climat des affaires.[251]Cette même période correspond aussi à la réduction des dettes dans le cadre du programme Pays pauvres très endettés initié par les institutions de Bretton Woods.

Si nous considérons les liens entre croissance et production de l'énergie, il est attesté que (selon leur capacité à fournir l'énergie) l'Afrique du Sud est en tête parmi les pays africains. Il consomme 50 % de l'énergie du continent et produit plus ou moins 46 % de toute la production de l'Afrique. Ce pays a relevé son taux d'électrification en milieux rural de 37 à 67 % en 2010. Même s'il enregistre ces derniers moments des failles (2019), il demeure toutefois le champion de fourniture par rapport à l'ensemble de l'Afrique. Les autres pays performants : Algérie, Tunisie, Égypte réalisent aussi un bon indice d'efficacité énergétique. La Tunisie est classée première en Afrique du Nord avec un score de 0,53 et 60e mondiale, suivie par l'Algérie 66e mondiale (0,50), le Maroc 79e (0,46), l'Égypte 81e (0,46) et la Libye 86e (0,45).

Au regard des taux de croissance économique, on note une corrélation entre efficacité énergétique et performance économique.[252] Le reste du continent se classe dans la catégorie dite de « famine énergétique ». Pour Jean Roch, « la capacité de production des 48 pays au sud du Sahara est de 68 gigawatts (GW, milliards de watts), presque deux fois inférieure à celle de la France. Hors Afrique du Sud, la consommation d'électricité en Afrique subsaharienne représente à peine 1 % de celle des pays à

---

[251] Panapress, L'Afrique enregistre sa plus forte croissance depuis 20 ans, mai 2007

[252] Aymen Zituni, Efficacité énergétique : L'Afrique du Nord fait mieux que le Moyen-Orient, in www.maghrebemergent.com,décembre 2013

revenu élevé ». [253] Entre 2014 et 2017, note le Journal *Le Monde*, « les banques chinoises ont financé en moyenne l'équivalent de 5 milliards de dollars (4,3 milliards d'euros) par an dans des projets de production d'énergie, faisant de Pékin le premier électricien du continent »[254]. Certains projets sont terminés, d'autres sont en cours. Mais, il s'agit des projets qui concourent aux exploitations minières et pétrolières et non à l'industrie de transformation. On ne peut cesser de le répéter, les dépenses chinoises visent la rentabilisation de son accès aux mines et au pétrole. Ce qui suggère que les investissements actuels n'arriveront pas à résoudre le problème de l'électrification urbaine et rurale destinée à engager le continent sur la voie de l'industrialisation complète. Plus sa population s'accroit, plus les limites d'accès à l'énergie vont s'accentuer.

---

[253] www.Afrique-demain.org

[254] Sébastien Le Belzic, « En Afrique, la Chine investit surtout dans les énergies fossiles et polluantes », Le Monde, février 2019

**Tableau 4 : Nombre de projets d'électrification en Afrique subsaharienne entre 2010 et 2020**

| | Capacités de production | | | Capacités de transport et de distribution | | |
|---|---|---|---|---|---|---|
| | Projets terminés | Projets en cours | Projets prévus et financés | Projets terminés | Projets en cours | Projets prévus et financés |
| Afrique de l'Est | 14 | 9 | 5 | 10 | 10 | 1 |
| Afrique de l'Ouest | 17 | 4 | 2 | 6 | 2 | 2 |
| Afrique centrale | 8 | 5 | 2 | 5 | 1 | 2 |
| Afrique australe | 15 | 7 | 8 | 4 | 5 | 1 |
| Total | 54 | 25 | 17 | 25 | 18 | 6 |
| | | 96 | | | 49 | |

Source: OCDE/IEA, Boosting the Power Sector in Sub-Saharan Africa: China's Involvement, juillet 2016

### 3.2. Le faible attrait des investissements directs étrangers

L'examen des investissements directs étrangers entrant en Afrique mérite aussi une attention. Nous avons dit plus haut que leur part est de ± 3 % en moyenne, soit entre 40 et 59 milliards, avec de fortes variations selon les régions. Tandis que les investissements intra-africains ne dépassent pas le chiffre de 13 milliards durant les 10 dernières années. Les caractéristiques générales sont les suivantes : les zones minières sont les plus sensibles aux externalités (positives ou négatives). Plus la demande des produits de base s'accroit, plus les pays producteurs enregistrent un regain des flux entrant. Les chocs externes : faible demande, chute des prix, morosité des marchés boursiers, accroissement des stocks, etc., entrainent dans leur sillage, la chute des investissements. Un autre fait à souligner, est le climat politique et les risques pays. Il (fait) impacte négativement les investissements étrangers orientés vers les marchés intérieurs dans les pays où la maitrise des variables macroéconomiques est de temps en temps stable. Un troisième fait est la crainte des risques d'acquisition-fusions ; il y a très peu de joint-ventures et donc très peu de transferts de technologies. Les investissements étrangers sont très mobiles, volatiles et prêts à délocaliser. Ceci cause l'entorse à l'emploi stable et aux revenus permanents[255]. Il est ainsi difficile de suivre les effets de levier sur la croissance. Il est aussi difficile de dégager un réel effet multiplicateur dans la mesure où les profits sortants sont plus importants que l'ensemble des flux entrant[256].

Dès lors, d'une période à l'autre, les flux des capitaux tarissent et reprennent timidement. Cette volatilité, souvent ignorée par certains experts, permet de croire au cours de certaines périodes que l'Afrique est le point chaud des investissements, sans toutefois se rendre compte que les chutes sont aussi dramatiques. Ces investissements sont volatiles et très sensibles aux risques ; ils n'ont qu'un faible impact de levier sur la croissance, l'emploi et l'industrialisation. Rien n'étonne que dans l'ensemble, sur une période de plus de 15 ans, le continent n'a totalisé que ± 3 % des IDE par rapport au reste du monde. Il s'agit des résultats de l'ensemble des 54 États !

L'analyse par pays ou par sous-région fait ressortir encore des contrastes. Les zones minières (comme nous l'avons dit plus haut) attirent plus que les zones dépourvues. Paul Alexis Racine note, à ce sujet que : « Au cours des dernières années, l'Afrique a attiré de plus

---

[255] Mamadou Koulibaly, https://businessfinanceint.com/comment-optimiser-les-flux-des-investissements-directs-etrangers-en-afrique, août 2019

[256] Sur ce, on peut se référer aux différentes publications du Cabinet d'études d'Ernst & Young

en plus de placements privés. En 2011, les investisseurs ont réalisé 3 milliards de dollars de transactions contre 890 millions de dollars en 2010. Durant l'année suivante, l'Afrique subsaharienne représentait 6 % du total des placements privés venant des économies émergentes, contre seulement 3 % en 2007. Actuellement, les nouveaux investisseurs des pays émergents (Brésil, Inde, Turquie) sont de plus en plus actifs. On compte plus de 200 investisseurs activement présents sur le marché africain ».[257] Mais l'embellie des années 2000/2010 était précaire. Depuis 2017, la tendance s'est renversée. Les investissements directs étrangers sont tombés à 42 milliards de dollars en 2017 contre 52,5 milliards en 2016, soit un recul de 21 %, d'après le dernier rapport sur l'investissement, publié le 6 juin par la CNUCED. Comparativement aux autres pays en développement, la CNUCED note (2018) que les IDE ont baissé de 23 % entre 2016 et 2017. Une baisse plus marquée pour l'Afrique (21 %), qui reçoit pourtant les flux les plus faibles d'IDE (42 milliards de dollars), comparée à l'Asie où les flux sont stables à 476 milliards de dollars, à l'Amérique latine et les Caraïbes où ils augmentent même pour aller à 151 milliards de dollars. La question se pose alors de savoir comment faire pour mieux attirer les IDE en Afrique »[258] ? La faiblesse des prix du pétrole et les conséquences négatives de la récession du secteur des matières premières, le manque des incitations fiscales, le niveau de la demande intérieure, la faible électrification, le niveau des infrastructures, les risques pays, les effets persistants de la récession du secteur minier, sont des externalités négatives difficiles à maitriser.[259] La comparaison par sous-région démontre que les pays du Maghreb enregistrent une faible chute (- 4 %) ; parmi eux, l'Égypte en tête. L'Afrique de

[257] Paul-Alexis Racine Jourdren, capital privé en Afrique, juillet 2012

[258] https://afrique.latribune.fr/think-tank/tribunes/2019-08-20/comment-optimiser-les-flux-des-investissements-directs-etrangers-en-afrique

[259] Journal Le Point

l'Ouest a connu une baisse de 11 %, tandis que la chute la plus brutale est remarquée en Afrique centrale (- 22 %) et en Afrique australe (- 66 %).

En examinant cas par cas, il convient de remarquer qu'avant 2018, 11 pays sur 54 ont eu des résultats excellents[260]. L'Algérie, l'Angola, l'Égypte, le Ghana, le Kenya, le Maroc, le Nigeria, l'Afrique du Sud, le Soudan, la Tunisie et l'Éthiopie représentaient 81 % de la consommation privée africaine en 2011[261].Par contre, les résultats des autres pays étaient mitigés. En ce qui concerne la diversification, il ressort que 7 pays sur 54 ont enregistré un effort soutenu. Les autres pays doivent leurs résultats tantôt à la hausse, tantôt à la baisse en fonction de l'évolution des marchés des produits de base, des investissements dans les télécommunications, du boom immobilier et des services connexes (hôtels, restaurants, aménagements des artères en milieux urbains).[262] Les investissements porteurs, plus au moins stables sont enregistrés en Afrique du Sud, au Maroc, en Tunisie, en Égypte dans l'Ile Maurice et en Éthiopie[263]. Ces pays connaissent un regain d'entreprenariat, ils ont une fiscalité allégée, leurs monnaies intérieures sont solides ; et ils maîtrisent de plus en plus les phases initiales de transformation des produits de base à des coûts faibles. Ils connaissent également un accroissement important des taux d'ouverture extérieure.

---

260 www.Paixdeveloppement.Net, L'Afrique 2013, des chiffres surprenants, octobre 2013

261 Cabinet de conseil McKinsey Global Institute *(MGI), 2012*

262 Il s'agit du Malawi (Tabac, charbon), Tanzanie (agriculture), Mozambique (aluminium), Éthiopie (café et or,) Botswana (diamant), Congo Brazzaville (Pétrole), Nigéria (Pétrole), Zambie (cuivre), Ghana (Pétrole). Angola (pétrole et gaz). Les exportations minières : pétrole, gaz et autres minerais s'élevaient à 333 milliards de dollars en 2012.

263 Pierre Olivier Rouaud, L'industrie africaine marginalisée, et demain ? -in www.usinenouvelle.com, juillet 2011

En dépit de ces facteurs, la diversification des économies reste très timide et porte essentiellement sur des produits agricoles (cultures de rente : sucre, bière, coton, café, mangues, pêche) et sur la raffinerie rudimentaire des produits pétroliers[264]. Ceci justifie, dans l'ensemble, la très faible part de production manufacturière du continent, à peine 1,5 %, selon le rapport de l'ONUDI. Plusieurs raisons sont avancées : la taille réduite des marchés intérieurs, le poids du secteur informel, la petitesse des entreprises performantes, le faible soutien public, la bureaucratie, la corruption et l'instabilité politique. Bien plus, l'environnement des affaires reste difficile dans beaucoup de cas ; l'infrastructure est insuffisante et un manque total de progrès technologique, combiné avec des coûts de transformation et d'électrification élevés.

Il est ainsi normal que tout le continent soit à la traine et que les investissements étrangers entrant ne représentent tout au plus que 3 % par rapport au reste du monde. Ce chiffre ne varie pas, bien au contraire, il oscille entre 3 et 2 %. Les multinationales étrangères sont attirées par les mines, les télécommunications et les travaux publics. On a cru que les flux en provenance du Brésil, de l'Inde, de la Chine pouvaient s'orienter vers d'autres activités et permettre la diversification de la production industrielle, mais les études démontrent ces nouveaux investisseurs ne diffèrent pas de ceux des entreprises occidentales. Ils sont d'une part liés au commerce des matières premières (bois, minerais, pétrole), et de l'autre, ils n'entrainent nullement les effets multiplicateurs : captage de surplus, réinvestissement, emploi, amélioration de revenu national. Ils investissent en priorité dans les mines, le pétrole, l'agriculture de

[264] www.banque mondiale, Les réussites africaines : répertorier les exemples, 2013

rente et les infrastructures connectées à des voies d'évacuation des matières premières : chemin de fer et les couloirs liés aux ports[265].

L'exportation de savoir-faire et des capacités de transformation autonome des industries locales sont loin d'être la priorité des investissements chinois ou indiens. Quelques pays (Afrique du Sud, Tunisie, Maroc, Algérie, Maurice) semblent attirer les usines d'assemblage, de textile de l'agro-alimentaire. Mais, comme nous l'avons souligné plus haut, la part de l'industrie africaine ne représente que 1,5 % de l'activité au niveau mondial, contre 25 % pour l'Asie. En 2018, 18 pays sur les 21 ayant un score de performance en dessous de 50 sont originaires d'Afrique subsaharienne. Et 17 des 34 économies de l'Afrique subsaharienne étudiées dans le rapport font partie des 20 les moins performantes.[266] Certains pays ayant atteint un taux annuel de 7 % de croissance enregistrent brutalement une baisse vacillante entre 1 et 2 %.

Ainsi, nous déduisons que la volatilité de la croissance des investissements de l'Afrique dépend du comportement sectoriel des activités et des chocs externes (évolution des prix et de la demande) ; elle dépend aussi de la santé des monnaies, des politiques industrielles et surtout, du comportement des marchés mondiaux (produits de base, produits pétroliers), y compris les marchés

---

265 Dans ses recherches doctorales, DIABY Fodé Siré (2014), examinant mode de croissance chinois, les fondements de la politique africaine de la Chine, les raisons qui poussent les entreprises chinoises à aller investir en Afrique, les impacts politiques et économiques de la Chine en Afrique est arrivée à la même conclusion que nous : « les IDE chinois n'ont pas d'effet significatif sur le PIB par tête de ces 38 pays africains, notamment à cause de la politique des entreprises chinoises en Afrique qui encourage les investissements dans les secteurs qui créent moins d'emploi local et qui ne permettent pas de vrai transfert de technologie », in Les stratégies des entreprises chinoises en Afrique : quels objectifs, quelle coopération ? Thèse de doctorat en économie, Paris III, 24 juin 2014

266 World Economic Forum, 2018

financiers. À ce sujet, certains pays ayant atteint un taux de 7 %, au cours d'une période enregistrent parfois brutalement une baisse voisinant 1 % au cours de la période suivante. La croissance reste volatile, malgré un processus solide d'accumulation de capital et de diversification des partenaires commerciaux.

**Graphique 8 La part des IDE reçus en Afrique (2005-2016)**

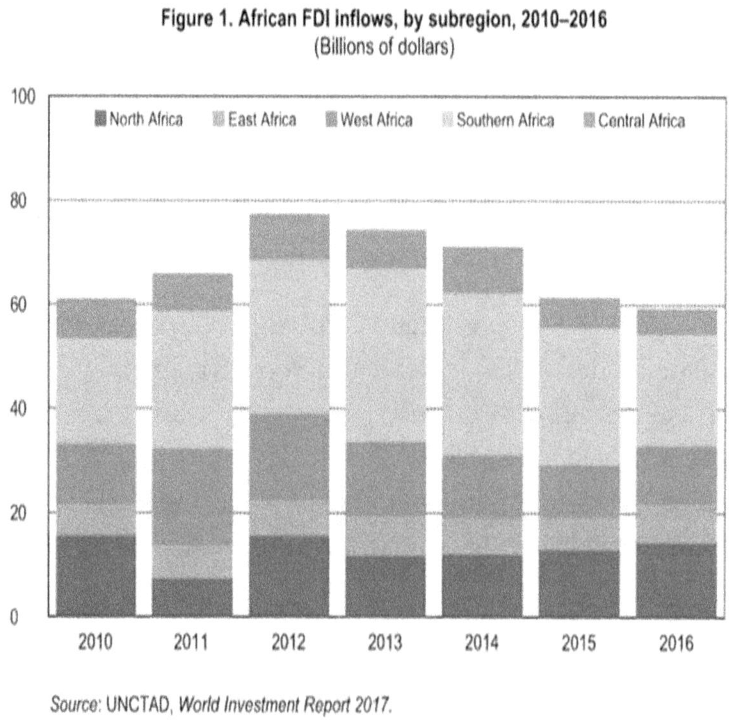

### 4. Les modiques et vétustes infrastructures de production

Il ne peut exister une croissance sans infrastructures. L'eau, l'électricité, les routes, les ponts, les corridors, les entrepôts, les chemins de fer, les aéroports, etc., constituent le fondement de toute activité économique. Nombreuses études démontrent que le continent africain enregistre un déficit en la matière. De même que nous venons de voir comment la fracture énergétique est très aiguë, notons également que celle-ci (fracture) est aussi énorme en ce qui concerne l'état des routes, des ponts, l'accès à la téléphonie, la couverture en eau, etc. Dans son analyse sur les défis à relever à propos des ports et corridors, Gilbert Meyer[267] épingle plusieurs obstacles (2017). Il s'agit de : a) l'enclavement des pays sans littoral et sans accès direct aux ports : c'est le cas du Mali, du Burkina Faso, du Tchad, de RCA, de l'Ouganda, de Burundi, du Niger ; b)un manque de fluidité, longues durées d'immobilisation des conteneurs (souvent près de 20 jours en moyenne), c) des coûts de passage très fortement supérieurs aux coûts de passage connus en Europe (jusqu'à 1 500 euros pour la manutention, le stockage et la livraison locale, contre 250 à 300 euros en Europe) ; d)l'absence de la concurrence et la hausse des tarifs, e) le processus administratif souvent lourd et peu adapté ayant comme conséquence la multiplication des contrôles effectués à la sortie des ports par différents organismes étatiques et de sécurité ; f) des infrastructures routières saturées alourdissent considérablement les délais de traitement et finalement le coût de passage portuaire ; g) des difficultés de communication par la route dues à la vétusté du réseau,

---

[267] Gilbert Meyer, L'insertion des ports africains dans les flux mondiaux : atouts et faiblesses, in https://blog.secteur-prive-developpement.fr/2017/05/02

h) et la petitesse des ports, aucun ne figurant pas dans la liste des plus grands ports de la planète.

Les pertes de productivité des entreprises sont évaluées à la hauteur de 40 %, soit 4 % du PIB. Pour toute l'Afrique, les besoins des investissements dans le secteur sont de plus de 93 milliards d'euros par an, dont 42 % pour l'énergie, 23 % pour l'eau et l'assainissement, 20 % pour les transports (BAD). Ce montant représente environ 15 % du produit intérieur brut (PIB) africain. Il est comparé aux dépenses de la Chine en infrastructure au cours de la dernière décennie[268]. Si nous prenons uniquement en compte le déficit routier, l'analyse révèle que « des liaisons inefficaces entre les différentes modes de transport (aérien, routier et ferroviaire), une connectivité aérienne en déclin, des ports mal équipés, des réseaux ferroviaires obsolètes et un accès insuffisant aux routes utilisables en toutes saisons, constituent les problèmes fondamentaux auxquels est confronté le système des transports en Afrique. À peine 40 % des Africains vivant dans les zones rurales habitent dans un rayon de deux kilomètres d'une route utilisable en toutes saisons, contre environ 65 % dans les autres régions en développement[269].

Il existe certes, des fonds privés et publics destinés à améliorer les réseaux routiers à péage. Mais, les pays qui y accèdent avec facilité sont ceux de l'extrême nord et de l'extrême sud du continent[270]. À observer de près, il s'agit des pays dont les économies se diversifient.[271]Le pourcentage des routes bitumées

---

[268]François Gouahinga, Banque mondiale, Washington

[269] Obiageli Ezekwesili, le Vice-président de la Banque mondiale pour l'Afrique

[270] Ahmed Iraqi. Étude descriptive de l'état des lieux et des perspectives de développement des infrastructures en Afrique subsaharienne : Entre attraction et répulsion des investissements étrangers. In Ha, archives-ouverture.fr

[271] Souleymane Keita, www.Jeuneafrique.com, 2012

démontre que l'Afrique centrale est la moins nantie. Par contre l'Afrique du Nord est la mieux équipée. Pau Harry O. S. Aithnard, directeur de la recherche chez Ecobank fait remarquer qu'entre 1998 et 2007, les investissements en infrastructures sont passés de 3 milliards à 12 milliards $. En excluant l'Algérie, le Kenya, le Maroc, la Tunisie, le Nigeria et l'Afrique du Sud, seuls 25 % de ces investissements ont été dirigés vers les autres pays de l'Afrique. Or ces pays ont un grand besoin de 180 milliards $ d'investissements en infrastructures (2007-2014). La zone la moins nantie est l'Afrique subsaharienne dont les dépenses dans ce secteur ne représentent en moyenne que 3 % du PIB. Résultats : 4,1 % des routes bitumées contre 64 ; 1 % pour l'Afrique du Nord, 22 % pour l'Afrique de l'Ouest et 20 % pour l'Afrique australe.

Quelques projets d'intégration régionale financés par la BAD sont exécutés, mais, avec beaucoup d'insuffisance. C'est le cas des corridors routiers Mombasa-Nairobi-Addis et Tema-Ouagadougou-Bamako, routier Trans Maghreb (TAH 1), du pont de Kazangula et de corridor routier Bamenda-Enugu. Ces projets permettent, certes, de relier les pays aux différentes portes de sortie vers l'extérieur. Cependant, ils ne permettent pas de désenclaver les marchés intérieurs. Par contre, ils facilitent l'accès aux sites miniers et freinent, sans se rendre compte, l'introversion des économies africaines. Les rôles de relais entre les exploitations minières et l'accès à la mer sont un handicap qui favorise la malédiction minière en Afrique.

**Figure 1. Connectivité des infrastructures portuaires et corridors africains**

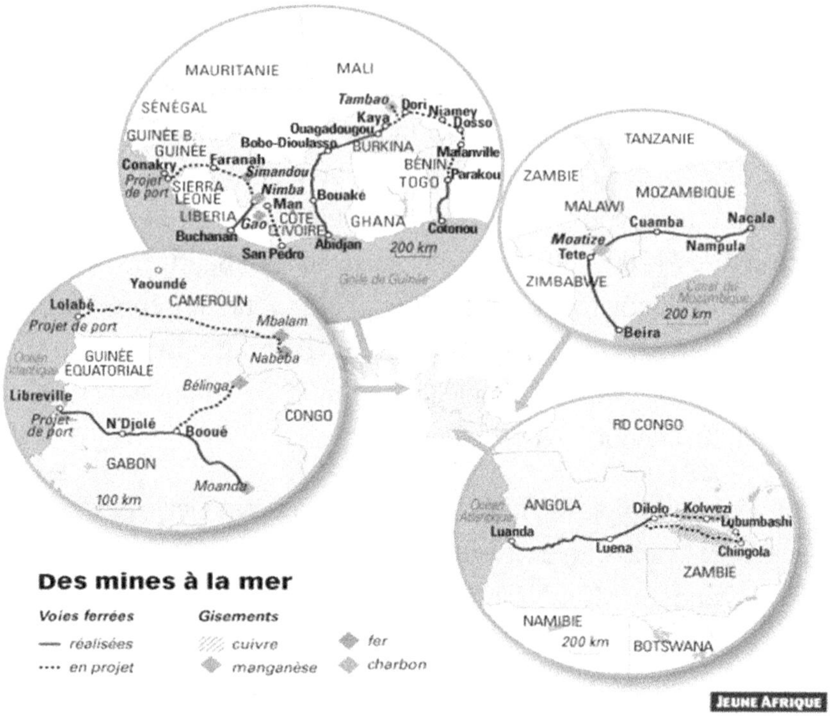


L'évolution du trafic aérien démontre également que l'Afrique occupe la dernière place par rapport au reste du monde[272]. Elle représente à peine 2 % du marché mondial. L'association des compagnies aériennes africaines note que cette faible place qu'occupe le continent est due à plusieurs causes : « petite taille, les compagnies contrôlées par les gouvernements, lourdement endettées et peu rentables. L'État intervient dans la nomination des dirigeants (ces derniers jouant au jeu des chaises musicales), dans la gestion même de ces compagnies, sans de logique économique.

[272] www.Africasolution.info, 2005

La plupart des aéroports sont aujourd'hui sous-équipés »[273]. Nous devons également ajouter : les niveaux des tarifs très élevés et les nombreux d'accidents dont 40 % dans deux pays : Angola et République démocratique du Congo. Mais, l'analyse des cas particuliers fait ressortir l'écart entre le nord, le milieu et le sud. Les dix premiers aéroports du continent sont en Afrique du Sud et au Maghreb africain, en termes de cargo et des passagers[274].

Ces deux zones géographiques correspondent aux zones où l'indice énergétique ainsi que le niveau de développement infrastructurel sont supérieurs par rapport au reste du continent.[275] Trois compagnies : Ethiopian Airlines, South African Airways et Egyptair se classent parmi les 100 premiers transporteurs du monde. Les autres compagnies éprouvent des limites face à la concurrence des compagnies européennes de grande taille, notamment : Air France, Brussels Airlines (groupe Lufthansa), ou les compagnies du Moyen-Orient comme Emirates, Qatar Airways, Etihad et Turkish Airlines[276] Le faible tonnage et le niveau des revenus aussi dérisoire ne permet de développer le tourisme de masse. De même, l'étroitesse des marchés intérieurs exclut le transport important des biens (marchandises) à travers les

---

[273] Nathalie Gillet, Marchés tropicaux, in www.Afrik.com, février 2005

[274] Les Top 10 trafics passagers, en millions en 2012 sont : Johannesburg, Afrique du Sud ; OR Tambo, 18,8, Le Caire, Égypte ; Cairo International, 14,8, Le Cap, Afrique du Sud ; Cape Town International, 8,5, Lagos, Nigeria ; Murtala Muhammed, 7,2, Casablanca, Maroc ; Mohammed V, 7,2, Hurghada, Égypte ; Hurghada International, 7,1, Sharm El Sheikh Égypte ; Sharm El Sheikh International, 6,6 Nairobi, Kenya ; Jomo Kenyatta, **6,3,** Alger, Algérie **;** Houari Boumédiène**, 5,4 ;** Tunis, Tunisie ; Tunis Carthage, 5,2

[275] Willy Kamdem, Les dix plus grands aéroports africains face à la crise, in www.lesafriques.com, 2012

[276] Julien Abidhoussen, le transport aérien africain peine pourtant à éclore, entre émergence d'acteurs locaux fragiles et concurrence internationale accrue, 20 avr. 2017 à 9 h 28

vastes régions du continent isolées par l'inexistence des infrastructures de relais. Ainsi, le projet du c-marché unique aérien qui a été décidé reste un mort-né. Les petites compagnies domestiques étaient appelées à disparaitre face à la concurrence amorcée par un tel projet.

## 5. La malédiction de la rente minière et pétrolière

On ne cessera de le répéter. Les cris des observateurs sur les revers de l'industrie minière en Afrique ne datent pas d'aujourd'hui ; ainsi, l'acharnement des multinationales et des dirigeants à investir dans le secteur conduit à affirmer encore que ces ressources exploitées à outrance pour nourrir l'industrie occidentale et asiatique constituent une malédiction[277]. Dans un excellent ouvrage collectif, « *Richesses de la nature et pauvreté des nations. Essai sur la malédiction de la rente minière et pétrolière en Afrique*[278] », les auteurs examinent comment ce continent si riche en ressources, demeure également si pauvre en richesse réelle ! Le mauvais sort plane-t-il sur le continent ? Si c'est oui, qui en est l'auteur ? Il n'est pas seul, ils sont nombreux. Corruption, contrat léonin, non-transparence, évasion fiscale, détérioration des termes de l'échange, excès de l'offre, gouvernance, mauvais conseils des institutions de Bretton Woods, conseils basés sur la

[277] Le continent dispose de : 54 % des réserves mondiales de platine, 78 % (diamant), 40 % (chrome), 28 % (manganèse) ; des réserves des hydrocarbures dans 46 pays

[278] Jamal Azizi, Pierre-Noël Giraud, Timothée Ollivier et Paul-Hervé Tamokoué Kamga, Richesses de la nature et pauvreté des nations. Essai sur la malédiction de la rente minière et pétrolière en Afrique, Presses des Mines, 2016, 250 p.

théorie de dotation factorielle abondante de l'école suédoise, des prédateurs divers, etc., voilà les causes de cette malédiction dont les acteurs se trouvent dans toutes les sphères du pouvoir politique et économique., aussi bien à l'intérieur qu'en dehors. Comment conjurer ce mal ?

On a proposé des remèdes qui ne tiennent pas[279]. Les conseils des experts des institutions de Bretton Woods en font parfois leur dada : exporter plus, privatiser plus, réduire les pressions fiscales, diversifiez, ne fermez pas les portes des mines, assouplissez la pression, libéralisez les exploitations, vous gagnerez plus en devises ! Et pourtant, plus on exporte, plus on gonfle l'offre et on agit sur les prix à la baisse. Il n'existe pas de théories qui peuvent justifier une spécialisation avantageuse dans les exportations des matières premières, secteur où les termes de l'échange échappent aux propriétaires des ressources. Avantage monopolistique, innovation technologique, commerce de similitude, commerce des variétés, etc., aucune théorie ne peut être évoquée pour orienter une production avantageuse des produits de base destinés à l'exportation.

La dotation factorielle abondante explique cette malédiction. Et ces échanges (inégaux) ne conduisent pas à l'égalisation des revenus des facteurs prédits par Samuelson (école suédoise). Les firmes exploitent les mines, produisent le brut et le réexportent. Souvent, ce sont des filiales ou des joint-ventures qui sont à la source pour mieux servir les maisons mères. Les prix sont négociés sur le marché mondial où les acheteurs orientent les tendances en fonction de la demande momentanée du produit. Aucun pays ne

[279] En 2009, l'Union africaine a mis en route le projet dit Afrique Extraction minière avec but de tirer avantage de l'exploitation de ces ressources, en vain.

participe aux négociations. Les cartels des producteurs ont aussi échoué à imposer leur offre. Améliorer la qualité n'a aucune signification, car les géants acheteurs sont regroupés aussi en cartel et imposent leurs desiderata sur le marché. Lorsque les pressions fiscales ou l'exigence de la transparence gênent l'exploitation, les firmes menacent et interrompent la production, entrainant la perte de l'emploi et des recettes fiscales (optimisation). Elles n'hésitent pas à traduire en justice les États qui tentent d'orienter les politiques vers un peu plus d'équité. Ces États signataires des contrats assistent impuissants. Ils sont traduits en justice en cas de litige et perdent les procès. Le centre international de règlement des différends (CIRDI), la Commission des Nations unies pour le droit commercial international (CNUDCI), la Cour permanente de La Haye, les chambres du commerce, etc., n'arrivent pas à pendre des jugements qui reconnaissent les droits des États en cas de litige, sauf en Europe où Google, Facebook, Amazon perdent parfois des procès. L'analyse faite par le *Monde Diplomatique* démontre que « Sur les quelque cinq cent cinquante contentieux recensés à travers le monde depuis les années 1950, 80 % ont été déposés entre 2003 et 2012. Pour l'essentiel, ils émanent des entreprises du Nord (les trois quarts des réclamations traitées par le CIRDI viennent des États-Unis et de l'Union européenne) et visent des pays du Sud (57 % des cas) »[280]. Christophe Le Bec (2016) et Maimouna Dia (2018) dénombrent plusieurs litiges gagnés par les Frimes opposées aux États africains (Nigéria, Niger, Mali, Maroc, Congo Kinshasa, Djibouti, Gabon, etc.)[281].

---

[280] Benoît Bréville et Martine Bulard, Des tribunaux pour détrousser les États, in Monde Diplomatique, juin 2014

[281] Christophe Le Bec , Contentieux : les États africains face aux multinationales, in jeune Afrique, décembre 2016 ; Maimouna Dia, Multinationales à la barre : 10 litiges qui ont marqué 2018 en Afrique, in Afrique Tribune, décembre 201

Que faire ? Laisser-aller ? Accepter la malédiction ? C'est le cas pour le moment ! Les chiffres ne cessent d'indiquer que la croissance africaine est portée essentiellement par les mines, les produits pétroliers, le charbon, le bois et l'agriculture de rente. Seuls l'Afrique du Sud, le Maroc, l'Ile Maurice, la Tunisie et le Nigéria, assument le rôle d'atelier et de transformation de quelques produits et diversifient le paysage industriel. Mais, quelle nature de croissance ? Le PIB est toujours l'indicateur qui résonne dans les têtes des institutions de Bretton Woods. Les pays africains en ont fait leur objectif. Et pourtant, le PIB n'est pas synonyme du revenu national. Il peut atteindre dans certains pays un taux régulier croissant, mais, les retombés sur l'ensemble du circuit économique ne vont pas nécessairement être ressenties. Faire une bonne évaluation de l'impact des revenus miniers sur l'émergence économique de l'Afrique, c'est aussi poser les questions suivantes : quelle est la part des États dans ces revenus (impôts et taxes), comment ces revenus étatiques sont affectés au développement des autres facteurs ? C'est-à-dire, comment ce secteur influence positivement, le développement des autres activités (effets multiplicateurs de l'investissement public) et quelles sont les industries locales qui se greffent sur ces effets, avec un impact visible ? La réponse est négative. On évoque la contribution au budget. Pourtant, les effets multiplicateurs des investissements de multinationales sont évalués à hauteur de 1 % dans plusieurs études faites par différents auteurs[282]. Ces dernières années, la production pétrolière, les mines et l'agro-industrie attirent plus de 80 % des investissements étrangers. Les revenus issus des activités profitent

[282] Lire les travaux de Agosin & Machado (2005), Borensztein, De. Gregorio, & Lee (1998), Alfaro, Chanda, Kalemli-Ozcan, & Sayek (2004) et Azman-Saini, Baharumshah, & Law (2010) cités par Famaria Djibril Koné. La croissance en Afrique et les investissements directs étrangers. Économies et finances. Université Rennes 1, 2014

davantage à des multinationales étrangères. Le secteur attire ces investissements parce qu'ils correspondent aux besoins (en aval) des industries occidentales. Mais les gains générés en Afrique sont dérisoires : travail précaire, revenus faibles, évasion fiscale, épuisement des ressources, exportation des bruts, etc.

Ainsi, en dehors de quelques firmes étatiques qui demeurent encore dans le secteur, des milliers des firmes étrangères sont les premières bénéficiaires de la richesse produite. Stéphane Ballong, dans son analyse sur la perte des millions de dollars par les Africains, souligne que l'Afrique du Sud, le Ghana, le Malawi, la République démocratique du Congo (RDC), la Sierra Leone, la Tanzanie et la Zambie, pour ne citer que ces exemples, perdent chaque année des millions de revenus à causes, non seulement de l'évasion fiscale, mais aussi des arrangements douteux entre les firmes et les responsables politiques.[283] Vitraulle Mboungou fait état de pillage des mines du cuivre en Zambie, de l'uranium au Niger et de l'or au Burkina-Faso par des firmes géantes dont trois d'entre elles sont sud-africaines (AngloGold Ashanti, Impala Platinum et Gold Fields). Glencore, First Quantum Minerals, Lamgold corporation et Areva participent à ce festin. Ces multinationales paient de faibles pourcentages de royalties et contrôlent pratiquement les revenus des exploitations minières dans ces pays.[284] Le cas de la République démocratique du Congo n'est plus à redire. Depuis les multiples guerres qui sévissent à l'Est du pays des rapports accablant notent combien les multinationales pillent les richesses de ce pays.

[283] www.Afrik.com,mars 2009
[284] Vitraulle Mboungou, Multinationales vs États : hold-up des compagnies en Afrique, in Afrique Expansion, février 2011

Un rapport de Keith Harmon Snow et David Barouski démontre également que « Les multinationales occidentales procèdent à l'extraction sans précédent des minerais au Congo Kinshasa, et il est estimé que des tonnes et des tonnes de cobalt d'une valeur de $6 millions par jour – rien que le cobalt – sortent du Congo par jour ». Même dans des zones contrôlées par le pouvoir, les contrats miniers signés sont dénoncés par les organisations non gouvernementales et par les parlementaires qui réclament leur révision, sans succès. Le nouveau code minier est contesté depuis qu'il a été promulgué. En ce qui concerne la production pétrolière, Agnès Rousseaux, citant Bastamag, fait remarquer que « les dix principales multinationales du secteur possèdent 6 038 filiales, dont plus d'un tiers sont basées dans des paradis fiscaux. Ces 10 entreprises, dont ExxonMobil, Chevron, Shell, BP, Rio Tinto ou Glencore, ont généré en 2010 un chiffre d'affaires de 1824 milliards de dollars dont 144 milliards de dollars de profit, tout en pratiquant une « optimisation fiscale » qui leur a permis de payer beaucoup moins d'impôt. » Certains experts n'hésitent de croire que la fuite des capitaux de l'Afrique vers l'Occident représente plus ou moins 50 milliards de dollars par an[285]. Les autres auteurs avancent le chiffre de plus de 100 milliards. Toutefois, l'érosion est plus importante que la somme annuelle de l'aide publique reçue. Sur une période de 39 ans, cette fuite a augmenté de 12 %, sous diverses formes : prix de cession, corruption, baisse de contrôle de change, transferts unilatéraux des bénéfices, non-déclaration des revenus au fisc, pratique d'optimisation fiscale, etc. Les pays les plus affectés par cette fuite sont, entre autres : l'Angola, l'Afrique du Sud, le Cameroun, la

---

[285] Christian Losson, Comment les multinationales escroquent l'Afrique, in Libération, 2 juin 2015

Côte d'Ivoire, l'Éthiopie, le Gabon, le Ghana, Madagascar, le Mozambique, le Nigéria, la République du Congo, le Soudan, la Tanzanie, la Zambie et le Zimbabwe. L'adhésion à l'Initiative pour la transparence dans les industries extractives (ITIE) depuis sa création en 2002 n'a pas résolu la question de pillage et de détournement des ressources issues de cette industrie, en dépit des mesures de suspension de certains pays, comme la République Démocratique du Congo, durant plus d'une année. L'ONG Global Financial Integrity, fournit quelques chiffres : Nigeria : 14,2 milliards de dollars de fuites annuelles moyennes, Afrique du Sud : 10,1 milliards de dollars, Égypte : 3,6 milliards, Soudan : 2,6 milliards, Côte d'Ivoire : 2,3 milliards), Éthiopie : 2 milliards, Zambie : 1,9 milliard), Togo : 1,8 milliard, Algérie : 1,5 milliard. Et le rapport Koffi Annan estime aussi que la RDC perd chaque année plus de 1milliard de $ chaque année. Au total, les transferts des ressources hors l'Afrique sont de l'ordre de : 597 milliards de dollars EU à 1 400 milliards entre 1980 et 2009. Les flux financiers illicites et non enregistrés ont été aussi de l'ordre de 1 220 à 1 350 milliards de dollars EU entre 1980 et 2009, éclipsant les transactions financières enregistrées, selon le rapport de la BAD-GFI de 2013.

## 6. Une classe moyenne embryonnaire

Entre 2000 et 2010, certaines études réalisées ont abouti à des résultats flatteurs de la montée de la consommation tirée par une classe moyenne fortement dynamique. Mais, existe-t-elle cette classe ? Ces conclusions se vérifient-elles à ce jour ? Dominique Darbon définit la classe moyenne comme celle qui comprend « les populations en cours d' « enrichissement », mais aussi l'ensemble des individus qui émergent de la précarité (c'est-à-dire qui satisfont de manière structurelle aux dépenses contraintes et disposent d'un revenu arbitrable minimal), sans être pour autant à l'abri d'un déclassement rapide ».[286]Les experts de la Banque africaine de développement estiment le chiffre de 300 à 400 millions d'individus sur plus ou moins un milliard d'habitants, soit 34 % de la population[287]. La projection de cette montée envisage 42 % d'ici 2060. Il s'agit en fait des personnes qui gagneraient entre 4 et 20 dollars par jour.

Le rapport établi par McKinsey « conclut que cette nouvelle classe sociale devrait dépenser plus de 1,4 milliard de dollars en 2020 contre près de 860 millions en 2008 ». Très intéressant pour les entreprises qui visent sur les gains.[288] Le FMI projetait aussi en 2015 un PIB moyen de 2000 dollars par habitant dans 22 pays subsahariens[289]. Le Journal *Jeune Afrique*, par contre estimait cette tranche de la population entre 4 et 9 %. Une autre étude très curieuse émanant de Alain Penanguer[290] projetait des prévisions sur les liens entre la croissance de la population et le niveau de la consommation dans le futur, tout en tirant l'attention sur des risques liés aux investissements étrangers.

---

[286] http://www.afrique-demain.org/economie-149-les-classes-moyennes-en-afrique,in Lettre de la Cade (coordination pour l'Afrique de demain), 2011-2012

[287] Cette classe se situe principalement en Tunisie, au Maroc (84.5 %), en Égypte (79.7 %), en Algérie (76.6 %) et au Gabon (75.4 %)

[288] Global Retail Development Index (GRDI), l'édition 2013

[289] Nous sommes en 2019, ces projections se sont avérées inexactes.

[290] Alain Pananguer, Deloite, La consommation en Afrique Le marché du XXIe siècle, juin 2015

Ce qui étonne est que ces cabinets des prévisions ne s'intéressent pas à l'inégalité de répartition de cette richesse concentrée pourtant dans les mains de quelques couches d'une population aisée localisée dans quelques zones urbaines. En réalité, sur 1,2 milliard d'habitants, le continent compte ± 800 millions des personnes vivant en dessous du seuil de la pauvreté. Les projections estiment la taille de la population totale à 2, 4 milliards d'habitants d'ici 2060. Ce qui suggère que le nombre des pauvres va s'accroitre tant que les nouvelles richesses ne sont pas créées. Les inégalités sociales vont dès lors se multiplier à défaut d'une croissance inclusive.

À titre d'exemple, au Congo Kinshasa, il est noté que 60 % de la masse monétaire totale du pays se situent dans la capitale. Et même dans ces grandes villes, on peut pousser l'interrogation en vue de savoir ce que consomme cette catégorie des « gens aisés ». Par ailleurs, d'où viennent ces produits et comment cette consommation participe à la croissance et à l'émergence des économies nationales. En réalité, la classe moyenne africaine, consomme le vin, le parfum, le cuire, le costume, la cravate, le sandwich, les produits de luxe (Vuitton, Zara, Gucci), les frites. Elle roule dans des jeeps tout terrain, construit les flats et les villas sur les hauteurs de grandes agglomérations. Elle visite Londres, Paris, Pékin, Bruxelles, N. York. Elle dispose de derniers modèles de téléphones mobiles. Elle achète dans de super marchés huppés. Elle écoute la belle musique hip-hop. Elle fréquente les salles de cinéma, accède à l'internet, s'abonne à l'antenne satellite canal horizon, dispose de réfrigérateurs, accède aux services financiers traditionnels, fréquente les plages, boit la Heineken, etc. Il s'agit là d'une classe moyenne solvable. Au vu des statistiques, celle-ci est concentrée dans ± 10 pays seulement.[291] Au Congo Kinshasa, on les appelle ironiquement, « les nouveaux riches ». Les anciens riches sont ceux issus de l'ancien régime ; ils vivent dans leurs villas (quartiers chics de Ngaliema, de Gombe, de Limete, etc.). Mais derrière les murs très hauts et protégés par des barres de fer, que reste-t-il de richesse ? Des caisses vides et un peu d'amertume ! Les vieilles voitures, les frigos vides, les maisons sans couleur, les bruits des chiens, des chats et des cancrelats ! La richesse acquise quand ils étaient « aux affaires » (expression qui signifie gérer les institutions publiques) a disparu, dilapidée, épuisée !

De qui est-elle constituée cette classe de « nouveaux riches » ?[292] Elle est multiforme et se constitue de cadres des entreprises publiques qui gagnent encore un salaire élevé ; elle est celle des « honorables députés dont les émoluments s'élèvent à plus ou moins 4 mille dollars par mois, celle des Excellences Messieurs les Ministres du pouvoir central et provincial ; elle est aussi celle des généraux et colonels de l'armée qui vivent en connivence avec certains milieux mafieux ; celle des directeurs généraux des services publics spécialisés, celle des cadres des entreprises multinationales (mines, travaux publics, téléphonies mobiles,

---

[291] 81 % de la consommation privée est concentrée en 2011 seulement sur dix pays des 54 pays du continent: Afrique du Sud, Algérie, Angola, Égypte, Ghana, Kenya, Maroc, Nigeria, Soudan et Tunisie.

[292] Julie Vandal se posait déjà des questions à propos : comment alors définir la classe moyenne en Afrique ? Par ses revenus ou par ses dépenses ? Avec quelles bornes financières l'appréhender ? Par individus ou par foyers ? En fonction de ses revenus ou de ses dépenses ? Par son niveau d'éducation et/ou sa catégorie socioprofessionnelle ? Pour l'heure, il n'existe pas de consensus sur le mode de calcul. Les chercheurs s'accordent toutefois à dire qu'il n'y aurait pas « *une* », mais des « *classes moyennes* » ou « *des catégories, de* "ni riches ni pauvres" » in

transport multimodal), celle des cadres et employés des banques locales et internationales.

C'est aussi celle des professeurs d'université, des trafiquants des métaux précieux (opérateurs économiques), des importateurs des produits qui font les navettes entre l'Asie et l'Afrique, des pasteurs des églises de réveil, des magistrats, des avocats et des leaders (opinion) des ONG (société dite civile). En somme, l'État est l'incubateur principal de cette classe. Car, la politique est le principal pourvoyeur de leur emploi. On compte de centaines de partis politiques par pays, comprenant des milliers de membres à l'affut de hautes sphères du pouvoir. Les journées sont occupées par des réunions, des séminaires, des discussions et des chicaneries qui procurent aux participants l'espoir de devenir Excellences ou Honorables (titres donnés aux ministres et aux députés en République Démocratique du Congo). Leurs signes distinctifs : « la culture de l'ostentation, du spectacle consumériste, de prolifération des gadgets symbolisant la réussite sociale ».[293] Il s'agit de la classe moyenne dite flottante, avec un revenu qui oscille en fonction des activités de débrouille. En moyenne, elle dépense, comme l'indique le rapport de la banque africaine de développement, plus ou moins 10 dollars par jour. La classe instable qui vacille entre précarité et aisance constitue le gros de l'économie informelle. À qui profite cette consommation ? La qualité des produits qui intéresse la classe moyenne stable en Afrique est quasi importée. Les gains de la consommation reviennent avant tout aux firmes exportatrices. Aujourd'hui, il est évident que les pays qui tirent profit de la consommation en Afrique sont indiens, chinois, brésiliens,

[293] Jean Nanga, Ce qu'il faut savoir sur l'Afrique et ses croissances, in www.Africadiligence.com, mai 2013, RFI, 2.2.2018

américains, européens[294]. Il s'agit, notamment de : Nestlé, Danone, Walmart, Valartis Group, Bab Ezzouar, Electrolus, Samsung, Olympic group, Shoprite, Pep Store, Vodacom, les équipementiers chinois ZTE et Huawei, et des banques privées. L'Afrique du Sud, membre de BRICS rejoint ces pays et étend ses magasins de distribution avec plus de 150 supers marchés à travers le reste du continent. La chine fournit plus 10,8 % des importations africaines en 2008, contre 2,2 % quinze ans plus tôt. Cette part augmente chaque année[295]. L'importation des produits manufacturés est de l'ordre de 94,7 % du total des importations africaines. Tandis que les investissements chinois en Afrique visent : le pétrole, les minerais, le bois, les terres agricoles et les travaux publics. Nous ne cessons de le dire, la Chine n'invente pas un nouveau capitalisme à visage humain en Afrique. Elle exporte les produits bas prix vers la nouvelle clientèle solvable, en tire les dividendes et transfert ses avoirs vers les places fortes (Asie, Amérique du Nord et Europe) où se négocient les titres financiers.[296]

Les économies africaines tirent-elles profit de la consommation de cette classe ? Dans la composition du PIB, on trouve certainement la part de la consommation. Mais combien de fois, cet indicateur n'est plus de mise lorsqu'on doit évaluer la vraie création de la richesse nationale ainsi que sa répartition au niveau des couches de la population ? Combien de fois il a été dit que cet indicateur ne donne pas des informations fiables sur la santé nette de l'économie nationale ? Nombreux économistes sont unanimes

---

[294] Lin Yue, observations sur le commerce sino-africain des marchandises, in Outre-Mer, 2011

[295] Les exportations en 2012 ont connu une hausse de 7,9 %. Cette hausse correspond à une explosion de l'excédent commercial de l'ordre de 231,1 milliards de dollars, soit 48 % d'augmentation par rapport à 2011.

[296] Jean-Louis Martin *et* Noussoeu Bih, La Chine et l'Afrique, partenaires et concurrent, in glabalix.fr, 2011

sur le fait que la meilleure mesure de la richesse nationale créée au cours d'une période est le PIN (produit intérieur net) ou le PNN (produit national net). Imaginez un pays qui réalise plus de 7 % de croissance annuelle, alors que cette progression ne porte que sur 15 milliards de richesse totale ! C'est le cas de la République démocratique du Congo dont le budget annuel ne dépasse pas 8 milliards de dollars, excepté l'aide extérieure ! Imaginez aussi qu'un pays réalise un PIB ou un PNN de 8 % par an, alors que le revenu net disponible ne représente que 2 % de cette croissance ! Imaginez qu'un pays fasse une croissance de 2 %, mais sur un PIB valant des milliers de milliards de $. Comparer cette croissance avec celle d'un pays qui réalise 8 % de 40, 42 milliards de PIB (2017) ! C'est pauvre comme richesse dans ce Congo où vivent plus de 100 millions d'habitants. Premier producteur de cuivre, de cobalt et de coltan !

C'est possible, la consommation crée la richesse nationale dans la mesure où la TVA permet de canaliser un taux important de la valeur vers le trésor public. Elle aide dans la mesure où elle alimente l'offre nationale et tire les entreprises à répondre à la demande. Ce qui suppose la création de l'emploi et l'augmentation de l'investissement productif. Or, les expériences démontrent que l'application de cette fiscalité profite aux multinationales. Du fait de l'absence des entreprises privées locales, les firmes étrangères qui fournissent les biens de consommation par importation récupèrent leurs avoirs à travers la hausse des prix. Par ailleurs, la pratique des prix de cession est devenue la règle. L'évasion fiscale en est une autre[297]. Le transfert des revenus ayant été facilité par les accords bilatéraux d'investissement, il laisse les pays africains

[297] Robert Ginésy, http://www.afrique-demain.org/economie-100-croissance-forte-epargne

ouvrir les portes à la fuite des capitaux vers les paradis et vers les filiales étrangères. Par ailleurs, dans nombreux pays, les grandes surfaces et les magasins de gros n'établissent pas de factures. Les clients ne sont pas exigeants. Les marchés publics qui sont prisés par les grands groupes des travaux publics (étrangers) ne sont pas soumis à l'appel d'offre. C'est le gré à gré qui domine et permet les commissions et rétrocommissions souterraines.

Ces entreprises entreprennent des travaux dont la visibilité au niveau de la comptabilité nationale est inaperçue. L'amortissement qui est déduit du PIB donnerait un indicateur exact de la croissance des économies africaines. Il ne suffit pas de calculer le PIB marchand ajusté pour l'inflation et d'en tirer les conclusions, mais de tenir compte de ce qui reste réellement profitable à l'économie lorsque l'amortissement, les transferts des profits, les diverses rémunérations, les versements des dividendes et des intérêts, les réserves pour l'investissement futur sont soustraits. Encore faut-il qu'il y soit réinvestissement ! Si nous tenons compte de ces calculs de transfert des richesses vers l'extérieur, il ne reste pas grand-chose dans les caisses des pays africains. Le niveau de la consommation intérieure dans nombreux pays n'est qu'un indicateur apparent. Ceci revient à dire que la classe moyenne solvable, plus de 100 millions des consommateurs africains vivant principalement dans les grandes agglomérations urbaines participent au réseau de la globalisation et constituent un maillon de la chaine qui permet de consommer étranger et de transférer vers l'étranger les revenus du travail réalisés dans les filiales des multinationales ou dans les entreprises nationales (souvent publiques) et dans la fonction publique (où le revenu est tiré de la corruption, de détournement et de pillage).

Comment vit plus de 70 % de la population rurale en Afrique ? Ils survivent avec moins de 2 $ par jour. Ils n'ont pas accès aux soins de santé, ils n'ont pas un logement décent, ils n'ont pas accès à l'éducation, ils se nourrissent de miettes de pain sec, ne peuvent boire de l'eau potable ni s'habiller dignement. Le rapport relatif au développement humain publié chaque année par le PNUD en est un témoignage éloquent. Les maladies jadis disparues réapparaissent. Les enfants de la rue sont laissés à la merci de tous. Les jeunes désœuvrés vivent de la mendicité et errent dans les rues, sans espoir de lendemain ! Le nivellement de niveau de vie se fera-t-il demain ? Mais, avec quelle richesse ? Celle créée par l'économie extravertie ?

L'apport de la classe moyenne africaine à la croissance apparait ainsi modeste dans la mesure où les effets multiplicateurs de cette consommation sur l'économie nationale ne sont pas notoires. Sa demande des biens finis, bien que forte, elle concerne les produits importés : farine de blé, de maïs, le riz, haricot, l'huile, le ciment, le lait en poudre, la volaille, la viande surgelée, le poisson, les aliments pour bébé, les textiles, le café en poudre, chaussure, automobile, téléphone, matériaux de construction, le bricolage, les voyages, les produits cosmétiques, l'informatique, l'électroménager, etc. Rien n'étonne, les projections faites par le cabinet-conseil « Mckinsey » sur la montée de cette classe constituent un appel aux industriels occidentaux désireux de s'approprier les opportunités (consommation) afin d'en tirer profit.

Il n'est pas possible de mesurer l'effet de cette consommation sur la croissance à long terme. L'émergence dont il est question dans nombreux rapports est le résultat de la ruée des multinationales sur les marchés des matières premières, sur les télécommunications et sur les travaux publics. Ce qui revient à dire que la globalisation insert les pays africains dans une relation de dépendance au sein de laquelle les multinationales profitent de matières premières, creusent le déficit des balances des paiements (forçant les importations des produits à bas prix, transfèrent le gros des profits vers les maisons mères ou les autres filiales en réduisant les niveaux des réserves) et investissent, par contre dans la triade (Asie, Europe, Amérique du Nord) considérée comme zone de prospérité durable. Cette Consommation reste par ailleurs très limitée dans quelques pays. En effet, 81 % de la consommation dont il s'agit concerne 10 pays sur 54. Il s'agit de l'Afrique du Sud, de l'Algérie, de l'Angola, de l'Égypte, du Ghana, de Kenya, du Maroc, du Nigeria, du Soudan et de la Tunisie. Ces pays sont aussi classés parmi ceux ayant un meilleur indice de performance économique et attirent le plus d'investissements étrangers directs.

## 7. L'entrepreneuriat dubitative

Si les Africains font appel, de tous leurs vœux, aux multinationales pour booster la croissance et le développement, c'est parce que l'entrepreneuriat national fait défaut. Étant dans les besoins immenses d'investissements, ils (les États) ferment leurs yeux sur les risques que les firmes étrangères présentent. Nul n'ignore que les industriels qui acceptent leur localisation en Afrique mesurent avant tout les facteurs favorables : accès aux crédits domestiques à des conditions de faveur, optimisation fiscale, liberté dans la fixation des prix à la consommation, faible ou absence de la concurrence locale, possibilité de former les cartels de contrôle des marchés, les infrastructures d'accueil taillées sur mesure, faible coût de production, salaires très bas, absence des syndicats, les exonérations exorbitantes, etc.

Ces faveurs entrainent des pertes énormes en défaveur des pays hôtes. Sortir de ces pièges nécessite l'éclosion de l'entreprenariat local, le seul chemin qui puisse donner lieu à la naissance d'une économie moins dépendante, performante et créatrice de richesse. Mais, à ce jour, le continent reste à la traine. Sa classe moyenne quasi inexistante n'est pas créatrice des richesses. Le petit pourcentage des cadres (fonction publique et entreprises privées) gagne un peu plus, en profitant de détournement et de pillage. Les indépendants évoluent dans l'informel. Ils ne sont pas enregistrés, investissent avec les maigres épargnes et ont peur de prendre des risques dans des secteurs qu'ils ne maîtrisent pas. Dans les milieux urbains on note quelques initiatives, mais peu propices à produire des effets de levier sur l'ensemble des économies nationales. Il s'agit de : la construction des hôtels, des restaurants, de montage des magasins de friperie ou des articles made in China ; on note aussi la multitude des services de transport (taxis et taxis-bus, camions d'occasion). On assiste également à la prolifération des débits des boissons et des vivres frais importés (volaille, viande de porc, le poisson et la viande de bœuf surgelée. Ici et ça, il y a de petits ateliers artisanaux de réparation des appareils électroménagers, des garages, de fabriques des peintures, des chaussures, des ateliers de couture, de petits moulins à manioc, des ateliers de pacotille et de démolition ; là encore, l'on apprend le petit bricolage.

Les industriels de grande taille manquent encore. Ceux qui s'y aventurent sont comptés sur les bouts des doigts. Il s'agit, notamment de Nigérian Aliko Dangote (Nigéria), de Béninois Samuel Dossou-Aworet, président du groupe Pétrolin, de Orascom en Égypte dans les secteurs du ciment, des télécommunications et de la télévision, de Cevital et de Sonatrach en Algérie, de Sonangol en Angola, de Salan et Bidvest en Afrique du Sud, de l'énergie

(Estom, Sasol en Afrique du Sud), du mobile (MTN group en Afrique du Sud) et de la banque (Afriland First Bank).

Voilà l'image de l'entreprenariat africain. Pourquoi s'insurger contre les dirigeants occidentaux qui osent dire plus haut que l'Afrique doit entrer dans l'histoire, car, elle y est absente ! À quand le siècle de lumière de l'Afrique ? Faut-il évoquer à tout bout de champ l'antériorité de la civilisation nègre en exhumant les squelettes enfouis dans les pyramides égyptiennes ? Si cette civilisation a eu lieu, selon Cheikh Anta Diop, elle est l'ouvre des braves hommes et femmes de l'époque. Et aujourd'hui, où sont les bâtisseurs des civilisations africaines ? Les petites unités de production qui existent sont déconnectées, enclavées et exclues de l'accès au financement bancaire, gérées de manière familiale. Il s'agit, notamment des unités de transformation des produits vivriers, de l'élevage, des confections textiles, des produits végétaux et de bois, des produits cosmétiques. L'industrie de haute technologie fait défaut. Outre ces unités de petite taille, les autres activités sont l'œuvre des sujets indo-pakistanais, des Chinois et des Européens. À titre d'exemple, l'éclosion des entreprises de textile, de chaussures, de téléphonie, des produits cosmétiques, dans certains pays cités comme modèles, est due essentiellement aux investissements chinois, indiens. Ce sont les cas des entreprises présentes en Éthiopie, au Rwanda, au Mozambique, et en Angola où l'on compte des usines de cuir, des textiles, de l'électroménager, du tabac, de l'électronique, des équipements de transport, de matériels de construction, de ferronnerie, de traitement du bois, de l'aciérie et métallurgie et de mobilier[298].

[298] Les marchés émergents de l'Afrique, analyse du service canadien du commerce, juin 2011

L'entrepreneuriat dans les activités informelles qui échappent au contrôle et estimées à plus de 70 % dans certaines économies, il représente 55 % du PIB cumulé, selon les données de la BAD, entre 50 et 65 %, selon le FMI[299]. Ici, on y déplore : une grande précarité des conditions du travail, le non-accès aux principaux services publics nécessaires : eau, électricité, téléphonie, infrastructures ; le manque de l'épargne, l'approvisionnement irrégulier en intrants, une main-d'œuvre non qualifiée et une gestion reposant sur l'improvisation. Les efforts en vue de formaliser ces activités ne réussissent pas. Davantage les opérateurs y rencontrent d'autres entraves : la concurrence déloyale, les tracasseries administratives, les méthodes archaïques de gestion, l'absence des facilités d'écoulement des produits, le non-accès aux financements ».[300] Les grandes entreprises nationalisées dans le temps et ayant eu pour but de contrôler la production et tirer les meilleurs profits, sont vieilles de 80 ans d'âge. Fondées durant la période coloniale, elles n'ont plus été recapitalisées en dépit des réformes proposées par la Banque mondiale. De ce fait, devenues déficitaires, elles ne sont plus à même de contribuer au développement des pays. L'État, devenu propriétaire est accusé de gaspiller le patrimoine. Pour survivre, elles dépendent par contre, des aides et des subventions qui pèsent sur le trésor public. Nombreuses d'entre elles sont tombées en faillite. Les arriérés des salaires de plus de 10 ans ne sont pas honorés faute de ressources. Et ce personnel continue à marquer sa présence dans des locaux poussiéreux en croisant les bras. L'exemple éloquent est celui des sociétés congolaises. Nationalisées au début des années 70, elles sont l'ombre d'elles-mêmes. La société de chemin de fer, la SNEL (électricité), la Régie de l'eau, la société nationale d'assurance, les

---

[299] Contre 34 % pour l'Asie du Sud-Est et 23 % pour l'Europe

[300] Hicham El Moussaoui, Les Africains ne seraient-ils pas faits pour l'entrepreneuriat ? in www.huffpostmaghreb.com, janvier 2014

sociétés de transport aérien et maritime, etc., sont devenues au fil du temps des coquilles vides. Une étude comparative réalisée en 1990 dont le contenu reste d'actualité révèle que les cas de mégestion de ces entreprises est particulièrement déplorable dans les pays francophones. Des désinvestissements massifs se sont produits tant dans le secteur public que dans le secteur privé, mais la dynamique née du maillage économique n'est pas apparue.[301] La période coloniale a vu l'implantation d'entreprises, commerciales d'abord, puis de production agricole ou minière, puis industrielle et de service, sur le modèle des pays colonisateurs. La permanence du management expatrié et sa stabilité ont pu permettre dans de nombreux cas, malgré certains dérapages, une adéquation de l'entreprise au pays d'accueil.

Au même moment se sont créés des relais locaux, commerçants ou artisans tournés vers le secteur moderne, qu'ils soient sous-traitants, réparateurs, vendeurs d'occasions. La folie de nationalisation a tué dans l'œuf cet esprit[302]. Et la rétrocession de ces entreprises n'a pas donné les résultats escomptés. Les causes ? On peut noter l'absence de goût de risque, l'absence de l'idée de

[301] B Ponson, L'Entrepreneuriat en Afrique francophone, Ed. AUPELF-UREF. John Libhey Eurotext. Paris 1990, pp. 18.25

[302] Selon Jacn-Paul Tchankam, en 1986, on estimait à 3000 leur nombre en Afrique, avec 30 à 60 % de la production intérieure brute et employant 40 à 75 % de la population active. Il s'agissait de : a) des régies directes (l'administration pure) ; b) des régies commerciales, fournisseuses de l'État, c) des établissements publics administratifs ayant une « certaine autonomie » dans sa direction, d) des établissements publics industriels et commerciaux qui pratiquent le commerce, et soumis aux lois et usages du commerce, f) des entreprises privées qui peuvent être concessionnaires d'un service public ou non concessionnaire, mais gérant d'un service public, et g) des sociétés publiques, in Jean-Paul Tchankam, La gestion dans les secteurs public et privé : une analyse critique des similarités et des différences au Cameroun, in La Revue des Sciences de Gestion 2008/2 (n° 230), pages 69 à 78

réussite individuelle, le non-accès aux crédits, la nomination des managers sans tenir compte des qualités, l'absence du savoir-faire, le poids des dettes.

Et les recherches ? Parlons-en, parce qu'il existe un lien solide entre la recherche/développement et le niveau des performances économiques. Les recherches universitaires sont aussi au plus bas niveau depuis des années. Les laboratoires ne bénéficient presque pas de l'assistance, sauf celle (assistance) qui vient de l'extérieur (coopération bilatérale). Selon l'UNESCO, « Aucun des pays africains ne consacre plus de 0,5 % de son budget à la recherche. Les laboratoires de bonne qualité technique pour une recherche appropriée et performante sont rares. Il en résulte, selon l'UNESCO, que l'Afrique compte 90 chercheurs par million d'habitants contre près de 3 400 par dans les pays développés. Si bien qu'aujourd'hui, le continent ne produit que 2 % des articles scientifiques publiés dans le monde »[303]. De même, il existe un trou géant entre les laboratoires scientifiques et les entreprises, qui du reste sont, de petite taille et n'ont pas recours aux expériences scientifiques pour la création de nouveaux produits. Or, on est bien d'avis que l'innovation et l'intelligence économique sont étroitement liées. La création procède de l'intelligence. Ceci est vrai dans toutes les sciences. Elle permet l'adaptation et la créativité[304].

[303] https://www.sciencesetavenir.fr/fondamental/aucun-des-pays-africains-ne-consacre-plus-de-0-5-de-son-budget-a-la-recherche

[304] Mehdi Lahdidi Recherche scientifique et innovation : pourquoi l'Afrique ne progresse pas ? La Tribune, mars 2017

**Graphique 9 La part du budget consacré à la recherche et développement**

Figure 1.4 : Indice de capacités en Afrique en 2016. Pays les plus performants par groupe

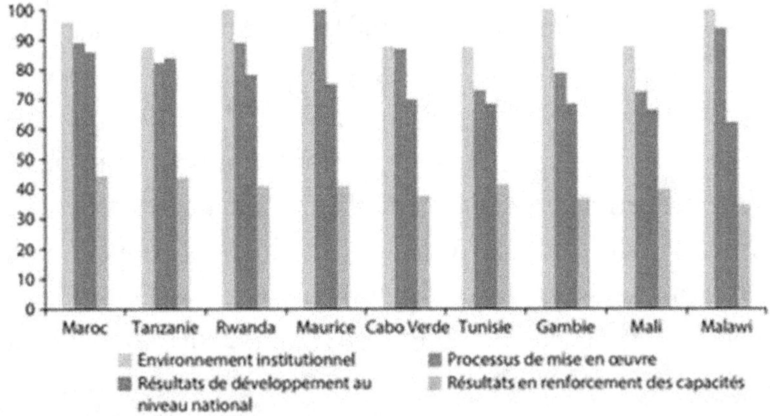


*Source : Base de données ICA 2016.*

En Asie, les pays consacrent une part importante à la recherche. Tandis qu'en Afrique, les industriels les plus en vue (Sud-africains, Nigérians, Égyptiens et Marocains) tirent leurs fortunes principalement dans l'agro bizness et dans les mines. Aucune fortune ne se situe de la chimie, la pharmacie, l'acier, la construction automobile. Les petites entreprises dont la gestion est encore familiale ne peuvent pas participer à la création innovante. Bien au contraire, elles sont des relais de l'extraversion qui situent l'Afrique dans le chainon de l'ancienne division classique du travail. Elles offrent les débouchés pour les produits finis importés d'ailleurs, et se cantonnent dans le rôle de réservoir des matières premières qui ont pour but de booster l'économie asiatique, américaine et européenne.

### 4.8. La mono-exportation

On ne cesse de répéter : l'émergence des BRICS est la résultante de la diversification des produits manufacturés et la participation accrue au commerce mondial. La Chine, la Corée du Sud, le Brésil, l'Inde, etc., doivent leurs croissances aux échanges avec le reste du monde. Leurs produits traversent aujourd'hui toutes les frontières ; grâce aux résultats de libéralisation des échanges commerciaux, ils sont devenus compétitifs et défient les firmes multinationales sur les marchés mondiaux dominés jadis par les produits occidentaux. Mais, où se situe l'Afrique ? Valentine Rugwabiza, alors Directrice générale adjointe de l'OMC, dans son discours du 12 avril 2012, tenu à l'Université Witwarsrand de Johannesburg, affirmait que « La part de l'Afrique dans le commerce mondial est faible elle aussi. Elle se levait à 2,6 3 % en 2016 pour les exportations et à 3 % pour les importations. Actuellement on l'estime que cette participation est en recul à cause de la chute des prix des produits de base. Un léger progrès aurait été réalisé entre temps par le biais de quelques pays, essentiellement producteurs des produits pétroliers. Les produits primaires représentaient toujours ± 90 % de part. Le déficit des échanges (produits manufacturés) avec le reste du monde s'accroit, passant de-54.001.472 en 1995 à -265.563.685 en 2015. Ce qui représente très important. Par contre la part de l'Asie passe de -58.270.385 à 1.037.094.569 au cours de la même période. L'écart se creuse entre les deux continents.

**Tableau 5 : Solde commercial des produits manufacturés en Asie et en Afrique (en milliers US$)**

| | | 1995 | 2015 |
|---|---|---|---|
| Asie | Exportations | 798,606,462 | 4,640,781,122 |
| | Importations | 856,876,847 | 3,603,686,569 |
| | **Déficit extérieur** | **-58,270,385** | **1,037,094,553** |
| Afrique | Exportations | 28,383,598 | 89,109,964 |
| | Importations | 82,385,071 | 354,673,649 |
| | **Déficit extérieur** | **-54,001,472** | **-265,563,685** |

Source : statistiques de la CNUCED

La comparaison des exportations d'un seul pays de l'Asie (Vietnam) par rapport à celles de l'ensemble des 54 pays africains donne une image exacte de la place de ce continent, comme le démontre le tableau ci-dessous.

Figure n° La part (%) des exportations des pays africains par rapport au Vietnam (1995-2015)

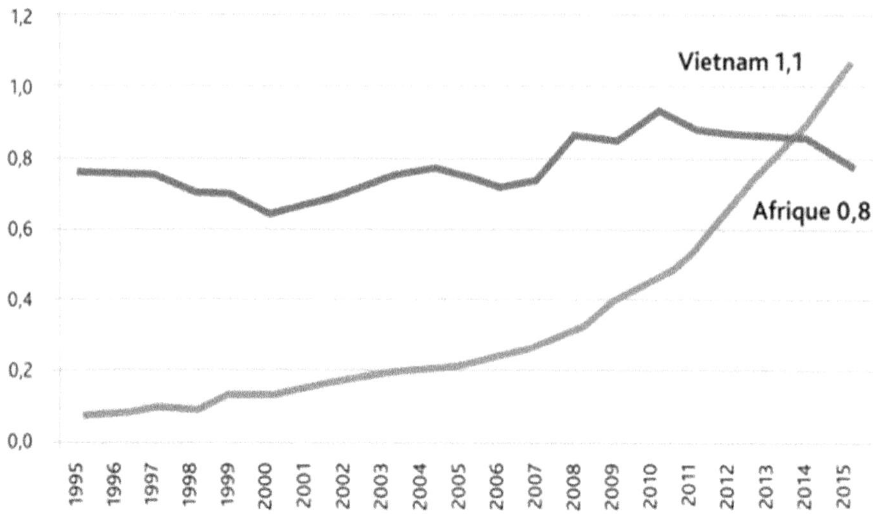


Source : statistiques de la CNUCED

Ainsi, le sursaut observé il y a quelques années était le fait de l'explosion des prix du pétrole et des produits non manufacturés. Mais qui dit produits pétroliers et miniers suppose qu'il s'agit avant tout des secteurs contrôlés par les multinationales étrangères. Entre 2000 et 2017, le rapport de la CNUCED note que la part des exportations minières de l'Afrique vers le reste du monde était comprise entre 80 % et 90 % du total de ses exportations[305]. Ce qui représente une forte dépendance. Les résultats calculés par Coface, indice mesuré sur une échelle de 0 à 1, donnent une significativité positive en ce qui concerne les exportations de matières premières de l'Afrique subsaharienne vers la Chine, soit 0,24 en 2016, comparée aux 0,07 enregistrés pour l'Union européenne et de 0,12

[305] UNCTAD/PRESS/IN/2019/2/Rev.1Genève, suisse (26 juin 2019)

aux États-Unis[306]. Par contre, les échanges intra-africaines varient entre 13 et 15 % du commerce total. C'est déjà mieux, mais insuffisant. La comparaison par sous-région classe l'Afrique centrale en queue du peloton avec 0,8 % des exportations intra-africaines. La SADC totalise 34 %[307].

Notons qu'en dépit des avantages accordés dans les zones de libre-échange, certains pays n'arrivent pas à tirer profit des taux préférentiels. Ce sont les cas de : le Bénin (taux de sous-utilisation de 95,4 %), le Burkina Faso (100 %), Djibouti (96,5 %), la Guinée équatoriale (93,2 %), la Guinée (100 %), la Guinée-Bissau (100 %), le Libéria (100 %), la Libye (100 %) le Mali (99,6 %), la République centrafricaine (100 %), la République Unie de Tanzanie (94 %), les Seychelles (100 %), la Sierra Leone (100 %), la Somalie (98,9 %) et le Togo (100 %). Aujourd'hui, tous les regards sont tournés vers la nouvelle aventure dénommée la Zone de libre-échange continentale (ZLECA). Comment on peut envisager une réduction des tarifs douaniers au niveau continental, alors que les échecs au niveau sous régionaux sont patents ? Les études préliminaires sur les avantages de cette nouvelle zone projettent l'accroissement des échanges d'ici 2022 de 52,3 % (34,6 milliards de dollars par rapport à un scénario de 2012,

---

306 https://www.coface.com/fr/Actualites-Publications/Publications/Chine-Afrique-le-mariage-de-raison-va-t-il-durer

307 La Communauté de développement de l'Afrique australe (SADC) (34,7 milliards de dollars), la Communauté des États Sahélo-Sahariens (CEN-SAD) (18,7 milliards de dollars), la Communauté économique des États de l'Afrique de l'Ouest (CEDEAO) (11,4 milliards), le Marché commun de l'Afrique de l'Est et de l'Afrique australe (COMESA) (10,7 milliards), l'Union du Maghreb arabe (UMA) (4,2 milliards), la Communauté d'Afrique de l'Est (CAE) (3,1 milliards), l'Autorité intergouvernementale pour le développement (IGAD) (2,5 milliards) et la Communauté économique des États de l'Afrique centrale (CEEAC) (0,8 milliard).

l'accroissement des exportations industrielles de l'ordre de 53,3 % et un léger déplacement des emplois de l'agriculture vers les secteurs non agricoles.

Elle mise aussi sur la fin des monopoles (des entreprises) et la possibilité des avantages concurrentiels accrus impliquant la baisse des coûts de production, la baisse des pressions fiscales et une meilleure productivité. Toutefois, il faut noter que les effets de création étant estimés, ceux liés à la destruction de l'industrie boiteuse ne sont pas démontrés. De même, l'impact sur les budgets des États qui dépendent des taxes tarifaires n'est pas examiné. La chute de l'emploi liée aussi à l'entrée des entreprises concurrentes sur les marchés nouveaux n'est, non plus, déterminée.

Presque tous les pays ont ratifié cet accord. Mais, les chances de succès sont minces à cause de ce qui est dit ci-haut. Les pays membres ne sont pas capables de se conformer aux critères de convergence de leurs économies contrastées. Les difficultés de convertibilité des monnaies constituent un autre handicap. Le troisième concerne la non-diversification de la production. On n'échange pas des cacahouètes ni des bananes. Le quatrième se situe au niveau de l'étroitesse physique et économique des marchés intérieurs. Le manque d'infrastructures de communication, le niveau faible des revenus, etc., empêchent le développement d'un marché de libre-échange, composé de 54 États. La dépendance de plusieurs d'entre ces États, en recettes douanières, exige un mécanisme de compensation en cas des pertes des recettes dues à la réduction des tarifs. Les expériences vécues dans le passé le prouvent. Plusieurs accords sont tombés en désuétude.

À titre d'exemple, au Congo Kinshasa, on en compte plus de 300 entreprises minières disséminées à travers le territoire, dont 90 % sont dans les mains des investisseurs étrangers. Cette situation reste la même dans d'autres pays. Les pays qui sortent du lot et exportent des produits finis (le cacao, l'huile de palme, l'igname, le manioc, le sorgho, le millet, le maïs, le riz, le bétail sur pied, l'arachide, le coton, les chaussures, les textiles) sont comptés sur le bout du doigt. Il s'agit du Kenya, de l'Afrique du Sud, du Nigéria, du Maroc et de la Tunisie. Les biens de consommation exportés dans le voisinage concernent le cuir, le lait, le vin, les textiles, le fil, la farine, l'alcool, le pain, le ciment, l'électroménager. Faut-il le répéter, ces productions sont essentiellement l'œuvre des entreprises étrangères (indiennes, pakistanaises, chinoises), à l'exception de l'Afrique du Sud et de l'Afrique du Nord où les nationaux sont en cours de maitriser la production locale. En dépit de l'exploit réalisé dans l'exportation des produits miniers et pétroliers, les comptes courants des pays africains sont déficitaires sur une longue période, car, ils sont des importateurs nets des biens de consommation et des biens intermédiaires.

Les chocs externes : chute des prix de certains produits de base, baisse de la demande des matières premières (récession prolongée), crise financière ayant des répercussions sur les économies asiatiques ou occidentales, concurrence accrue, réduction de l'emploi dans certaines industries occidentales ou l'entrée en récession prolongée, tous ces facteurs peuvent réduire à rien le niveau des exportations africaines. Le renchérissement des coûts des biens importés aggrave davantage la situation du fait que la demande nationale, dans beaucoup de pays africains, en biens de première nécessité dépend étroitement de la santé économique des pays asiatiques, occidentaux et américains. Les revenus des exportations servant davantage à supporter les coûts des importations, les conséquences sont incalculables (cas des chocs externes). Ces pays ont déjà eu cette expérience lors de la crise des surprimes dont les origines remontent sur les marchés spéculatifs aux États-Unis d'Amérique.

## 8. La malicieuse dépendance financière

En 1953, Ragnar Nurkse, apôtre de la croissance équilibrée, énonçait une thèse qui a retenu l'attention des pays partenaires au développement ainsi que plusieurs experts occidentaux, durant plusieurs décennies. La thèse : « Ils sont pauvres parce qu'ils sont pauvres ». L'Afrique était encore une colonie. Nurkse évoquait le cas des pays de l'Amérique latine et de l'Asie. À dater des années 60, l'Afrique a rejoint le lot. C'est ce fondement qui a conduit les membres du CAD à déterminer les priorités de l'aide au développement ainsi que la ligne de conduite à adopter pour canaliser l'excédent des ressources financières aux pays pauvres (0,75 % de PIB). Sur ce, pensaient-ils, il suffirait d'apporter des moyens financiers abondants vers l'investissement productif afin de provoquer le processus d'accumulation du capital et de réinvestir dans le temps l'épargne interne générée ; ce processus d'accumulation pouvait dégager les effets multiplicateurs. Cette thèse de l'investissement du capital accumulé est enseignée dans plusieurs programmes universitaires. Bien que n'ayant pas abouti à des résultats escomptés, elle est réaffirmée (2016) par d'autres chercheurs, à savoir : Cesar Hidalgo et Albert-László Barabási, Bailey Klinger et Ricardo Hausmann. Donc l'Afrique manque de ressources financières.

En fait, Nurkse n'avait pas du tout tort. Si aujourd'hui, sa thèse ne se justifie pas, la théorie vaut sa peine. Les ressources ont été canalisées vers nombreux plans, programmes et projets dits de développement. On a vu les éléphants blancs surgir ; les cathédrales ont été construites ; les autoroutes asphaltées pour évacuer des matières premières vers les ports en direction des océans et des mers, les projets agricoles pilotes ont été montés pour faire face à la sous-alimentation ; les industries chimiques, les chaines de montage automobiles, les usines clés à main (sidérurgies, mines, pétroles et gaz), les ponts jetés sur les fleuves, les corridors et les ports, quelques centrales hydroélectriques, etc., ont vu jour. Chaque pays était sur la liste des privilégiés. Mais, elles n'ont pas stimulé le développement attendu. Bien au contraire, elles ont eu des effets multiplicateurs chez les créanciers privés et publics. L'effet multiplicateur, au lieu de générer les retours (profits) sur investissement en faveur des pays débiteurs, bien au contraire, ces créanciers en ont tiré des bénéfices. Le volume total de l'aide des pays membres du CAD estimé en 2018 est de l'ordre de 137.539 millions de dollars, alors qu'il était de l'ordre de 52.313 millions en 1998. Donc, l'aide progresse, pendant que la pauvreté progresse aussi.

L'accroissement en volume peut étonner tout un chacun. Mais, ce montant n'est pas sans intérêts pour les créanciers. Plus l'aide s'accroit, plus elle génère le retour des profits en faveur des économies développées. C'est une évidence que l'on ne cherche plus à démontrer aujourd'hui. Des prêts non concessionnels, des intérêts capitalisés, des délais très courts, des contrats exécutés par les firmes occidentales, la fourniture obligatoire des inputs par les créanciers, le choix des projets lié aux marchés occidentaux, l'assistance technique sans transfert de savoir-faire (technologie), sont les vecteurs qui agissent négativement sur le multiplicateur de l'aide. Nous avons déjà épinglé, les bénéfices tirés par des créanciers sont directs ou indirects. Il peut s'agir de subsides indirects aux entreprises, de soutien à l'emploi dans des usines en difficulté, de l'appui aux industries moins performantes, de la surfacturation dans l'évaluation des contrats, de pratique des prix de cession, de montage juteux des contrats financiers, etc. Ce qui signifie que les créanciers ne renoncent pas à la logique de « prêt ». Celui-ci (prêt) est calculé en fonction de ratio coût/profit. On ne peut pas se voiler la face et croire aveuglément à l'idée de l'aide désintéressée. Le tableau ci-dessous, bien que datant des années 50 démontre comment les aides passées par la Banque mondiale ont profité davantage aux pays créanciers. Les données s'arrêtent en 1955. Ensuite, la Banque a cessé de les rendre publiques sur insistance des créanciers. Ces derniers n'ont pas accepté que la boucle de l'aide au développement soit rendue ainsi publique. Car, elle démontre comment se distribue l'aide et qui en sont les vrais bénéficiaires. La Banque dont le fonctionnement dépend de ces souscripteurs a obéi à l'ordre. Mais on sait aujourd'hui comment se répartissent les dépenses une fois liquidées. Sur place, les dépenses effectuées en Afrique sont de l'ordre de 1 % (1955). Elles sont inférieures à ce taux durant les autres années. Aujourd'hui, sont-elles de quel ordre ? Plus de 50 % ? Impossible. Les mécanismes restent les mêmes. Quelle leçon tirer ? Les pays créanciers ont fait de l'aide au développement un véritable marché qui profite aux entreprises : études et exécutions des projets, sous-traitances, commissions, transports, logistique, etc. Il en résulte la création de l'emploi supplémentaire, les diverses formes d'organisations dites non gouvernementales dépendantes de ces aides, soutien direct et indirect à la croissance, dépendance financière. Tandis que dans les pays dits bénéficiaires, le remboursement des prêts (capital et intérêt), même échelonné, entraine l'abandon des dépenses publiques de caractère social (éducation, santé, environnement) et des dépenses d'investissement. Les bénéficiaires deviennent très pauvres et très endettés.

**Tableau 6. La boucle de la répartition des dépenses des aides octroyées par la Banque mondiale (1946 à 1955)**

| | 46-51 | 51-52 | 52-53 | 53-54 | 54-55 |
|---|---|---|---|---|---|
| Etats-Unis | 73,10% | 65,30% | 63,50% | 58,70% | 47,10% |
| Europe | 11,30% | 25,30% | 30,10% | 38,10% | 48,80% |
| Canada | 6,60% | 8,80% | 4,30% | 2,40% | 2,90% |
| **Sous total pa** | **91,00%** | **99,40%** | **97,90%** | **99,20%** | **98,80%** |
| | | | | | |
| Amérique Lati | 8,30% | 0,50% | 1,10% | 0,40% | 0,10% |
| Moyen Orient | 0,40% | 0,00% | 0,00% | -0,10% | 0,00% |
| Afrique | 0,30% | 0,20% | 0,80% | 0,30% | 1,00% |
| Asie | 0,00% | 0,00% | 0,20% | 0,20% | 0,10% |
| | 100,00% | 100,00% | 100,00% | 100,00% | 100,00% |

Source : Banque mondiale, Rapports annuels, 1946 à 1962

À ce sujet, une étude réalisée par des experts belges, à propos de l'aide accordée au Congo Kinshasa, affirmait qu'un franc investi au Congo Kinshasa rapportait quatre francs en Belgique à l'heure de la coopération privilégiée. Les études analogues sur les retombées économiques sont menées aussi dans d'autres pays. La CUNCED, dans son rapport de 2019 remarque que « la distinction entre les flux concessionnels et les flux non concessionnels s'estompe, ce qui opacifie des aspects jusqu'alors clairs de l'aide publique au développement et met à mal des principes fondamentaux de l'efficacité du développement : l'appropriation, l'alignement, l'harmonisation, la gestion axée sur les résultats et la responsabilité mutuelle. Il s'ensuit que les pays les moins avancés ont encore plus de difficultés à assumer concrètement la responsabilité de la mise en œuvre de leurs propres plans de développement »[308]. Cette même conclusion est aussi tirée par Dambisa Moyo, suite à son expérience passée au sein de la Banque Mondiale.[309]

Examinons à présent la question de recours à l'épargne interne en rapport avec l'indépendance financière, tel que suggéré par Nurske dans sa théorie de l'accumulation du capital et le financement de l'investissement. L'épargne intérieure peut être le fait des entreprises nationales, des ménages ou du pouvoir public. Elle aide à évaluer les capacités d'investissement futur et aide aussi à atténuer les conséquences des déficits courants, dans la mesure où l'épargne et l'investissement sont pris en charge principalement par les précautions publiques et privées, tenant compte de leur niveau de consommation présente (dépenses courantes) et des désirs d'investir demain. Tandis que l'indice de l'indépendance financière est calculé à partir des cinq principaux ratios : le solde entre l'épargne nationale et l'investissement, la balance courante, le ratio total des flux financiers net sur le PIB, le ratio dette extérieure sur le PIB, le ratio réserve des changes sur le PIB.

Quelle est la situation en Afrique ? Il faut se méfier de certains rapports. En effet, selon le rapport de « *Global development horizons* », L'Afrique subsaharienne va enregistrer d'ici 2030 un taux d'investissement stable du fait d'une forte croissance de la population active. « Si le scénario d'une croissance plus rapide se présente, les pays subsahariens les plus pauvres pourraient connaître un développement plus marqué des marchés financiers, et

---

[308] Conférence des Nations Unies sur le commerce et le développement, Rapport 2019 sur les pays les moins avancés, Le financement extérieur du développement, aujourd'hui et demain – Dépendance persistante, difficultés nouvelles

[309] Dambisa Moyo, Dead Aid: Why Aid Is Not Working and How There Is a Better Way for Africa, Kindle édition, 2009

les investisseurs seraient de plus en plus attirés dans la région ».[310] Le rapport établi par la Banque mondiale sonne pourtant l'alarme. Il souligne que l'Afrique subsaharienne est la zone qui enregistre le taux d'épargne le plus bas du monde en développement. Certes, les chiffres varient d'un pays à l'autre, mais dans l'ensemble l'épargne intérieure brute de la région se situait en moyenne en 2005 à 18 % du produit intérieur brut (PIB), contre 26 % en Asie du Sud et presque 43 % en Asie orientale et dans les pays du Pacifique. L'Afrique du Sud, membre de BRICS représente à elle seule presque 40 % du PIB de l'Afrique subsaharienne. Elle est suivie par l'Égypte, l'Algérie, le Botswana, le Gabon, le Nigéria et le Congo Brazza. Il s'agit des pays producteurs du pétrole et des minerais. Même si ces pays enregistrent un niveau élevé, il faut le relativiser.

En général, les statistiques indiquent qu'un meilleur taux de l'épargne ayant un lien avec la croissance est estimé à 30 %. Or, l'Afrique subsaharienne a toujours un taux inférieur à 20 %, contre 35 % en Asie ou 26 % en Afrique du Nord[311]. Cette insuffisance pouvait être compensée par les prêts, les investissements directs, les investissements de portefeuille, les flux obligataires, etc. Or, nous avons souligné plus loin que sur une longue période de plus de 10 ans, l'Afrique, dans son ensemble, n'a reçu que 3 % des investissements réalisés dans le monde. Nombreux africains n'ont pas un emploi rémunéré. Ils n'ont pas accès aux prêts. Le taux de la bancarisation est nettement faible. Les zones (territoires) entières ne sont pas desservies. Les populations vivant dans les villes tirent le revenu de l'activité informelle. Le niveau des salaires étant bas,

---

[310] www.Lesoleil.sn, mai 2013

[311] Coordination pour l'Afrique de demain « Un autre regard sur l'Afrique et les Africains » in, http://www.afrique-demain.org/economie-100-croissance-forte-epargne-faible, 2006

il ne permet pas à des millions d'employés d'épargner. Les banques ne peuvent dans ce contexte mobiliser cette épargne inexistante pour la canaliser vers ceux qui ont besoin de financement de leurs activités. De même, l'État ne peut pas recourir à l'épargne des ménages ou des entreprises pour stimuler certains secteurs d'activités économiques. Les ménages à déficit de financement ne peuvent, non plus, accéder à l'épargne des agents à excédents de financement, parce qu'ils ne présentent aucune garantie de remboursement. Les risques étant élevés, les banques et autres institutions de financement ne prêtent qu'à une faible proportion de la population ayant les possibilités de rembourser. En ce qui concerne l'épargne publique, remarquons que nombreux pays africains enregistrent des déficits budgétaires chroniques. Ce qui exclut l'idée de l'épargne publique. Ces déficits peuvent être appréciables dans la mesure où elles relèvent des politiques budgétaires créatrices de la richesse et de l'emploi. C'est-à-dire qu'ils contribuent à soutenir la demande ou l'offre, et qu'à la longue, les États arrivent à les réduire lorsque les effets attendus sont atteints : création des entreprises, meilleur niveau de l'emploi des facteurs, stabilité de la monnaie, maîtrise de l'inflation. Il s'agit là du rôle de stabilisateur automatique assuré par les recettes et les dépenses en cas de variation cyclique de la conjoncture. Or, nous n'en sommes pas là.

L'Afrique, en général, souffre de ses déficits budgétaires qui n'ont aucun effet positif attendu à long terme, notamment le niveau de l'éducation, le développement des infrastructures, la création de l'emploi, le soutien aux entreprises innovantes, l'accroissement des exportations, l'amélioration des conditions sociales, l'accès aux soins de santé, etc.[312]L'analyse des tendances des recettes et des dépenses en Afrique de l'Est, en Afrique Australe et en Afrique Centrale (non-exportateurs des produits pétroliers) entre 2000 et 2009 aboutit à des conclusions alarmantes : « Les résultats de ces pays non pétroliers ont été mitigés, les plus fortes recettes publiques ayant été enregistrées par des pays dont la part était faible lorsqu'ils étaient en plein conflit (Burundi, Ouganda et Rwanda) ou qui ont découvert une nouvelle source importante de recettes comme le Mozambique (exportations d'énergie vers l'Afrique du Sud) ; il n'y a, dans les autres pays, aucune augmentation significative des parts de recettes. La part des dépenses publiques a augmenté dans cinq des six pays, mais la part de l'investissement public n'a augmenté que dans deux pays et a baissé dans trois autres. Les déficits budgétaires sont restés importants dans la plupart des pays, ne montrant aucune tendance à la baisse (ils ont augmenté dans deux pays).

La persistance des déficits budgétaires a limité les possibilités d'emprunts intérieurs, autre source de financement du développement. En conséquence, les pays à faible revenu restent tributaires des subventions ou des prêts extérieurs, qui ne sont toujours pas soutenables, dans le contexte d'une crise mondiale[313]. Seule l'Afrique du Sud ainsi l'Afrique du Nord, en font exception. Les recettes pétrolières et la diversification sont les causes. La situation n'a pas changé au cours des années suivantes. Le rapport du FMI indiquait à l'époque que « Les soldes budgétaires devraient, légèrement s'améliorer en 2011 par rapport à 2010, en restant toutefois nettement moins bons qu'au milieu de la

---

[312] Nations Unies, Conseil économique et social, vingt-huitième réunion du Comité d'expert, Renforcer l'efficacité de la politique budgétaire en vue de la, mobilisation des ressources intérieures, *Caire, 2009*

[313] Idem, p 16

décennie 2000 (voir plus loin) 2. Nous sommes en 2020, les projections de 2010 ne se produisent pas. Les ratios dette publique/PIB continuent de s'accroître en moyenne ; cette détérioration inquiète malgré les mesures d'allégement prises dans le cadre de l'IPPTE. Pour quelles raisons ? Une étude menée en 2009 par la Commission économique des Nations Unies pour l'Afrique note trois facteurs, en ce qui concerne le déficit des balances courantes : taille de l'économie, niveau des investissements, nature de gouvernance et niveau de la croissance économique. L'analyse de ces indicateurs démontre que très peu de pays africains ont réalisé une amélioration[314].

Comment financer ces déficits ? Par emprunt ? Par les avances des banques centrales ? Par le recours aux bons de trésor ? Par les obligations souveraines nationales ou internationales ? Par la création de la monnaie ? Par les aides extérieures ? La réponse n'est pas unique pour tous les pays. Certains sont capables de supporter le poids de la dette si elle est soutenable par rapport au niveau de la richesse. Les autres vont crouler sous le poids à cause des charges (remboursement du principal et des intérêts). La réduction des dettes dont nombreux pays ont bénéficié ces dernières années ne peut produire que des effets passagers[315]. Car, dans nombreux pays on assiste à un nouveau recours à l'endettement dû au fait que certains créanciers estiment que la baisse des dettes autorise aux bénéficiaires de nouveaux crédits de disposer de capacité d'accumuler le capital productif et de retrouver

---

[314] Patrick Osakwe et Sher Verick ; déficits des balances courantes en Afrique subsaharienne : faut-il s'en inquiéter ? Commission économique des Nations Unies pour l'Afrique posakwe@uneca.org

[315] La réduction totale s'élève à 120 milliards de dollars, soit 90 % la dette extérieure publique. Elle est passée de 140 à 15 milliards de dollars en 2013.

un niveau de croissance soutenable[316]. Or, cette logique ne fonctionne pas parfaitement, surtout dans les pays où les nouveaux emprunts soutiennent essentiellement les secteurs de l'économie extravertie (mines et agriculture de rente). Ces pays dont l'allégement ne soulage pas la charge de l'État sont placés dans la catégorie des pays « rouges »[317].

Vanessa Jacquelain souligne que sur les vingt-neuf pays africains ayant atteint le point d'achèvement de l'initiative PPTE, dix-sept sont malgré tout classés en risque élevé. Ils ont des capacités de remboursement limitées, car ils ont des bases économiques étroites. Le recours aux avances des banques n'est possible qu'à court terme. Les banques centrales ne peuvent indéfiniment puiser dans les réserves pour financer le déficit public. Les injonctions des institutions financières internationales obligent finalement la rigueur. Les avances ne sont possibles que dans les cas où elles permettent à l'État débiteur de retrouver un certain niveau d'excédent. Si les avances n'ont aucune relation linéaire avec la croissance, elles ne serviront qu'à aggraver le niveau de la dette. À la longue, le stock des dettes s'accumule, elle réduit l'accumulation du capital ainsi que le niveau de la production. Les aides extérieures (budgétaires) rentrent également dans la logique des emprunts dont les conséquences sur la croissance économique peuvent s'avérer catastrophiques, car, elles reposent sur la logique de prêts porteurs des profits pour les créanciers. Le relèvement des

---

316 Voir la nouvelle politique dite de cadre de soutenabilité de la dette proposée par les pays membres du CAD

317 Éric Toussaint, Les 70 ans de Bretton Woods, de la Banque mondiale et du FMI : La Banque mondiale au service des puissants dans un climat de chasse aux sorcières, in www.econospheres.be/Les-70-ans-de-Bretton-Woods

niveaux des impôts conduit à la baisse de la demande et même de l'investissement privé. L'émission des obligations souveraines reste très limitée à quelques pays ayant le niveau de dette publique modeste et qui sont capables d'éviter les risques de spirale : dérapage budgétaire et répercussion sur le taux de change dans la mesure où le dérapage implique un volume de trop sur le marché, lequel induit à la baisse de la valeur de la monnaie et à la détérioration de taux de change.

# Chapitre 6

## Le Partenariat Sino africain

Les trappes à pauvreté de l'Afrique viennent d'être démontrées dans le chapitre précédent. Il est attesté que durant des années, les politiques économiques mises en route, avec ou sans l'aide des institutions de Bretton Woods n'ont pas conduit au développement attendu. Ses retards s'accentuent au fur et à mesure. Parce que nous venons d'examiner plus loin que la Pax China, si elle a lieu, elle s'inscrira dans les sillages du désordre de Bretton Woods, dans quelle mesure le partenariat avec l'Afrique peut être avantageux, apportant des corrections aux failles des partenariats traditionnels ? Si la coopération « Win-Loos » (avec les pays occidentaux) est un échec, dans quelle mesure la coopération « Win-Win » est-elle porteuse de l'espoir pour le continent ? Celle-ci est-elle réellement désengagée, sans intérêt, basée sur l'amour et visant la seule logique de solidarité des pays du Tiers-Monde ?

Nous l'avons déjà répété à de multiples occasions : la Chine, nouveau venu dans l'économie libérale, ne va pas appliquer le capitalisme à visage humain, mais un capitalisme classique à travers lequel, il y a compétitivité, recherche de lucre, la perte des profits pour certains et les gains pour les autres. Elle ne fait plus dans l'escarcelle du Tiers-Monde. Les États ne se font pas des cadeaux en matière du commerce et de la finance, y compris ceux en voie de développement. Le capitalisme sera toujours marqué par des cycles des crises et reprises et des répercussions dans les rapports avec les pays africains, à cause des externalités négatives que ces cycles engendrent. C'est que nous démontrons à travers ce chapitre

## 1. Le cadre de la nouvelle coopération « Win-Win »

L'objectif principal de cet ouvrage, répétons-le, est de démontrer les limites de l'ordre de Bretton Woods. Ces limites sont visibles à travers le parcours de l'Afrique dans sa course de rattrapage. Le retard est là ; il se creuse davantage. Les traits caractéristiques de ce retard bien continu sont : son intégration ratée malgré de multiples tentatives de sauvetage (plans et programmes), le replis de son économie par rapport à la période d'avant les indépendances, la distance qui la sépare par rapport aux nouveaux pays industrialisés, le degré de la pauvreté sociale, la recrudescence des maladies jadis endiguées, le taux de l'analphabétisation, la destruction des infrastructures, la faible participation aux échanges mondiaux, le manque de l'épargne et l'étroite dépendance financière, la permanence des régimes autoritaires, la violence au quotidien, le degré de la pauvreté en milieu rural et urbain, les crimes organisés, sa place (queue de peloton) dans le classement des indicateurs de développement humain.

La Chine, seconde puissance économique mondiale se déclare prendre le relais ; elle est cette nouvelle partenaire vers laquelle continent tourne les regards. Il n'est pas nouveau sur le continent. Déjà, à l'époque du communisme, la Chine a entretenu des liens avec certains pays, notamment l'Algérie, l'Angola, le Mozambique, et l'Éthiopie. Durant des décennies, plusieurs pays cherchant à tourner la page du colonialisme et de néocolonialisme ont accepté la main tendue. Les bénéfices de l'époque se chiffrent par l'acquisition des armes, la construction de quelques édifices publics, l'octroi des bourses d'études et le début d'un commerce timide. Sa conception de coopération conçue depuis les années 60 reposait : 1) l'égalité et les bénéfices mutuels entre les partenaires, 2) le respect de la souveraineté, l'absence de conditionnalités, 3) des prêts sans ou à faibles taux d'intérêt, 4) le renforcement de l'indépendance et de l'autonomie du pays bénéficiaire, 5) la réalisation de projets durables à court terme, 6) la fourniture d'équipement et de matériel à de faibles prix, 7) l'assistance technique et 8) l'égalité de traitement des experts[318]. Entre 1950 et 1980, le total de l'aide était estimé à 4, 9 milliards de dollars. Aujourd'hui, nous l'avons dit plus (chapitre 4), l'aide avoisine 90 milliards de dollars.

Depuis l'ouverture sur le monde, cette conception de coopération se renforce et s'écarte de celle des autres partenaires du CAD du fait que ces derniers exigent : la bonne gouvernance, la privatisation des entreprises, le juste prix, la faible pression fiscale, la bonne tenue des comptes extérieurs, le respect de l'équilibre budgétaire, le remboursement des dettes publiques, la politique monétaire libérale, le respect des droits de l'homme.

À cause de cet appât, elle est devenue la première destination des exportations et la première provenance des importations africaines. Les promesses d'aide et la ruée des investisseurs attirés

---

[318] Marie-Hélène Pozzar, L'aide chinoise à l'Afrique. La difficulté à penser la notion d'aide chinoise au développement, octobre 2009

par les opportunités qu'offre le continent, notamment en ce qui concerne le secteur minier forment la clé de voute de la nouvelle coopération. Les échecs des relations privilégiées avec les ex-puissances coloniales sont censés s'effacer aussitôt que les portes de la Chine s'ouvrent. Les sommets se succèdent à un rythme qui ne peut laisser l'intellectuel indifférent. Chaque année, une date est proclamée pour une réunion sino-africaine. C'est depuis 2000 que les Forums sont tenus. L'année 2005 a été proclamée année de l'Afrique par la communauté internationale. L'optimisme continue à envahir les salons des experts qui pensent que l'Afrique émerge bientôt.

Dès lors, les autres pays occidentaux ont emboité le pas. En 2005, l'Égypte a abrité le sommet de NEPAD. Ce programme initié par les Africains avec l'aide des États-Unis vise, notamment la bonne gouvernance et un nouveau partenariat international qui modifierait le rapport inéquitable entre l'Afrique et les pays industrialisés. Il (programme) est le contrepoids des ambitions que la Francophonie s'est données dans sa politique de barrage contre l'hégémonie anglo-saxonne. En même temps que se tenait ce sommet, un autre avait ouvert ses portes à Jakarta (Indonésie) en vue de redynamiser l'esprit de Bandung (1955) basé sur le triptyque « Amitié, Solidarité et Coopération », dans la perspective de la mise en place d'un nouveau partenariat stratégique Afrique-Asie. Au mois de juin, le sommet États-Unis-Afrique se tenait aussi à Baltimore (Maryland), s'inscrivant dans le cadre de l'AGOA (Africa Growth and Opportunity Act) qui est à sa phase II. Le forum a réuni plusieurs participants américains et africains (les chefs d'État y compris) autour de plusieurs ateliers allant du commerce au développement. Ce n'est pas tout. Le Japon fait également des yeux doux aux Africains. En 1993, la Tokyo International Conference For African Development (TIGAD) a été inaugurée. Aujourd'hui ces réunions se tiennent annuellement. L'Union européenne n'a pas non plus lâché ses anciens protégés. Se conformant à l'esprit de l'OMC, la nouvelle convention dite de Cotonou avec les ACP a maintenu les préférences tarifaires jusqu'au 31 décembre 2007. À partir de 2008, elles ont été remplacées par des accords de partenariat économique (APE) réciproques ou par d'autres arrangements commerciaux négociés à partir de septembre 2002. Ces accords doivent être compatibles avec les règles de l'Organisation Mondiale du Commerce (OMC).

Tous les pays ACP sont invités à les signer en tant que groupe ou à titre individuel, en tenant compte de leur propre processus d'intégration régionale. En 2019 il y a des Forums en Allemagne, en France, en Roussie, au Japon, en Grand Bretagne, etc. ; tous ces pays ont pris l'habitude de proclamer les dates et de promettre les chiffres de l'aide. À chacun sa part des responsabilités. Au total, les promesses avoisinent des milliards de dollars. Mais, ces dollars n'arrivent presque pas. Dans la plupart des cas, il s'agit des promesses qui ne sont pas concrétisées.

La Chine, nouveau partenaire, a ainsi renforcé des liens avec l'Afrique depuis la création de ce forum annuel débuté en octobre 2000[319]. Les autres pays émergents (Brésil et Turquie) ont aussi emboité les pas à la Chine. Que cherchent-ils ? Débloquer des fonds spéciaux destinés à encourager les entreprises à investir et à développer leurs affaires en Afrique ; accroître les exportations africaines vers le reste du monde, augmenter les recettes en devises des pays africains ; réduire ou annuler des dettes des pays et

---

[319] 2000 : Pékin, Chine (du 10 au 12 octobre)' 2003 : Addis-Abeba, Éthiopie (15 et 16 décembre)' 2006 : Pékin, Chine (du 3 au 5 novembre)' 2009 : Charm el-Cheikh, Égypte 8 et 9 novembre)' 2012 : Pékin, Chine (19 et 20 juillet)' 2015 : Johannesburg, Afrique du Sud (du 3 au 5 décembre)' 2018 : Pékin, Chine (4 et 5 juillet)

soutenir un développement durable ; créer un fonds de mise en valeur des ressources humaines en vue de former davantage de personnes qualifiées au service de l'édification sur ce Continent.[320]

Si nous croyons à la bonne foi des tous ces partenariats, il y a lieu de penser que l'Afrique tombe enfin dans de bonnes mains. La Chine, en dépit de ses disparités et ses inégalités de vie, est comptée actuellement parmi les grandes puissances commerciales du monde. Son économie connaît une croissance soutenue de plus de 6 % par an. Sa part dans la croissance du commerce mondial (6 % 2009) continue à grimper. Quelle aubaine que de tendre ses bras vers ce pays ! Ainsi, l'Afrique vivant une phase très agitée à l'ère de la mondialisation, elle accuse un écart drastique en matière de la croissance et du développement, elle peut profiter de retombées de sa coopération. Toutes les puissances industrielles semblent se mettre aussi à pas en vue de venir au chevet de ce malade de tous les maux : mauvaise gestion des sociétés, corruption politique, guerre ethnique, décomposition des États, déperdition des mœurs, chômage, etc. Quels avantages rapporterait cette diversification des partenariats ?

## 2. Les faces cachées

Notons que le sujet divise les auteurs. Les uns se mettent en opposition et critiquent ce partenariat, estimant que c'est une illusion. C'est la thèse des ONG et des pays occidentaux et des institutions de Bretton Woods. Les autres (y compris les dirigeants africains) estiment qu'il y a bel et bien des gains que le continent tire de cette ouverture sans conditionnalité. Et pourtant derrière la

[320] Lire le Bilan dans, Livre blanc : Le FOCAC comme moteur des relations sino-africaines, résumé ; (Xinhuanet, 24/12/2010

non-conditionnalité, se cachent des pratiques douteuses. Ce débat renvoie en fait d'une part, à l'accusation des dirigeants africains contre les pratiques qui ont entouré l'aide occidentale au développement, et de l'autre, au doute des pays occidentaux, quant à l'efficacité de l'aide que la Chine prétend accorder, sans conditionnalité. À cet effet, un collectif des auteurs (Strange, Austin M., Fuchs, Andreas, Dreher, Axel, Parks, Brad, Tierney, Michael J.) qui s'inscrivent dans le courant de la coopération désintéressée a effectué une étude dont les résultats suivants ont été obtenus : a) entre 2000 et 2013 la chine a ouvert avec succès un chantier de près de 2 600 projets de développement ; b) son aide tend à aller aux pays africains les plus pauvres et les plus peuplés ;c) l' analyse de plus de 3 000 sites de projets de développement géolocalisés et de la croissance nocturne par télédétection entre 2000 et 2012 suggère que la Chine électrifie réellement le continent et stimule la croissance économique au niveau local ; d)les projets d'infrastructure n'entraînent pas de dommages environnementaux généralisés ; e) les flux d'aide importants réduisent la probabilité de conflits civils dans les États qui connaissent des retraits soudains et massifs de l'aide des donateurs « traditionnels » ; f) au-delà du continent africain, l'aide chinoise au développement outre-mer (APD) favorise la croissance économique dans les pays en développement, du moins à court terme ; g) la plus grande partie du financement accordé est moins concessionnelle et davantage orientée vers le commerce que les flux traditionnels d'APD[321]. Nous pouvons aussi ajouter la conclusion d'une autre étude qui chiffre à ± 80.000 bourses d'études octroyées aux étudiants africains au cours de l'année

[321] Strange, Austin M. , Fuchs, Andreas , Dreher, Axel , Parks, Brad , Tierney, Michael J., Les programmes chinois de développement à l'étranger : mettre fin aux mythes des « donateurs voyous », in GlobalDev, février 2018.

2018 ; c'est 300 fois plus qu'il y a 10 ans[322]. Ce qui signifie que l'aide chinoise vise aussi la formation de haut niveau (formation des ressources humaines africaines)

Cette étude surprend toutefois. Elle émane des auteurs qui ne sont pas en contact avec les réalités de terrain et qui abordent la question sous l'angle moins libéral. De même que l'Occident a manipulé l'aide, la maquillant dans le but de se servir d'abord, la Chine n'investit pas sans penser à l'extraction des dividendes. Elle classe sa coopération sous l'angle de « Sud-Sud », certes, mais elle n'est plus dans cette catégorie des pays sous-développés. Nous l'avons souligné plus loin, le Tiers-Monde a éclaté. Les aides sont liées au commerce. Elles sont canalisées vers le développement des ports et corridors donnant accès à la mer (cas de Tanzam ou de chemin de fer qui relie le Soudan vers la mer, cas du corridor de Beira, cas des ports de l'Afrique de l'Ouest) ; elles sont concentrées dans les zones minières et pétrolières ; elles concernent davantage le développement des infrastructures facilitant les exportations des minerais ; elles soutiennent les entreprises chinoises spécialisées dans des travaux publics, lesquels travaux sont financés par les fonds propres des États africains ; elles visent l'exploitation du bois et nuisent à l'environnement ; elles développement la production du charbon ; elles sont orientées vers les pays qui disposent davantage de ressources minières et pétrolières, ou alors vers les pays ayant atteint un niveau élevé en matière des échanges avec le reste du monde (Afrique du Sud, Égypte).

---

[322] Yves Montenay. Chinafrique : Mythes et réalités d'une relation complexe entre deux continents, ihttps://www.contrepoints.org/2018/10/29/328983-presence-chinoise-en-afrique-vers-une-chinafrique.

### 2.1. L'étude de cas du Congo Kinshasa

#### 2.1.1. Le contrat du siècle : l'argent contre le troc

Pour se faire une idée de cette coopération à double face, le cas des contrats miniers conclus au Congo Kinshasa est édifiant. Le pays a conclu à l'époque de Joseph Kabila, un fantastique projet de 6 milliards des dollars, il y a plus de 10 ans aujourd'hui. Il était prévu un investissement des 3 milliards dans les Mines à Kolwezi et un autre investissement de 3 milliards dans la réfection des routes et de chemin de fer. Le projet Sicomines a été mis en valeur depuis 2010[323]. Une dizaine d'autres entreprises chinoises opèrent également dans l'ex-province du Katanga. Il s'agit de : Congo Dong Bang Mining (CDM): dépôt de Kolwezi et usine de traitement de Lubumbashi, Congo Loyal Will Mining: usine de traitement de Lubumbashi ; COTA Mining: usine de traitement de Lubumbashi, Emmanuel Mining: dépôt de Kolwezi, Huachin: usine de traitement de Lubumbashi et Likasi, Jia Xing : dépôt de Kolwezi et usine de traitement de Lubumbashi, JMT : dépôt de Kolwezi, Song Hua : usine de traitement de Lubumbashi, Feza Mining : usine de traitement Likasi, etc. Vers la fin du mois de janvier 2013, il s'est tenu une conférence à Lubumbashi sur la transparence dans la gestion minière. Les statistiques fournies en ce qui concerne la production sont édifiantes. Le ministre a indiqué qu'en dix ans, la production de cuivre est passée de 5 000 à 600 000 tonnes, celle de l'or de 0 kg à 3 tonnes, celle du cobalt de 5 000 à 80 000 tonnes. En 2018, le chiffre avoisine 1 million des tonnes.

[323] La répartition des parts prévoit 32 % (RDC) et 68 % (les actionnaires chinois)

Les prévisions de chaque année sont à la hausse, sauf dans les cas d'arrêt lié à des contraintes sur les marchés mondiaux. Mais les recettes de l'État n'augmentent pas. Kabila, alors Président de la République l'a aussi constaté et s'est posé la question de savoir où vont ces recettes ? Bien avant lui, d'autres ministres ont fait le même constat à chaque occasion d'évaluation de la contribution des recettes minières au budget de l'État. Pourquoi le cuivre et les autres minerais n'apportent pas suffisamment des sous dans la caisse de l'État ? Notons que 4 542 titres miniers ont été octroyés à 642 sociétés sur l'ensemble du territoire, d'après les statistiques publiées par le ministère des Mines. Ce chiffre ne doit pas impressionner. Certains bénéficiaires sont fantômes. Ils disposent des titres sans les mettre en valeur. Aussitôt, ils proposent la vente en bourses de leurs possessions. Les concessions couvertes par ces titres (pour la recherche ou l'exploitation) représentent 33 % de la superficie du pays, selon le même ministère des Mines. Après la révision d'une soixantaine de contrats débutée en 2007 et achevée en 2009, l'État avait récupéré 312 millions de dollars, essentiellement en droits d'entrée. Une quarantaine de contrats passés entre l'État et/ou des entreprises privées ont été maintenus, 15 résiliés et 6 ont été finalisés, selon un journal canadien, *Mapresse* du 31 août 2010.

Yuma, président du conseil d'administration de la Gécamines constate en 2019 que ce géant minier du temps ancien ne gagne rien de ses contrats joint-venture avec les firmes étrangères qui exploitent les concessions cédées. La fraude, l'exportation illicite, la complicité avec des hommes politiques et l'évasion fiscale, les rétrocommissions sont dénoncées en vain. Au mois de mai 2013, il a été noté la disparition des 88 millions de $ versés par les industriels miniers à titres des redevances de 2010. En 2019, le scandale de 200 millions de dollars prêtés à la Gécamines a éclaté.

Les responsables sont accusés d'avoir dilapidé ce montant non remboursé à ce jour.

Déjà en 2017, Jeune Afrique faisait éclater un autre scandale de 750 millions de dollars non versés au trésor public[324]. Que cachent les statistiques souriantes de croissance annuelle de 6 %, de l'économie nationale ? Fin 2011, le parlementaire britannique, Éric Joyce avait publié les résultats d'une enquête qui pointait les dirigeants politiques congolais d'avoir fait perdre à l'État 5,5 milliards USD en sous-évaluant les contrats miniers contractés avec des sociétés fictives des îles Vierges britanniques appartenant en partie à l'homme d'affaires israélien Dan Gertler. Différents rapports publiés par des experts congolais et étrangers, notamment le rapport Lutundula, témoignent de la légèreté avec laquelle le secteur minier est géré. Et tout récemment, le rapport publié en Afrique du Sud, sous la direction de Koffi Anan confirme l'évasion fiscale constatée par Éric Joyce. Selon cette étude, dans son rapport de 2013, « l'homme d'affaires a privé la RD Congo de 1,4 milliard de dollars de revenus potentiels avec les licences minières obtenues à prix cassés du fait de sa proximité avec le président. Il s'est servi de filiales installées dans des paradis fiscaux pour accumuler les bénéfices obtenus dans le pays »[325].

### 2.1.2. Les avantages attendus

#### 2.1.2.1. Les mythes

Dans son appel à l'aide, appel marquant la rupture avec la politique de son Père, Joseph Kabila avait tendu la main aux

---

[324] Ce fond aurait été versé au Groupe Dan Gertler. C'est ce même groupe qui réclame le remboursement des 200 millions de dollars prêtés à la Gécamines. Ce scandale a été aussi découvert par l'ONG Global Witness, dont l'étude portait sur la période 2013-2015.

[325] Le rapport de 2013, par l'Africa Progress Panel

principaux acteurs occidentaux impliqués dans la crise et aux pays appelés « frères », selon son expression. On peut comprendre que l'accord de partenariat signé avec la Chine au début de son règne répondait à cette volonté et constituait la preuve éloquente de l'équilibre des rapports et de centralisation des alliances économiques avec les différents partenaires. Les nouveaux partenaires émergents pouvaient, espère-ton, augurer un nouvel esprit et permettre aux pays exportateurs des minerais d'en tirer avantage. Mais, ce choix a suscité une controverse aussi bien interne qu'externe. Nombreux observateurs, et surtout les bailleurs des fonds n'avaient pas hésité à l'attaquer, le critiquant d'être la source de prédation des ressources minières, hypothéquées au nom des intérêts égoïstes et sans incidence positive pour le pays. Depuis la signature de cet accord de troc (argent contre les minerais) avec la Chine, on a noté la solitude, le désintérêt et les atermoiements manifestes à l'égard de Joseph Kabila. Les multinationales occidentales, appuyées par les responsables politiques ont multiplié leurs critiques contre les privilèges accordés au consortium chinois.

Cette coopération est un mythe. Pourquoi un mythe ? C'est parce qu'il soulève l'intérêt au-delà du possible. Il est aussi une réalité parce qu'il produit sans doute les effets au-delà des promesses vagues. C'est une malédiction qui apparaît inévitable, du fait qu'elle dure et durera encore. Le Congo n'est pas à son premier essai. Durant la période de Lumumba, les tentatives d'équilibrer la présence des puissances tutélaires dans le pays ont soulevé les montagnes en Occident. La crainte de la présence effective des Soviétiques sur le territoire avait conduit à l'assassinat de Patrice Lumumba. Mobutu avait tenté à son tour le centrisme qualifié de non-alignement et de nationalisme. Il s'est buté contre la volonté farouche des pays occidentaux à voir les vannes des mines s'ouvrir en faveur de pays de l'Est. La guéguerre avait fini par la nationalisation de l'industrie minière. En dépit de l'enthousiasme soulevé, cette nationalisation n'avait pas sauvé le Congo de l'extraversion. L'indépendance économique qui justifiait la décision est restée un slogan chargé d'amuser la galerie.

Laurent D. Kabila a, à son tour, cru bien faire en fondant également sa diplomatie économique sur le cuivre et le diamant. Le bras de fer engagé avec les multinationales avec le soutien des pays occidentaux a couté le prix de sa vie. Joseph Kabila a repris le chemin de ses prédécesseurs. Son contrat avec la Chine s'inscrit dans le contexte de l'indépendance économique du pays. Il a pour but d'équilibrer la présence des puissances tutélaires dans le pays.

Tendre la main aux Chinois est donc synonyme d'un choix judicieux. Nombreux sont ceux qui pensent que la Chine apporte un plus au Congo. Elle pratique un partenariat « Win ». Tshisekedi a épousé la même logique. Ses missions en Roussie, en France, en Allemagne, en Belgique, aux États-Unis ont pour but de renouer le dialogue avec les milieux d'affaires afin de leurs présenter les avantages que les mines offrent au Congo. Il espère tirer profit de nouveaux investissements, mais, sans marquer sa distance entre les pratiques illégales d'exploitation des ressources qu'il a critiquées avant son arrivée à la tête du pays. Mais, quelle est la réalité des relations entre la Chine et le Congo ?

#### 2.1.2.2. Les réalités

La Chine, pays communiste, pratique l'économie sociale du marché, du point de vue intérieur, mais essentiellement libérale vis-à-vis du reste du monde. Elle est la deuxième puissance économique du monde. Elle déclasse les pays européens et asiatiques. De ce fait, elle opère une expansion sur le continent africain. Elle est présente dans tous les coins de l'Afrique, dans tous les secteurs porteurs qui contribuent à l'essor de sa croissance économique. L'accord (auquel nous avons fait allusion ci-dessous) conclu avec le Congo en septembre-mai 2007 et mis en valeur en 2010 porte sur l'octroi d'une aide de six milliards de dollars en contrepartie d'une mise à sa disposition d'une concession minière dont la mise en œuvre profiterait, à la longue, aux deux pays. Même si les gains ne sont pas encore tangibles, ils sont estimés entre 39,7 et 83,6 milliards de dollars par des études menées indépendamment. L'entente entre le consortium et le Congo ne s'avère donc pas être une situation gagnant/gagnant dans la mesure où les gains en contrepartie attendus par la Chine sont de l'ordre 10 millions de tonnes de cuivre.[326] Les avantages attendus en faveur du Congo concernent, notamment, la réfection des routes, la remise en forme d'un tronçon du chemin de fer entre Ilebo et Lubumbashi, la création de l'emploi, la réfection des artères dans la capitale congolaise et la fourniture du matériel militaire. Le bilan à ce jour se présente comme suit : le tronçon routier Beni-Bunia reliant le Nord-Kivu à la Province Orientale sur plus de 300 km, le tronçon routier Lubumbashi/Kasumbalesa (environ 200 km) dans la province du Katanga, la réfection de l'axe Kinshasa/Kikwit, la réhabilitation de l'axe Likasi Kolwezi, la réhabilitation des boulevards du 30 juin et Triomphal à Kinshasa, la réalisation de l'esplanade du Palais du peuple, la réhabilitation du Boulevard du Tourisme, l'Hôpital du Cinquantenaire, les travaux de voirie (lutte antiérosive) dans les communes de Kinshasa. Outre ce cadre de coopération, il est prévu également une assistance militaire par l'octroi du matériel et de la formation des officiers. Le barrage Zongo, la construction d'un hôpital de 150 lits d'une valeur dc 6 millions de dollars américains et dirigé par des médecins chinois à

[326] La moitié de ces aides sera consacrée aux travaux des infrastructures : routes, chemin de fer, ponts, barrages ; et une autre sera affectée au montage de la société minière.

Ndjili, deux prêts accordés (4,5 millions USD et 5,3 millions d'USD en 2006). De même, une ferme pilote de culture fluviale à Nsele est réorganisée. II sera également financé en partie par la Chine. Les fibres optiques (non opérationnels) seront installées entre Kinshasa et Muanda.

À ce jour, la première phase d'exécution du programme des infrastructures qui avait déjà consommé USD 350.000.000 sur les 750.000.000, soit un peu moins de 50 % des dépenses totales prévues, s'est arrêtée.[327]En ce qui concerne la contrepartie de la production minière, celle-ci ne pourra débuter que dans deux ou trois ans, après la mise en route des infrastructures nécessaires par l'entreprise CREC et la Sinohydro, avec le financement de l'EXIM Bank et le soutien du gouvernement de Beijing.[328]Ainsi que nous l'avons souligné, les partenaires occidentaux du Congo ont dressé une série de critiques à ce propos. Le contrat est léonin. Stefaan Marysse et Sara Geenen ont qualifié ce contrat de « l'impérialisme rouge »[329]. Ce caractère a été confirmé par le travail d'une commission du Sénat. L'offre d'une concession de mine du cuivre et de cobalt sans en évaluer la valeur actualisée ressemble à un marché des dupes. Le taux de rentabilité des projets a été fixé à 19 % et soumis à l'appréciation de la seule partie chinoise[330]. Si ce taux n'est pas atteint, des concessions supplémentaires seront demandées, à défaut, le Congo sera tenu de proposer un autre troc. L'obligation de payer des dettes même dans le cas où les mines ne rapporteraient pas « grand-chose » est le deuxième piège qui lie le

[327] Rapport d'évaluation présenté par le Premier ministre Muzito, in www.afriqueredaction.com

[328] Xinhuanet du 24/12/2010 ; Thierry Vircoulon, Stratégies chinoises de survie à Kinshasa, in Pole-Institute.org

[329] Revue Afrique des Grands Lacs, Annuaire 2007-2008

[330] Colette Breackman, Le Congo et ses amis Chinois, in Le Monde, Diplomatique, septembre 2009

Congo. L'arrêt de grands travaux dans le cas où le Congo ne va pas honorer ses promesses est le troisième piège. Certes, le Congo qui n'a pas d'argent frais a raison de vendre ses matières premières contre la remise en œuvre des ouvrages routiers défectueux.

Lorsque l'on fait le tour dans les communes et à l'intérieur du pays, le paysage est désastreux : les ponts cassés, les avenues défoncées, les écoles délabrées, les hôpitaux qui ressemblent à des mouroirs, etc. Mais le prix de cette coopération est-il évalué à long terme ? Les gains politiques ne sont-ils pas trop embellis au détriment des véritables avantages économiques ? Qui gagne quoi ? Les optimistes s'évertuent à occulter la critiquc constructive. Nous entendons dire : les Belges ont pillé durant des années. Laissez aux Chinois le temps de construire. Il est vrai que le choix de coopérer avec la Chine n'est pas mauvais. Les bénéfices peuvent être tirés de la diversification des partenaires. Mais cette coopération porte les mêmes habits que celle avec les Occidentaux. Elle s'opère dans des contextes différents, mais les résultats sont les mêmes. Les gains pour le Congo sont apparents : la remise en route des quelques tronçons. Il faut commencer quelque part bien sûr. Sinon, ce serait la catastrophe. On ne peut pas nier à Joseph Kabila le mérite d'avoir tendu la main ailleurs. Il y a de la place pour tout le monde, dit-on, à Kinshasa.

Cependant, à la longue (et c'est tout le problème) les effets peuvent s'avérer maigres dans la mesure où les externalités attendues sont de courte durée et sans avantages majeurs sur l'ensemble de l'économie du Congo. Les partenaires asiatiques ou occidentaux ne viennent pas développer un pays pauvre, ils l'assistent en fonction des moyens. Ils viennent tirer avantage de leur présence là où les possibilités s'offrent. Le pire pour les Congolais (et les autres africains) est de croire au miracle de leur économie dont les racines de l'émergence seraient dans les mentaux des Chinois.

Ils désignent l'aménagement des boulevards comme miracle et une preuve du bénévolat de la Chine. Pour nous rendre compte de ce mythe et de cette croyance aveugle, nous nous sommes servis des exemples vécus par d'autres pays africains qui sont en coopération avec la Chine, ce depuis plus de dix ans. Ces exemples édifient davantage cette coopération dite d'égale à égale ou de donnant-donnant, mais qui n'en est pas une. Les résultats de RAID, une ONG britannique fondée en 2003, basée à Oxford, confirment que « les conditions de travail et de vie aux Katanga sont inacceptables aussi bien pour les travailleurs congolais que chinois. Les travailleurs congolais se plaignent du manque de respect et de la négligence de leur bien-être par les cadres chinois. Les travailleurs congolais sont unanimes sur le fait que les entreprises chinoises ne respectent pas le Code minier ainsi que les autres lois et règlementations congolaises, ceux qu'ils considèrent un affront à la nation congolaise »[331].

## 3. Les cas des autres pays africains

Ce qui vient d'être dit à propos des contrats avec le Congo Kinshasa n'est pas un cas particulier. Le constat est aussi analogue

[331] Le rapport de RAID a été établi après des contacts avec : M. Xianghua Huang, Directeur Député de la Division des Entreprises Chinoises d'Outremer du Département de Coopération Economique Étrangère du Ministère du Commerce et M. Hongyi Wang, Professeur Associé en Études Africaines et Secrétaire General Député du Centre d'Études Africaines. Au CASS, Dr He Wenping, Directeur de la Section des Études Africaines, présidée la réunion entre RAID et les chercheurs travaillant sur la question de la responsabilité des entreprises

lorsqu'on examine la coopération avec d'autres pays africains. Dans un interview, Emmanuel Dubois de Prisque remarque que « La Chine et l'Afrique peinent à établir des relations substantielles qui traduiraient un intérêt profond et structurel de la Chine pour l'Afrique, et de l'Afrique pour la Chine. En effet, dans les actions des Chinois et des Africains, on y découvre la fascination persistante réciproque : a) la Chine envers l'Afrique par ses investissements directs dans les mines, le bois, l'agriculture ; b) l'Afrique envers la Chine par la destination de ses étudiants, des placements financiers de son élite, et plus largement de l'émigration toujours croissante de sa population. Si la Chine et l'Afrique partagent des intérêts économiques importants, elles partagent aussi plus profondément un désintérêt réciproque. Ce désintérêt qu'on pourrait qualifier d'ontologique limite en retour le développement de leurs relations dans tous les domaines, y compris économique »[332].

Ce qu'il faut retenir de particulier dans ce nouveau paysage commercial est le fait que la fin de la guerre froide avait inauguré la doctrine commerciale dite « terrain nivelé ». Elle veut dire que l'Afrique cesse d'être la chasse gardée de la francophonie ou de Commonwealth (Anglo-saxons. La globalisation oblige aujourd'hui les anciennes puissances commerciales de faire la course à la Chine et à l'Inde. Les autres puissances, tenues à distance y prennent aussi, et de plus en plus, une part active. Cette phase de multi partenariat répond plus ou moins à une des obligations des observateurs qui, jadis, attribuaient l'échec de la croissance et du développement de l'Afrique à son manque de diversification des partenaires et au maintien des liens commerciaux de dépendance

---

[332] Emmanuel Dubois Brisque, Benoit Sommet Chine-Afrique : derrière l'effet waouh, l'Occident bouge encore nettement plus qu'on le croit, in

trop étroits avec les ex puissances coloniales. Les promesses et les déclarations que véhicule ce multi partenariat laissent penser que les erreurs commises dans le passé : aide liée au commerce, protectionnisme des marchés, maintien de l'Afrique dans la division internationale du travail traditionnelle, détérioration des termes de l'échange, prix imposés, dépendance politique, etc., vont afin trouver des remèdes. Autrement dit, les espoirs d'un ordre égalitaire s'instaurent avec la libéralisation des échanges et l'entrée en scène des autres pays émergents du Sud, en occurrence la Chine. Ce qui permettrait enfin l'accroissement des bénéfices dus à des possibilités de tirer profit de nouvelles relations fondées sur l'égalité des partenaires. En réalité, comme le signifie P. HUGON, le secteur minier et énergétique représente globalement deux tiers des exportations de l'Afrique subsaharienne. Ces ressources naturelles participent à des enjeux mondiaux. Le capital naturel représente en Afrique 26 % de la valeur du capital total (immatériel, technique) contre 2 à 3 % pour les pays développés. Les ressources minières les plus importantes du continent sont concentrées en Afrique centrale et australe (Afrique du Sud, RD Congo, Angola, Zambie, Zimbabwe, Namibie et Botswana). Ainsi 95 % du chrome se trouve en Afrique du Sud et au Kazakhstan. L'uranium se trouve notamment en Namibie et au Niger. Les ressources minières (hors pétrole et gaz) contribuent à 5 % des exportations de l'Afrique de l'Ouest. » La mondialisation comme le bilatéralisme commercial avec le Nord participent à la construction des pièges dans lesquels les Africains se renferment à défaut d'une imagination créatrice de mettre en marche des économies nationales autonomes. Généralement, les pays hôtes attendent de leurs partenaires plusieurs effets positifs sur leurs économies : croissance, création de l'emploi, transfert technologique, formation des ressources humaines, soutien aux exportations, transformation industrielle, transfert de savoir-faire, effet d'agglomération, développement des infrastructures, maitrise de l'inflation, développement des marchés financiers intérieurs, intégration des économies africaines, etc. Une thèse de doctorat soutenue par Diaby Fodé (2014)[333] à Sorbonne sur les stratégies des entreprises chinoises en Afrique : quels objectifs, quelle coopération, a abouti à une conclusion éloquente : ni l'établissement des zones économiques spéciales, ni l'investissement dans les infrastructures, encore moins l'aide publique ou les IDE, aucun de ces facteurs n'a eu un impact positif attendu. L'échantillon était de 34 pays, sur une période de 2003-2011.

## 4. Le vrai visage du capitalisme chinois

### 4.1. Le productivisme et la conquête des marchés

Tous les projets financés par la Chine, le sont en contrepartie de l'exploitation des minerais ou des concessions forestières en Afrique. Une étude réalisée à cet effet souligne les liens entre le commerce et l'aide financière.[334] Si nous examinons de près les nouveaux liens de partenariat qui se tissent et s'intensifient, notamment en analysant la structure et la composition des échanges, il se dégage une conclusion qui n'étonne pas, et à laquelle nous nous attendions. La Chine n'invente pas de nouvelles règles d'économie libérale. Elle est, certes, socialiste, mais elle pratique le productivisme de la même manière que les autres pays occidentaux.

---

[333] Diaby Fodé Siré, Les stratégies des entreprises chinoises en Afrique : quels objectifs, quelle coopération ? Thèse de doctorat, Sorbonne Nouvelle-Paris, 2014

[334] Théophile Dzaka-Kikouta L'investissement chinois en Afrique centrale, in Outre-Terre, 2011/4 (n° 30), pages 207 à 226

Autrement dit, il n'existe pas un nouveau modèle des rapports économique entre elle et l'Afrique. Ce continent continue donc d'assumer son rôle traditionnel de fourniture des matières premières et d'importatrice des produits finis. Les termes de l'échange avec la Chine ne contredisent pas cette vérité. Bien que les produits « made in China » soient les moins chers, ils ne sont pas vendus à perte, en dessous des prix des matières premières importées de l'Afrique. Bien sûr, on a noté une hausse ces dernières années, hausse tirée par la demande asiatique, notamment chinoise. Gary K. Busch pense que la Chine a l'avantage d'être non européenne, donc plus proche des Africains. Elle n'est pas une ancienne puissance colonisatrice. Elle se distingue par son approche tiers-mondiste. Elle représenterait un palliatif et une chance énorme de renouveau économique pour les États africains.

Certes, le commerce extérieur chinois avec le continent africain a atteint le chiffre de 106,8 milliards de dollars américains, en 2009, soit plus ou moins 7 à 8 % des exportations totales de la Chine vers le monde. Ce chiffre est à la hausse avec 204 milliards de dollars américains en 2018, contre 168,8 milliards de dollars en 2015. Les principaux partenaires sont l'Angola, le Soudan, l'Algérie et le Nigeria. Ces échanges n'étaient que de l'ordre plus ou moins 10 milliards de dollars en 2000. Aujourd'hui, le chiffre de 220 milliards est atteint.

Mais les chiffres profitent plus à la Chine qu'aux pays africains. En effet la balance commerciale de l'Afrique vis-à-vis de la Chine est excédentaire : le continent a exporté pour 92,9 milliards, soit 19,5 milliards de plus que la Chine. Mais, la Chine importe davantage les matières premières. Cet avantage est déséquilibré par les gains enregistrés. L'enquête menée par le Journal Jeune Afrique indique plus de 2 000 entreprises chinoises sont actives en Afrique où elles ont réalisé un chiffre d'affaires de 36,1 milliards de dollars, soit quasiment un tiers des revenus des sociétés chinoises à l'étranger. Le stock d'investissements sur le continent s'élevait à 14,7 milliards de dollars à la fin 2011, en croissance de 60 % par rapport à 2009. En 2019, ce stock s'élève à 43297 milliards de dollars, dont 17 % sont réalisés en Afrique du Sud.[335] Tandis qu'en 2013, le stock était de 32 milliards. La Chine n'invente donc pas une nouvelle économie sans intérêt. Elle pratique le capitalisme agressif, recherche des partenaires avec qui elle fait des bénéfices. Elle pratique la compétition commerciale agressive, creuse des déficits des balances de paiement des partenaires, recourt au dumping, ses travailleurs sont sous-payés, maintient sa monnaie, le yuan, à un niveau sous-évalué par rapport au dollar américain, incitent les firmes publiques exportatrices par ses subventions, investit ses capitaux sur les marchés porteurs.

Certes, elle coopère avec plus de 50 pays africains, au cours de l'année 2010, son Président a visité 17 pays africains. Bel exemple d'une amitié sans arrière-pensée. Elle pioche dans les sillons des structures économiques entretenues jadis par l'Occident : communication, voies ferrées, routes, bois, construction des barrages, mines du cuivre et de fer, etc., sans innover, ni apporter un savoir-faire hautement qualifié. Nous pouvons citer : le boulevard de 300 millions à Addis-Abeba, la ligne ferroviaire de 3 milliards dans ce même pays, la ligne Mombasa Nairobi de 4 milliards, le Port-Gentil et Libreville de L'industrie de transformation, à mains d'œuvre abondante ne l'intéresse pas. Elle privilégie le secteur primaire, les travaux publics, les services

[335] Thierry Pairault, Stock d'investissement direct chinois en Afrique (2017), 4 novembre 2018

(communication) ; elle n'investit pas dans la production des biens d'équipement ni dans la production locale des produits semi-finis, utiles à l'industrie africaine. Son appétit de croissance n'est donc pas différent de celui des autres puissances commerciales occidentales. Les traits dominants de ce partenariat sont son clientélisme : la pratique de taux de douane zéro en faveur des pays dits les moins avancés.

Donc, seuls les pays qui disposent des outils de production propres, c'est-à-dire, des pays ayant des unités de production à rendement élevé tirent quelques avantages de ce boom chinois. Les pays dont les industries du temps colonial sont en ruines accusent un recul de leur développement en dépit de la prolifération des partenariats. Ainsi, malgré les aides techniques ponctuelles dans tel ou tel secteur, ces économies en déperdition ne réussissent pas à se remettre sur les rails. On ne trouve pas de savonnerie, des biscuiteries, des ateliers des textiles et habillements, des industries chimiques, des champs de cultures pérennes, des raffineries ou des constructions navales et aériennes, tous neufs, aménagés par la Chine pour le soutien de la croissance interne des pays bénéficiaires. Il n'existe aucun camp des ouvriers et aucune nouvelle ville qui ont vu le jour, à l'instar de l'effort de développement des colonies. L'occident a par contre érigé des cathédrales économiques et des fourneaux là où il n'existait que la brousse et la poussière. En d'autres termes, la Chine n'exporte pas son industrie de transformation. Elle n'exporte pas sa nouvelle technologie. Elle greffe son savoir-faire sur les créneaux existants et qui sont encore porteurs (prise des participations dans des firmes ou exécution des contrats des travaux publics juteux). C'est dire qu'elle intervient là où la nécessité de renforcer les capacités d'exploitation locale des matières premières utiles à son industrie s'impose. Quatre pays : Angola, Nigéria, Soudan et Algérie concentrent plus de la moitié des investissements. Notons que la Chine étant dans sa phase de décollage, il est un gros importateur des biens d'équipement (+105 % pour des appareils de mesure et instruments scientifiques par exemple. Donc, elle n'est pas encore fournisseuse des produits semi-finis destinés à l'industrie. Il est par contre un grand demandeur qui attire les firmes délocalisées vers son marché intérieur en vue d'en tirer un grand profit. C'est un vaste chantier d'usines occidentales délocalisées qui sert au montage des pièces détachées.

À l'époque de la découverte de l'Afrique, l'Occident a certes, entretenu le même schéma de dépendance et de division du travail entre le Nord et le Sud. Mais la Chine n'innove pas. Elle creuse cette liaison en profondeur. Elle contribue à renforcer les mêmes liens de dépendance. Elle n'apporte des capitaux frais que pour entretenir les secteurs liés à son propre commerce extérieur. Ses investissements directs, à l'étranger, jouent, avant tout le rôle de locomotive de ses exportations[336]. Sans doute, il y a un lien direct entre la vente des téléphones mobiles made in China et ses investissements à l'étranger dans la télécommunication. Il y a un lien entre l'électrification au Soudan et les besoins d'importation du pétrole. Il y a un lien entre les supermarchés au Lesotho et l'exportation de ses produits finis. Il y a un lien entre l'usine des explosifs en Zambie et les besoins du cuivre en Chine. Il y a également un lien entre la construction du barrage au Soudan et

[336] Lors du Forum de Johannesburg 10 principaux programmes de développement des infrastructures, dont la finalité est d'aménager : 30 000 km de nouvelles routes, de 85 millions de tonnes de capacité portuaire par an, de plus de 9 millions de tonnes de capacités de traitement de l'eau potable chaque année, ainsi que près de 20 000 mégawatts de capacités de production d'électricité et plus de 30 000 kilomètres de lignes de transmission et de transformation d'énergie

l'importation du pétrole. Le transfert du savoir-faire ne se réalise pas. Il s'agit de construction des usines clé en main que les Anglais appellent *Engineering, Procurement and Construction*.

L'ouverture vers la Chine contribue donc à renforcer la structure traditionnelle du commerce extérieur de l'Afrique noire, l'insérant davantage dans la division classique du travail. L'Afrique du Sud, le Nigeria, le Gabon, l'Angola (exportateur du pétrole et gaz) sont donc les principaux partenaires. Ainsi, pour des raisons d'approvisionnement en énergie, la Chine dont la consommation du pétrole est estimée à 95 % de la production totale du moyen orient d'ici 2015 garde des liens privilégiés avec le Nigeria, le Soudan, l'Angola, principaux producteurs. Elle lorgne également sur les ressources minières de la Mauritanie et du Congo Kinshasa, pour l'alimentation de son industrie métallurgique. Les données officielles relatives aux importations au cours de l'an 2010 indiquent que le pays consomme 25 % de tout le cuivre à travers le monde, 40 % du charbon, 35 % de l'acier, 10 % du pétrole et premier importateur d'aluminium. Les produits les plus dynamiques ont été le pétrole (+55 %) le gaz (+24 %) et les produits chimiques. Les biens intermédiaires destinés à l'assemblage constituant 40 % de la demande d'importations : composants électroniques (+44 %), machines-outils (+40 %) et véhicules (+83 %), instruments et équipements divers viennent par contre des pays occidentaux, du Japon et de l'Asie du sud-est.

Comparée à l'Amérique latine, l'Afrique demeure l'enfant pauvre du boom chinois. Dans les échanges avec le Sud, quelques pays émergents tirent l'épingle du jeu. Il s'agit de Chili (cuivre) de la Pérou (Cuivre), du Brésil et de l'Argentine. C'est aussi de ces pays que la Chine importe le soja, l'huile de palme, le coton, le zinc, l'étain, etc. Par contre les pays qui se sont spécialisés les dernières années, se retrouvent en grande difficulté du fait qu'ils subissent la plus forte concurrence des produits made in Chine. Selon Christian Chavagneux, le pays fabrique 70 % des jouets, 55 % des appareils photo, 29 % des téléviseurs et 24 % des machines à laver vendus dans le monde. Voilà ce qui creuse les déficits commerciaux avec le reste du monde. L'excédent de ce commerce ne profite pas aux Africains. Les matières premières africaines sont achetées au prix bas, fixé par les négociants chinois. Au Congo Kinshasa, la Chine achète les minerais bruts non extraits, sous la forme naturelle de terre. Elle n'amène ni pioche ni pèle ni un bulldozer. La terre fraîche est extraite des carrières par des paysans, des femmes et des écoliers. Ils l'acheminent vers les centres de négoce. Les prix sont déterminés par l'acheteur, en fonction de la teneur en minerais. Les camions entiers transportent ces mas de terres vers l'extérieur (Afrique du Sud) où elles sont traitées dans des usines, à l'insu du gouvernement congolais. Quels sont les minerais qui y sont extraits ? Quel est leur revenu réel ? Que gagnent les négociants chinois ? Personne ne peut répondre. Tout ce que l'on sait est que le paysan abandonne son champ, l'écolier n'étudie plus, l'ouvrier ne travaille qu'à moitié, tout le monde est dans la carrière, à la recherche d'un hypothétique revenu de la vente des terres brutes aux Chinois.

### 4.2. Conséquences : la main basse sur l'industrie locale

Il est vrai que le commerce entre la Chine et l'Afrique s'est multiplié par 20, depuis l'ouverture de ce pays. C'est aussi vrai que l'accroissement des prix des matières premières a permis aux Africains de réaliser un peu de gains à l'exportation, à l'occasion de la hausse des prix. Mais, des gains de courte durée. Peut-être, pense-t-on, le fait d'importer des biens finis à des prix réduits, sans taxes douanières, comparativement aux biens produits en Occident serait un avantage pour les Africains[337]. En effet, s'il y a réellement un avantage, il ne peut se mesurer qu'en examinant l'évolution de l'épargne intérieure des ménages et le niveau de leurs consommations. Il peut y avoir un avantage pour les Africains dans la mesure où leurs importations renforcent les capacités locales des industries naissantes. C'est-à-dire qu'elles concernent essentiellement des biens d'équipement et des produits intermédiaires. Mais ce n'est pas le cas ! L'Afrique importe les textiles, les chaussures, les instruments de mesure, les produits électroniques, les jouets, les téléphones mobiles, les équipements intelligents haut de gamme, les appareils électroniques grand public, les automobiles, les vêtements, les biens de consommation, les produits agro-alimentaires, les équipements médicaux et produits de soins médicaux. [338]Il est supposé aussi que les coûts faibles des biens made in China permettraient aux ménages africains d'épargner le reste des revenus ou d'augmenter les niveaux de leur consommation. Or, il s'avère que le niveau des consommations des ménages n'évolue pas.

Deux pays (Afrique du Sud et le Nigeria) totalisent eux seuls, plus de la moitié des importations totales des produits intermédiaires en provenance de la Chine. En dépit du volume des échanges avec l'Afrique, quelques pays y participent effectivement. Les échanges avec d'autres pays restent négligeables. Comme le souligne Laurent Delcourt : « Si la balance commerciale entre la Chine et l'Afrique est globalement positive pour cette dernière, une radioscopie plus précise des échanges entre les deux continents montre que 70 % des importations chinoises proviennent de quatre

[337] Il s'agit, comme le souligne Emilio Cominotti, de la stratégie de prédateur, à savoir : sécuriser les approvisionnements en énergie et en matières premières. Lire, Le Monde Diplomatique, 2005

[338] Lire le mémoire de Awuve Koffi Afetogbo Azilan : Les enjeux de la coopération sino-africaine, ENA, Togo, Mémoire on line

pays seulement : Angola, Afrique du Sud, Soudan et Congo Brazzaville. Nous pouvons y ajouter aujourd'hui le Congo Kinshasa dont les exportations des minerais (Coltan, cobalt et cuivre) ont explosé ces dernières années. Seuls 16 pays africains - tous exportateurs de pétrole et de minéraux - enregistrent en réalité un excédent commercial, tandis que 37 autres pays sont déficitaires. Plus significatif encore, les exportations africaines sont composées à 70 % de pétrole et à 15 % de minéraux, tandis que la Chine exporte vers l'Afrique pour 90 % de produits manufacturés : textiles, chaussures, appareils électroniques, bicyclettes et motocyclettes, équipements divers, etc.[339]Les grandes zones commerciales de la Chine avec le reste du monde restent constituées par le triangle Europe-Amérique-Asie du sud-est, d'où la Chine importe ses biens d'équipement et assure l'intégration financière à travers ses participations sur les places boursières et investit dans l'industrie régionale. Et même si le souhait était de voir tous les pays africains participer activement aux échanges avec elle, nous ne pouvons pas ignorer les effets pervers qui en découlent.

La Chine peut être vue comme un virus qui tue à petit feu les industries africaines. Elle exporte moins cher, envahit les marchés extérieurs et emporte sur son chemin des usines moins performantes (coûts de production élevés, technologie rudimentaire), tuent des milliers d'emplois chez ses partenaires. Le pays met à la disposition des investisseurs intéressés au continent africain un fond de 60 milliards de $.[340] Ces investisseurs, de plus en plus nombreux bénéficient de subventions financières qui entrainent le dumping social et celui des prix. Ces coûts internes de

---

[339] Chaponnière, 2008-b ; Hellendorff, 2010.

[340] Actuellement, plus de 800 entreprises chinoises sont présentes en Afrique. On compte aussi plus ou moins 8OO mille émigrants sur le continent

production très bas constituent une grande arme de sa compétitivité. Au Congo, par exemple, l'industrie textile en a pris les coups. Utexafrica (Congo) a accepté d'être avalée par Cha (groupe chinois). Certaines analystes se limitant à constater l'accroissement du volume des exportations des produits manufacturiers africains vers la Chine et vers d'autres pays émergents (Inde, Turquie, Corée du Sud) crient vite et vantent les avantages issus de la présence chinoise sur le continent. La pratique de tarif zéro pour certains produits est jugée comme un exemple de l'ouverture. Mais, ces analyses n'explorent pas les obstacles non tarifaires que rencontrent les Africains. Elles ne chiffrent pas la part propre des entreprises africaines dans ces exportations. Elles ne notent pas le nombre des pays qui en sont bénéficiaires[341].

Les Chinois ont ainsi réussi à pénétrer le marché par cette voie, tout en bénéficiant des exonérations sur les taxes et droits d'importation sur les matières premières, les pièces de rechange, les machines, les matériels, équipements et consommables, ainsi que quelques avantages sur la consommation énergétique. Cette fusion a sans doute entraîné une perte de milliers d'emplois. Il en est de même pour d'autres pays africains. Les importations des textiles en provenance de la Chine menacent toute la filière coton. Que faire ? Recourir aux droits des douanes supplémentaires ? Pratiquer la substitution aux importations ? Soutenir les secteurs menacés ? Difficile, répondent les experts. En effet, L'étude de *International Centre for trade and substainable Developmen*[342]*t* souligne trois

---

[341] Centre de développement de l'OCDE, De nouvelles opportunités pour les produits manufacturés africains, Ed. 2012

[342] Manitra A. Rakotoarisoa, Cheng Fang Commerce entre la Chine et l'Afrique subsaharienne : comment dépasser la dépendance vis-à-vis des matières premières ? In https://www.ictsd.org/bridges-news/passerelles/news/commerce-entre-la-chine-et-l'afrique-subsaharienne-comment-dépasser-la, 30 0ctobre 2015

limites des politiques commerciales agressives vis-à-vis de la chine :

a) l'élimination bilatérale des droits de douane n'apporte que des gains limités, car la Chine constitue l'un des marchés les plus ouverts pour l'ASS. Ses tarifs douaniers moyens appliqués à l'égard des pays les moins avancés (PMA), et de l'ASS en particulier, sont déjà bas : entre 2005 et 2010, le tarif moyen pondéré est tombé de 2 à 0,5 pour cent (le tarif moyen est tombé de 7,14 à 2,83 % t) ;

b) subventionner l'agriculture et la production manufacturière domestiques, c'est possible ; mais nombre de pays d'ASS ne disposent que de peu de ressources financières pour appliquer une telle politique ; par ailleurs, la production manufacturière d'ASS aurait de la peine à concurrencer une production chinoise hautement compétitive, que ce soit sur les marchés domestiques ou internationaux ;

c) revenir au protectionnisme et à la substitution des importations, en restreignant l'importation de bien chinois pour protéger les secteurs domestiques ; c'est aussi possible, mais une augmentation soudaine de la production manufacturière locale et un accroissement durable du bien-être sont loin d'être garantis. Le savoir-faire, les infrastructures de transformation, le capital humain, etc. font encore défaut.

### 4.3. L'approvisionnement en matières premières

La Chine, pense-t-on, aide plus qu'elle ne reçoit. Son bénévolat serait porteur de l'espoir, beaucoup plus bénéfique que l'aide liée accordée par l'Occident. Étant plus proche du Tiers Monde, elle aurait un regard humaniste, et elle milite en faveur de la suppression de la dette des pays africains. Que faut-il retenir ? Certes, dans l'ensemble, l'aide au développement accordée à l'Afrique noire est en nette régression. Les États-Unis ont diminué leur assistance de moitié, depuis le début des années 90. Celle-ci est passée de deux milliards de $ à un milliard par année. Elle privilégie les accords bilatéraux avec les pays situés dans la zone utile, de la côte ouest. Et ses cotisations au sein des organisations internationales accusent des retards. Seul le Japon a augmenté son aide de 792 millions de dollars à un milliard de dollars entre 1990 et 1994. L'aide de l'Union européenne s'est aussi accrue sous la Convention de Cotonou de 15 milliards d'euros. Mais, il faut vite dissocier les promesses et les décaissements réels. La pratique démontre que l'aide de l'Union européenne relève des promesses. Les bénéficiaires en sont soumis à des contraintes et n'en tirent pas grand profit. L'opinion estime à ce sujet que la Chine est un meilleur exemple d'une aide gratuite, désintéressée. Il est vrai, on compte plus de 900 projets d'assistance technique entrepris par la Chine en Afrique. Ces projets couvrent tous les domaines. De 1985 à la fin de 1990, il y a eu 905 techniciens africains formés par la Chine, venus de 46 pays. Ce pays contribue également à alimenter le fonds de développement des ressources humaines, elle alimente le fonds de formation technique. Elle accorde des prêts à des taux préférentiels, parfois sans intérêts. Le lendemain du premier forum sino-africain, elle a décidé d'annuler la dette accordée à plus de 31 pays africains pauvres et endettés. Dans deux ans, elle a annulé les prêts de plus de 10, 5 milliards de yuan. Mais si l'on étudie d'une manière isolée ces interventions, on va sans doute se faire une fausse idée des efforts conjugués par toute la communauté internationale en faveur de l'Afrique.

En réalité, l'aide de la Chine, bien que désintéressée (taux d'intérêt zéro), ne diffère pas de celle que l'Afrique reçoit de ses bailleurs traditionnels, tant sur le plan bilatéral que sur le plan multilatéral depuis le début des indépendances[343]. Il s'agit d'une manière ou d'une autre, de l'aide liée. Son geste d'annuler ses prêts n'est pas non plus isolé. Il s'inscrit dans le cadre global d'annulation des dettes des pays pauvres, très endettés. En troisième lieu, l'aide, quelle que soit sa forme ne se substitue pas à l'effort propre de développement de chaque pays. L'aide, d'une manière générale, est liée aux contrats commerciaux et aux intérêts des créanciers. En Éthiopie, un des grands bénéficiaires de l'aide, les entrepreneurs chinois ont gagné plusieurs marchés publics : contrats de construction des autoroutes, des ponts, des stations électriques, des téléphones mobiles (les portables), des écoles et des produits pharmaceutiques, la prospection pétrolière, la construction d'une base militaire et la construction de l'Aéroport d'Addis-Abeba. Au Zimbabwe, la Chine y échange aussi armes contre les affaires. En Côte d'Ivoire, la Chine y confond aide et vente d'armes. La construction de la voie ferrée Tanzanie-Zambie avait pour but de faire la jonction entre l'océan et les mines de la Zambie. Au Congo, la Chine y échange aide contre le diamant, le bois, le Coltan, le fer et le cuivre. Alors que le programme d'annulation des dettes des pays pauvres a permis de réduire le poids de ces dettes par rapport au PIB, il est constaté que l'accumulation des dettes dues aux travaux publics réalisés dans nombreux pays africains fait grimper ce ratio qui avoisine dans certains cas, 50 % du PIB.

En matière des investissements étrangers, trois remarques s'imposent également. Généralement, l'Afrique est la moins nantie. Elle accueille plus ou moins 2 % des investissements étrangers.

[343] Deborah Brautigam, Chinese Development Aid in Africa, What, where, why, and how much? www.american.edu

Cette tendance qui date des années 90 ne s'améliore pas. Le recul se réalise au profit de l'Asie du Sud Est. Les pays africains qui attirent encore quelques investisseurs étrangers sont ceux qui disposent de ressources pétrolières. En dehors de ces cas, seule l'Afrique du Sud reste le terrain de prédilection des investissements non miniers. Les États-Unis, la France et la Grande-Bretagne demeurent les premiers investisseurs. Le rapport du département du commerce indiquait à ce sujet que les investissements américains en Afrique subsaharienne se sont montés à 700 millions de dollars en 2002, inversant la tendance à la sortie de capitaux qui a atteint un milliard de dollars en 2001. Comme ce fut le cas les années précédentes, c'est l'Afrique du Sud qui a bénéficié de presque tous ces investissements en 2002. Les investissements directs nets des États-Unis en Afrique se sont élevés à 861 millions de dollars en 2002, soit moins de 1 % du total des investissements directs américains à l'étranger. Ce sont le Nigeria et l'Afrique du Sud qui ont attiré le plus d'investissements américains, soit respectivement 992 millions de dollars et 112 millions de dollars. Ces investissements étrangers ont été tempérés par les sorties de capitaux d'autres pays africains qui ont totalisé 174 millions de dollars. Ces données de 2002 n'ont pas changé. Les partenaires essentiels restent les mêmes. Les secteurs prioritaires restent aussi les mêmes. La Chine ne fait pas exception. Le volume de ses investissements directs, en Afrique, reste dans les mêmes proportions que celui des autres puissances industrielles. Le pétrole et les travaux publics sont les deux domaines prioritaires. Alors qu'en 2002, on compte plus ou moins 6 758 entreprises chinoises à l'étranger avec un investissement total de 13,2 milliards de dollars dont 8,9 milliards de dollars de capitaux chinois, l'Afrique n'a reçu durant 4 années que 1,2 milliard de dollars, soit 1 % reparti dans 49 pays. Elle cherche à tripler ce score, mais pas dans n'importe quel secteur. En 2010, ses investissements directs à l'étranger (IDE) représentaient environ

3 % des IDE totaux du pays. Ils sont concentrés sur une poignée de pays : Afrique du Sud, Nigeria, Zambie, RDC et Angola.

Les prêts bancaires ont été évalués entre 2001 et 2010, à 67,2 milliards de dollars contre 54,7 milliards – par la Banque mondiale. Les taux sont supérieurs à ceux accordés par la Banque mondiale, mais inférieurs à ceux pratiqués par les banques internationales et, surtout, assortis de conditionnalités bien plus légères. Le pétrole, le bois, les mines, les travaux publics, les routes et les chemins de fer ont une incidence sur l'économie chinoise. Elle n'investit pas pour les marchés internes africains où les niveaux de consommation sont, nettement, en dessous des attentes. Par ailleurs, la Chine demeure le grand récepteur des capitaux étrangers reçus. En 2004, il est noté que les investissements directs étrangers reçus par la Chine ont augmenté de 60,63 milliards de dollars, soit 13 % de plus que l'année précédente. Le rapatriement de capitaux étrangers se chiffrait à 5,694 milliards de dollars et l'afflux net des investissements en Chine à 54,936 milliards de dollars. Ce chiffre a plus que doublé avec le temps en 2010.[344]

---

[344] Comme l'indique Sandra Poncet, « L'essor des investissements directs étrangers (IDE) en Chine s'est accompagné d'une croissance économique rapide et d'une ouverture internationale accrue. En forte progression depuis 1993 (de 28 milliards de dollars en 1993 à 70 milliards en 2006), ils représentent 30 % du produit de l'économie privée chinoise. Ils sont investis majoritairement dans les industries manufacturières à destination des marchés intérieurs et, pour Hong-Kong, la Corée du Sud et Taiwan, des pays d'origine des capitaux. Sous l'impulsion notamment de la libéralisation du secteur des services en Chine dans le cadre de son adhésion à l'OMC, les IDE devraient désormais s'orienter vers les services. À travers la9structure des IDE, les investisseurs étrangers influencent l'économie, mais aussi ses impacts sur les transports intérieurs et internationaux. In Les investissements directs en Chine, moteurs de croissance, Notes de synthèse, juillet 2008.

# Conclusion

En 2007, Denis Horman publiait dans *Groupe de Recherche pour une économie alternative,* un article qui s'intègre dans notre analyse. Il s'agit de : *les institutions internationales dans la mondialisation*[345]. L'auteur souligne deux crises : celle de légitimité et celle de représentativité de ces institutions. Bien avant lui, la Commission Meltzer a rendu son rapport sur les failles des Institutions de Bretton Woods à régenter l'ordre conçu en 1944. Elle faisait référence aussi à la multiplicité des crises financières, au poids de la dette du Tiers Monde, à la folle spéculation sur les marchés boursiers et à l'impossibilité de convergence des politiques de régulations macroéconomiques devant les déséquilibres budgétaires, ainsi qu'au caractère évasif des investissements directs, aux déséquilibres des balances des paiements et au retour de politiques protectionnistes.

Dans « Les organisations internationales face aux défis de la mondialisation », Pierre de Serarclens dénonce également la dégradation rapide de l'environnement planétaire, précipitant l'humanité vers de grandes catastrophes écologiques ; l'élargissement général des clivages sociaux entre ceux qui profitent de nouveaux modes de production et d'échange et une masse grandissante des pauvres qui restent en marge ou pâtissent

[345] Denis Horman, Les institutions internationales dans la mondialisation, juillet 2007

de ces mutations structurelles. Il y note dans ce clivage : la malnutrition, les maladies endémiques, la violation des droits de l'homme, l'insécurité, les flux migratoires, mais aussi, les effets néfastes de l'orthodoxie libérale[346].

En 2002, dans son livre « La Grande Désillusion »[347], Joseph Stiglitz, économiste en chef au sein de FMI et Prix Nobel, fait voir aussi les illusions des interventions des institutions de Bretton Woods ; il a fini par présenter sa démission, devant les faces cachées de l'orthodoxie libérale et ses effets sur les économies des pays en développement ou émergents. Plus de 15 ans après ces publications, nous sommes devant le même constat. L'ordre de Bretton Woods a servi de tremplin pour forcer un avenir meilleur de l'économie mondiale. On ne s'imaginait pas à l'époque que le multilatéralisme économique aboutirait à sa propre contestation, aussi bien par ses anciens défenseurs (États Unis) que par les pays dits « suiveurs » de l'époque.

Les résultats éphémères (trente glorieuses) ont donné l'impression que le chemin vers la globalisation (mondialisation) allait effacer les discriminations commerciales et induire un développement industriel pour tous. Aujourd'hui, nous démontrons que les investissements sont errants, les crises financières dues à la déréglementation des marchés n'épargnent aucun pays, l'endettement devient inévitable tant pour les pays industrialisés que pour les pays pauvres. La polarisation des flux au sein d'un petit triangle n'exclut pas la volatilité (replis). Les litiges commerciaux consécutifs aux déficits courants se multiplient et plombent le fonctionnement de l'OMC. La place est

---

346 Pierre de Senarclens, Les organisations internationales face aux défis de la mondialisation, in Revue internationale des sciences sociales 2001/4 (n° 170), pages 559 à 572

347 Joseph Stiglitz, La Grande désillusion, Fayard, Paris, 2002

alors au protectionnisme et à des mesures de rétorsion. Les instruments des politiques conjoncturelles conventionnelles sont mis à l'épreuve et ne permettent plus le rétablissement des équilibres des fondamentaux macroéconomiques, surtout en période des crises.

Les nouveaux États se hissent au sommet de la puissance économique, notamment la Chine, l'Inde, etc. Mais, ce glissement ne va nullement affecter positivement les réformes de l'ordre de Bretton Woods, telles que formulées par les ONG, les pays en développement et les experts avisés. La Chine (comme toute autre puissance économique qui se dispute la hiérarchie avec les États-Unis) évoluera dans un multilatéralisme hybride. La préférence au plurilatéralisme n'est pas un gage pour l'avenir des relations entre les États, même si la tendance actuelle marque la convergence des pratiques vers cette forme des accords financiers et commerciaux.

Et l'Afrique ? Nous venons de voir les facteurs qui marginalisent l'économie africaine. Rappelons qu'il y a, en fait, lieu de distinguer des économies africaines et non l'économie africaine. Si les caractéristiques communes existent : mono production, extraversion, dépendance financière, sécheresse énergétique, sous-nutrition, vétusté des infrastructures et dominance de l'industrie primaires, etc., il y a aussi des particularités propres à chaque sous-région dont la montée est due à quelques économies locomotives. Les canards boiteux sont essentiellement en Afrique centrale. L'Afrique du Nord affiche des progrès. Les bons élèves sont comptés, ils passent de plus en plus à la diversification. Il s'agit, notamment de l'Éthiopie, du Ghana, de la Côte d'Ivoire, du Maroc, de l'Afrique du Sud, de la Tunisie, de l'Ile Maurice, du Rwanda, du Kenya, etc. Mais plus de 25 pays les moins avancés sont africains. Ils forment le quart-monde.

Quels sont les facteurs essentiels de cette marginalisation ? Plusieurs raisons sont évoquées pour expliquer les dérives socio-économiques. Philippe HUGON se posait, il y a quelque temps la question de savoir pourquoi, la stagnation des économies africaines ? Il y a, disait-il, une concomitance entre la marginalisation extérieure, le maintien de la structure sectorielle de la production et de la spécialisation internationale, la stagnation économique, la faiblesse des États au-delà d'un discours volontariste et la très faible intensité des relations régionales du moins officielles. Il évoque quelques hypothèses. La stagnation économique (a) serait-elle liée à des « mauvaises » politiques économiques et au rôle de l'État (b), est-elle due à une absence de diversification des économies (c) résulte-t-elle de la faible ouverture extérieure (d) et d'une faible intégration régionale (e) ? Ou alors, c'est la « mauvaise » spécialisation issue de la colonisation, liée à l'érosion des préférences et au retrait européen et à une absence de maîtrise de l'ouverture extérieure, lesquelles conduisent à une stagnation/marginalisation et à une régionalisation avortée ! Nous disons : tout cela !

De même, l'Alain Dubresson, Jean-Yves Marchal et Jean-Pierre Raison, dans leur ouvrage de *Géographie Universelle*, concluent que les États africains ont une économie en crise et désemparée.[348] Les services et les infrastructures sont dégradés, la fonction publique est mal payée et gangrenée par la corruption. Inégalité entre les régions, l'insécurité dans les villes, l'abandon

[348] Philippe Hugon, Géopolitique de *l*'l'Afrique, Paris SEDES *2e* éd, 2009, Philippe Hugon, Pierre *Salama (*eds) Les Suds dans la crise, Paris, A Colin, 2010

des projets agricoles et industriels sont autant des maux. La seule solution trouvée est la privatisation à outrance ; mais les usines ne trouvent pas preneur. Une société de subsistance s'organise ou une contre-société de trafics qui enfante ses gagnants et ses perdants. L'état se prive ainsi de ressources fiscales et douanières. Les réponses de ces dérives sont dans toutes ces hypothèses.

Examinons quelques causes, en commençant par la plus importante et qui concerne presque toute l'Afrique noire. La tendance démontre que les pays africains, riches en ressources minières absorbent 90 % des échanges et reçoivent également le gros des investissements directs. Ceci signifie que l'Afrique reste le pourvoyeur des ressources minières. C'est sa spécialisation internationale. Elle reste absente dans d'autres domaines. Son économie ne s'intègre pas dans la nouvelle économie du savoir. Elle est forcée, dans le contexte de globalisation, d'élargir le partenariat, en s'ouvrant au reste du monde industrialisé, mais il s'agit d'une diversification de directions, sans diversifier ni les flux des échanges, ni les produits finis. Cette pénurie est due à l'absence de maîtrise des techniques de production locale des produits finis. Elle est due aussi au fait que les politiques d'industrialisation actuelles ne diffèrent pas de celles d'il y a 60 ans.

La stratégie de l'industrie industrialisante qui a échouée durant les années 70-80, reste toujours de mise. Les raisons de ce choix sont liées à l'idée selon laquelle, le commerce extérieur génère les revenus. Étant donné que les besoins en ressources minières restent importants dans le monde, l'Afrique croit pouvoir tirer avantage de ses exportations des minerais. Mais ni les anciens partenaires, ni les nouveaux, aucun n'a changé les règles qui président l'offre et la demande des ressources minières. Les prix restent fixés par l'extérieur. Les mécanismes de stabilisation des prix qui ont été mis en route n'ont pas donné des fruits. Ce qui suppose que l'ouverture des échanges vers les nouveaux partenaires s'inscrit dans la pérennité du principe ancien de division du travail. Les nouveaux partenaires n'apportent, non plus, des capitaux importants générateurs de plus-value.

Au vu de la tendance des investissements directs étrangers, on peut noter que la part reçue par l'Afrique, jadis qu'elle soit multilatérale ou bilatérale, n'a été plus importante que celle qu'elle reçoit aujourd'hui. La fin des relations privilégiées fait perdre à certains pays, les avantages des accords spécifiques liés aux anciens liens coloniaux. La France par exemple se désengage. De même, la Belgique n'apporte plus un intérêt particulier au Congo Kinshasa. Or, les nouveaux partenaires ne comblent pas ce vide. Ils agissent dans le même sens que les partenaires traditionnels qui, du pacte colonial, ont conclu des accords de dépendance économique avec les anciennes colonies. Ainsi, on peut constater que les nouveaux partenaires pratiquent la même logique, ils ouvrent leurs marchés aux importations de l'Afrique, accroissent les déficits des balances commerciales des Africains et investissent dans des secteurs miniers, sans sentiment historique, ni idée de liens spécifiques avec tel ou tel autre partenaire. Quelques pays tentent de sortir de cette monoproduction. Il s'agit du Sénégal (exportation des légumes), de l'Ile Maurice (crevettes, fleurs, légumes) du Kenya, de l'Éthiopie, Maroc, etc. Comme on peut le constater, il s'agit de petits pays, sans ressources minières et qui tentent de gagner le pari, en misant sur des produits agricoles.

Le fait que l'Afrique du Sud reste le partenaire essentiel de la zone Asie indique également que la Chine pratique l'adage de :

« trade, note aid ». C'est-à-dire que la Chine s'intéresse aux marchés porteurs. Or, les statistiques de la Banque mondiale indiquent que le reste de l'Afrique subsaharienne s'enfonce dans sa descente en enfer. Bien que son produit national brut puisse, probablement, connaître une croissance au cours des années prochaines, le nombre des pauvres, va par contre, s'accroître. C'est-à-dire que le nombre des personnes, vivant avec moins de 2 $ par jour ne chutera pas, bien au contraire, il passera de 313 millions en 2001 à 340 millions en 2015(estimations de l'époque). Dans ces contextes, les pays asiatiques qui misent sur la croissance des exportations orientent leurs échanges, davantage, vers le triangle asiatique des « dragons », vers l'Union européenne, vers les pays émergents de l'Amérique latine et vers l'Amérique du Nord. Entre les deux géants de l'Asie, les échanges commerciaux (sino-japonais) sont en moyenne de l'ordre des 178 milliards de dollars par année. Le continent noir représente moins de 2 % du commerce total asiatique.

L'Afrique au sud du Sahara reste aux yeux des Asiatiques, un monde « en devenir », composé des zones inutiles et des zones utiles. La libéralisation des échanges et le faible degré de pénétration des stratégies compétitives de l'Afrique annulent toute éventualité des conflits commerciaux entre les deux régions. Les stratèges chinois et japonais n'ont pas une crainte. Ils ne conseillent nullement l'anticipation de conduite, destinée à se faire des espaces commerciaux exclusifs en Afrique noire. Ils savent qu'ils ne peuvent, non plus, combler les vides dus aux replis européens. Ils ne vont pas ériger en Afrique des usines gigantesques de production des minerais, à l'image des industries coloniales qui sont en ruine. Leurs méthodes consistent à ériger de petites unités flexibles de production et à accorder la préférence à la nouvelle forme d'exploitation artisanale des minerais par des paysans qui creusent à la main et revendent les terres exportables directement vers le centre des trilles (Afrique du Sud, Chine, Corée). C'est le cas de ce qui se passe actuellement au Katanga (Congo).

On ne saurait compter la somme des aides que les pays africains reçoivent depuis les décennies. Les statistiques réalisées par de nombreux auteurs dégagent une relation négative entre la valeur de l'aide internationale reçue par pays et le taux de croissance. Nous l'avons aussi testé et nos résultats corroborent ce constat. Dans les années 90, de tous les pays qui ont reçu de l'aide, on en compte autant qui ont connu une croissance négative que positive. De 1970 à 1999, 17 pays subsahariens ont reçu plus de 100 milliards d'assistance de la Banque Mondiale. Et pourtant leur PNB/habitant y a diminué. En 50 ans, les Américains ont donné 500 milliards $ aux pays pauvres, sans qu'on observe de progrès du niveau de vie ; nombre de ces pays ont connu une baisse de leur revenu par habitant.

De 1987 à 1998, l'incidence de la pauvreté s'est accrue en Afrique. La moitié de la population y gagne moins d'un dollar par jour ; le taux de mortalité infantile s'inscrit à un sur sept. En contrepartie, de 1980 à 1990, la Chine et l'Inde n'ont bénéficié que d'une infime portion d'aide internationale, 4 % et 7 % de leur PIB respectif. Ceci ne les a pas empêchés de jouir d'un taux de croissance fulgurant de leur économie. Cette analyse de Jean Luc Mugué mérite une particulière attention. Elle offre la preuve de la dérive de l'aide. Les leçons données aux Africains par les bailleurs des fonds constituent aujourd'hui une somme de cours que l'on enseigne, que l'on commente, sans toutefois toucher sur le bouton qui ouvre sur les causes réelles des échecs des politiques de l'aide. Les donneurs se donnent la conscience tranquille d'avoir tout fait pour tirer les pauvres vers le haut de l'échelle. Mais, les pauvres disent que l'aide est liée. Si nous revisitons les causes, nous pouvons en énumérer plusieurs.

Les aides ont, çà et là, généré les revenus monétaires. Elles ont aussi soutenu la croissance à des moments. Mais celle-ci a été sporadique. L'épargne (s'il y en a eu) a été très mal mobilisée. Dans nombreux cas, elle a été réinvestie dans des secteurs non porteurs. Une grande partie a été affectée au service de la dette. Les chiffres qu'on ne peut plus nier aujourd'hui démontrent que certains pays affectent plus de 40 % de dépenses annuelles au remboursement des prêts. Donc, les revenues des exportations des minerais ont servi, davantage, à entretenir les économies des donneurs de l'aide. Par ailleurs, la détérioration des termes de l'échange n'est plus à redire. Elle a affecté nombreux exportateurs des matières premières. Les revenus générés par le commerce ont été absorbés par les prix élevés des biens importés, par le remboursement de la dette, par les dépenses politiques de prestige, par les détournements et par la corruption.

En définitive, l'aperçu de la situation que traverse l'économie africaine montre bien que l'émergence de ce continent n'est pas pour demain. Des disparités des résultats passés en revue permettent de penser que quelques pays qui réduisent le déficit infrastructurel se positionnent dans le rang de décollage. Mais, cette phase étant due essentiellement à la demande des produits miniers et pétroliers, elle demeure fragile dans la mesure où les prix mondiaux peuvent se contracter et agir sensiblement sur les offres des pays producteurs. La croissance soutenue et durable dont il s'agit ce dernier temps doit être examinée avec beaucoup de prudence. Elle est avant tout le fait des sociétés multinationales. Celles-ci investissent dans des secteurs traditionnels. Elles n'apportent pas d'industries nouvelles, elles ne transfèrent pas le savoir-faire et ne développent pas de vastes marchés financiers nationaux. La classe moyenne africaine est composée de milliers de citadins qui vivent de leurs émoluments, de leurs services informels, de fruit de la prédation. Elle ne s'inscrit pas dans les rangs d'entrepreneurs qui innovent, produisent et transforment leurs milieux. Il s'agit d'une classe relai dont le jeu consiste à consommer « étranger ». Par cette voie, cette classe contribue à créer les richesses en Asie par son mode de consommation. Les 80 % des populations vivant en milieux ruraux envient, imitent et immigre.

L'État africain assiste impuissant et s'insère dans ce paysage. Il s'inscrit dans la logique de la globalisation et se félicite de notes lui accordées par les institutions de surveillance internationale, chargées de consolider la logique de la gouvernance mondiale de l'économie. Les regards, les vrais regards sur le profil de véritable décollage des économies nationales sont interdits. Les fractures énergétiques, financières, infrastructurelles sont ignorées. On se contacte de classement annoncé chaque année par les cabinets occidentaux : l'Afrique connait une économie robuste. Oui, elle est robuste. Mais elle est boostée par la demande extérieure. Elle est boostée par les permis de creuser les mines. Elle boostée par les fausses statistiques de l'éclosion des bâtiments gigantesques en milieux urbains, mais des bâtiments qui cachent parfois le blanchiment d'argent sale. L'épargne africaine n'explose pas. Les industries de transformation n'explosent pas. L'Afrique, du moins les dirigeants africains ne prennent pas encore conscience de ce fossé. Celui se creuse et se creuse encore

# Bibliographie


Adrien Schwyte, Pourquoi les multinationales émergentes vont dominer le monde, in Chalenge.fr, juillet 2016

Abdoulaye Sawadogo, Un plan Marshall pour Afrique ? Harmattan, Paris, 1987 Alice

Adrien Schwyte, Pourquoi les multinationales émergentes vont dominer le monde, in Chalenge.fr, juillet 2016

Aglietta M.et L. Berrebi, Désordres dans le capitalisme mondial, Paris : Albin Michel. 2006

Arnaud Zacharie, Le nouveau Bretton Woods chinois, in Source : Imagine demain le monde, septembre-octobre 2015.

B Ponson, L'Entrepreneuriat en Afrique francophone, Ed. AUPELF-UREF. John Libhey Eurotext. Paris 1990, pp. 18.25

Bakary Traoré, Henri-Bernard Solignac-Lecomte, et Greg De Paepe, Quelles politiques de croissance pour l'Afrique, in www.Jeune Afrique.com, 2012

Barthélemy Guimont, Les Etats Unis ne sont plus une superpuissance, in IRIS, octobre 2016

Benoît Bréville et Martine Bulard, Des tribunaux pour détrousser les États, in Monde Diplomatique, juin 2014

Blaise Sary Ngoy, Évaluation de la coopération entre l'Union européenne et les États ACP. Test de l'approche de stabilité hégémonique de Kindleberger, Université d'Anvers, 1994

Bourguinat Henri, Les vertiges de la finance internationale, Économica, 2008

Christ Becker, L'Afrique se dirige vers une croissance en dents de scie, par manque d'épargne et d'une industrie forte, www.contrepoints.org, 2013

Christian Losson, Comment les multinationales escroquent l'Afrique, in Libération, 2 juin 2015

Christophe Le Bec , Contentieux : les États africains face aux multinationales, in Jeune Afrique, décembre 2016

Clause Menard, «L'approche néo-institutionnelle : des concepts, une méthode, des résultats », in Cahiers d'économie Politique / Papers in Political Economy 2003/1 (n° 44)

Clémentine Maligorne et Marie Theobald, Le protectionnisme est-il de retour ? in Figaro, février 2017

Damien Broussolle, Le commerce des services, un commerce en trompe-l'œil ? Une analyse fondée sur le point de vue de Hill , in Revue économique 2012/6 (Vol. 63), pages 1145 à 1177

Éric Salve, correspondant de RFI à San Fransisco, in African Development Indicators, 2001

Éric Toussaint, Les 70 ans de Bretton Woods, de la Banque Mondiale et du FMI : La Banque Mondiale au service des puissants dans un climat de chasse aux sorcières, in www.econospheres.be/Les-70-ans-de-Bretton-Woods

François Danglin, Du concert des nations à la cacophonie des organisations : le nouveau visage du multilatéralisme, in Géo-économie, 2011 (n° 56), pp 45-57

Françoise Nicolas, La Chine et les institutions économiques multilatérales, entre révisionnisme et *statu quo, in* Politique étrangère 2014/3 (Automne), pages 49 -61

Froggy Botton, Etats Unis, la fin de l'hyperpuissance ? in froggybottomblog.com/2014/10/25

Gilpin, The Political Economy of International Relations

Guillaume Devin, Les Etats Unis et l'avenir du multilatéralisme, in Cultures & Conflits n° 51 3/2003 pp. 157-174

Hugon, Économie politique internationale et mondialisation (Paris: Economica, 1997), 9.

Jacques Mistral, « Les aspects internationaux de la crise », in Théories de la crise et politiques économiques, Seuil, Paris, 1986

Jamal Azizi, Pierre-Noël Giraud, Timothée Ollivier et Paul-Hervé Timorous Kamga, Richesses de la nature et pauvreté des nations. Essai sur la malédiction de la rente minière et pétrolière en Afrique, Presses des Mines, 2016, 250 p.

Jean Michel Chaponnière, La Chine va-t-elle devenir déficitaire ? in Asialyst, 10.4.2019

Jean Pierre Llabrés, Le Vice du capitalisme intrinsèque irrésolu d'avant et d'après Karl Marx à nos jours, in Overblog, 26 juin 2019

Jean-Louis Martin *et* Noussoeu Bih, La Chine et l'Afrique, partenaires et concurrent, in glabalix.fr, 2011

Jean-Paul Tchankam, La gestion dans les secteurs public et privé : une analyse critique des similarités et des différences au Cameroun, in La Revue des Sciences de Gestion 2008/2 (n° 230), pages 69 à 78

Jeremy Daniele La mondialisation, un phénomène polarisé ? In Ge polémique, octobre 2018

Jézabel Couppey-Soubeyran, Fabien Tripier et Anne Châteauneuf-Malclès, Après une décennie de mesures non conventionnelles, quel bilan et quelles perspectives pour la politique monétaire ? in Ressources en sciences économiques et sociales, Lyon, septembre, 2019

Khoene Robert et J. Nye; Power and interdependence, 1977, New York, Ed. Wesley

Kindleberger, Charles, The World in Dépression, « 1929-1939″

Lin Yue, observations sur le commerce sino-africain des marchandises, in Outre-Mer, 2011

Maimouna Dia, Multinationales à la barre : 10 litiges qui ont marqué 2018 en Afrique, in Afrique Tribune, décembre 201

Marcel Mbaloula, La problématique de l'émergence économique des pays en voie de développement, in revue congolaise de gestion, 2011/2 n° 14

Marie de Vergès, Chine-Afrique : le continent au défi d'un emballement de la dette, in le Monde, septembre 2018

Michel Beaud et Gilles Dostaler, La pensée économique depuis Keynes (Paris : le Seuil, 1993), 31-69.

Nessim Ait Kacimi, La dollarisation du monde émergent, reflet de la domination du roi dollar, Lesechos.fr, juin 2014,

P. Verluise (dir.), Géopolitique du monde de TRUMP : la stratégie du chaos ? in https://www.diploweb.com

Panapress, L'Afrique enregistre sa plus forte croissance depuis 20 ans, mai 2007

Par Prakash Loungani, Chris Papageorgiou et Ke Wang, Les exportations de services, une voie nouvelle vers la prospérité, FMI, 5 avril 2017

Patrick Artus, La globalisation financière continue et déstabilise l'économie mondiale, in Journal de l'Opinion, mars 201

Philip S. Golub, La Fin de la Pax Americana ? In Revue Internationale et Stratégique, 2008/4 n° 72

Philippe Hugon, Peut-on parler d'une crise ou d'un renouveau de l'économie du développement durant la dernière décennie ? in revue Tiers Monde 2006/2007

Raul Prebisch, La politique commerciale dans les pays *sous-développés* (Paris : Banque Mondiale, 1968).

Robert Boyer, La crise de la macroéconomie, une conséquence de la méconnaissance des institutions ? Macroéconomie : développements récents, Volume 68, numéro 1-2, mars-juin 1992

Romain Faquet, Les causes communes des crises financières, in BSI, Décembre 2017.

Sindringie, Les trappes à pauvreté existentielles ? Le monde, janvier 2006

Strange, Austin M., Fuchs, Andreas, Dreher, Axel, Parks, Brad, Tierney, Michael J., Les programmes chinois de développement à l'étranger : mettre fin aux mythes des « donateurs voyous », in Globale, février 2018

Thierry Vircoulon, L'émergence africaine existe-t-elle vraiment ? in Le monde, juillet 2018

Vitraulle Mboungou, Multinationales vs États : hold-up des compagnies en Afrique, in Afrique Expansion, février 2011

Zbigniew Brezinski, Strategic vision- America and the crisis of global power, basic Books, 2012

# Table des matières

## Structures éditoriales du groupe L'Harmattan


**L'Harmattan Italie**
Via degli Artisti, 15
10124 Torino
harmattan.italia@gmail.com

**L'Harmattan Hongrie**
Kossuth l. u. 14-16.
1053 Budapest
harmattan@harmattan.hu

**L'Harmattan Sénégal**
10 VDN en face Mermoz
BP 45034 Dakar-Fann
senharmattan@gmail.com

**L'Harmattan Cameroun**
TSINGA/FECAFOOT
BP 11486 Yaoundé
inkoukam@gmail.com

**L'Harmattan Burkina Faso**
Achille Somé – tengnule@hotmail.fr

**L'Harmattan Guinée**
Almamya, rue KA 028 OKB Agency
BP 3470 Conakry
harmattanguinee@yahoo.fr

**L'Harmattan RDC**
185, avenue Nyangwe
Commune de Lingwala – Kinshasa
matangilamusadila@yahoo.fr

**L'Harmattan Congo**
67, boulevard Denis-Sassou-N'Guesso
BP 2874 Brazzaville
harmattan.congo@yahoo.fr

**L'Harmattan Mali**
Sirakoro-Meguetana V31
Bamako
syllaka@yahoo.fr

**L'Harmattan Togo**
Djidjole – Lomé
Maison Amela
face EPP BATOME
ddamela@aol.com

**L'Harmattan Côte d'Ivoire**
Résidence Karl – Cité des Arts
Abidjan-Cocody
03 BP 1588 Abidjan
espace_harmattan.ci@hotmail.fr

**L'Harmattan Algérie**
22, rue Moulay-Mohamed
31000 Oran
info2@harmattan-algerie.com

**L'Harmattan Maroc**
5, rue Ferrane-Kouicha, Talaâ-Elkbira
Chrableyine, Fès-Médine
30000 Fès
harmattan.maroc@gmail.com


## Nos librairies en France


**Librairie internationale**
16, rue des Écoles – 75005 Paris
librairie.internationale@harmattan.fr
01 40 46 79 11
www.librairieharmattan.com

**Librairie l'Espace Harmattan**
21 bis, rue des Écoles – 75005 Paris
librairie.espace@harmattan.fr
01 43 29 49 42

**Lib. sciences humaines & histoire**
21, rue des Écoles – 75005 Paris
librairie.sh@harmattan.fr
01 46 34 13 71
www.librairieharmattansh.com

**Lib. Méditerranée & Moyen-Orient**
7, rue des Carmes – 75005 Paris
librairie.mediterranee@harmattan.fr
01 43 29 71 15

**Librairie Le Lucernaire**
53, rue Notre-Dame-des-Champs – 75006 Paris
librairie@lucernaire.fr
01 42 22 67 13

www.ingramcontent.com/pod-product-compliance
Lightning Source LLC
LaVergne TN
LVHW050632051026
849532LV00002B/360